SANDRA GUTIERREZ

# FARBENFROHE HÄKELMASCHEN

Kleidung häkeln mit Farbe: Techniken, Tipps & Tricks



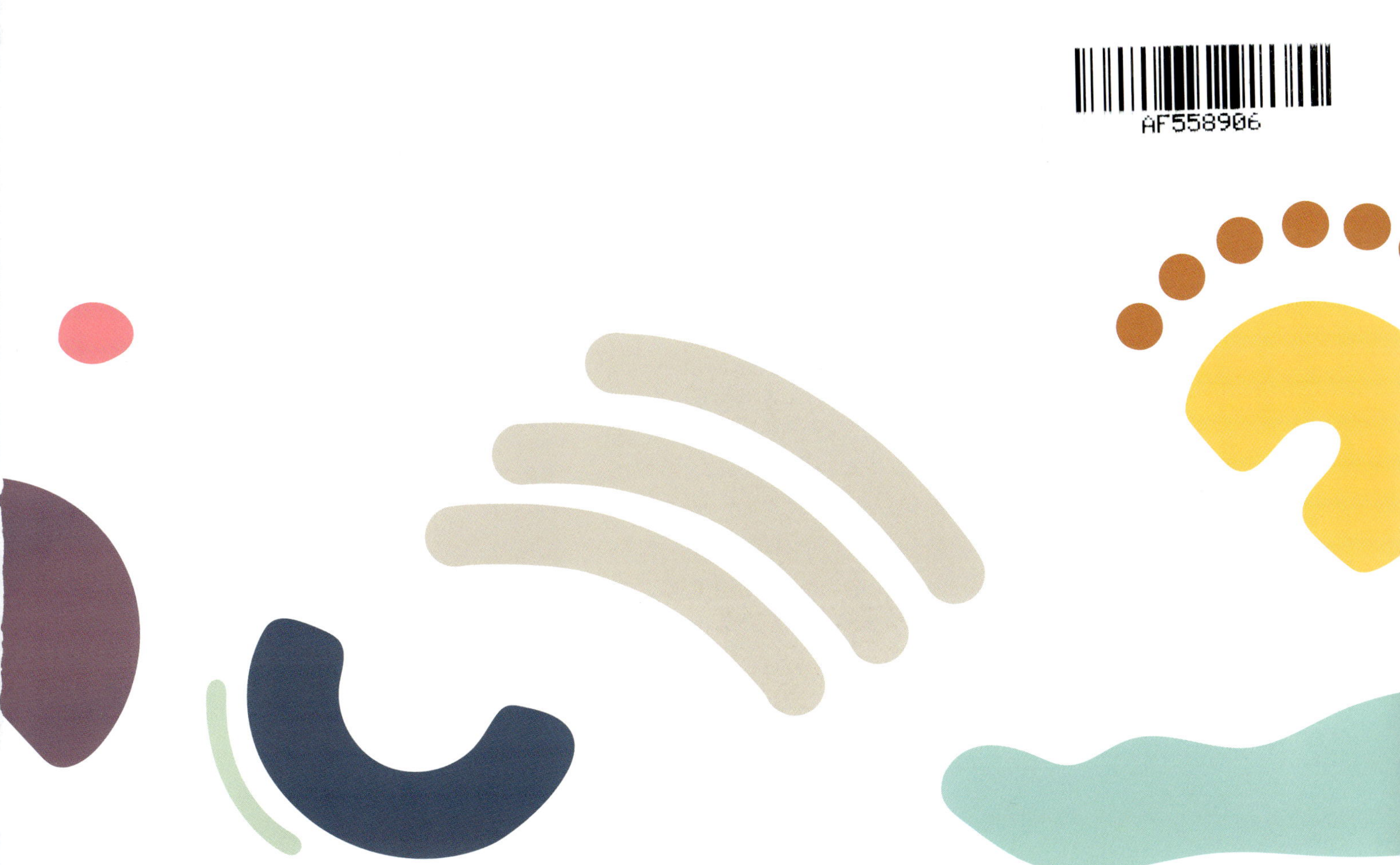

stiebner

# INHALT



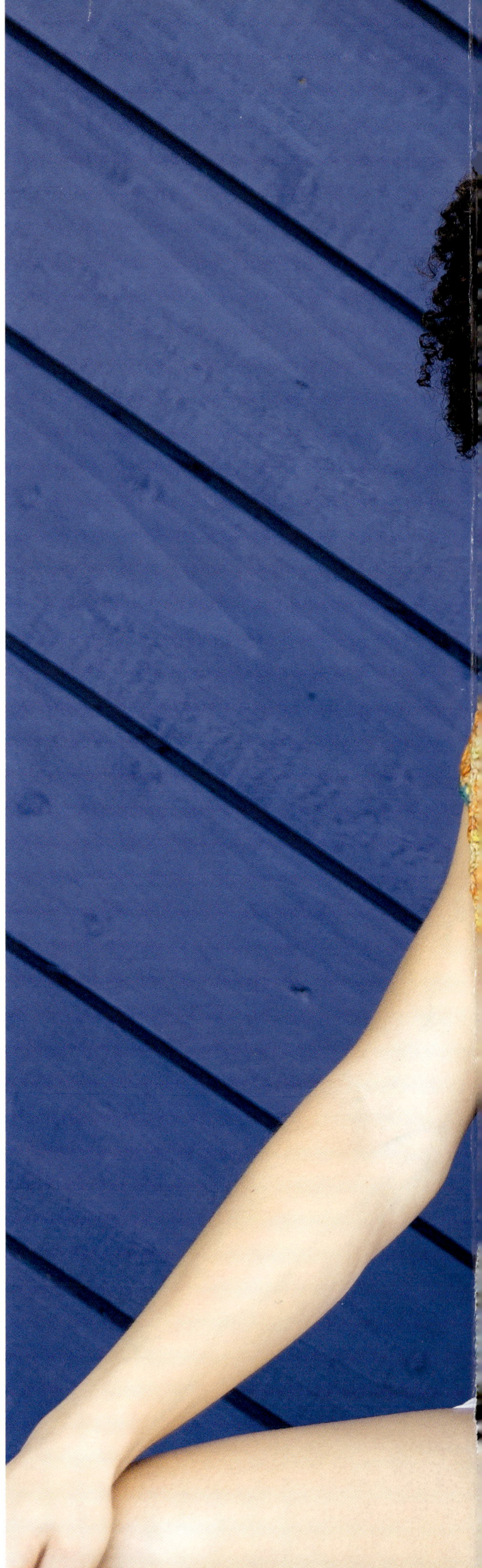

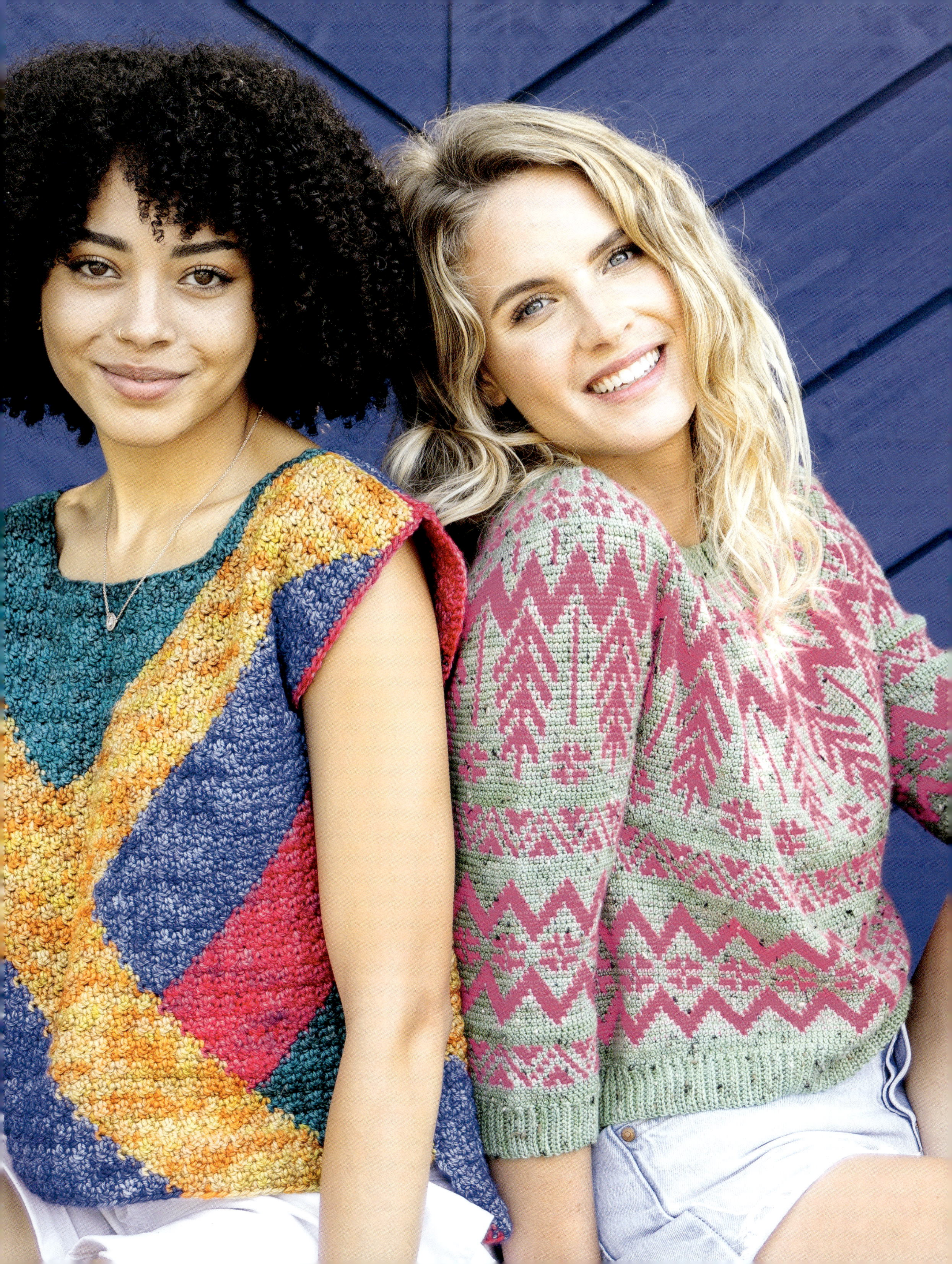

# EINLEITUNG

Beim Durchlesen der Materialliste von Häkelanleitungen werde ich oft an einen Zaubertrank erinnert: hier etwas Garn, da eine Häkelnadel – das ist schon alles, was man zum Zaubern braucht. Viele denken, dass es beim Häkeln gewisse Grenzen gibt – tatsächlich wirken gehäkelte Kleidungsstücke manchmal etwas »handgemacht«; zu meinen Designs höre ich aber auch oft Kommentare wie: »Ich wusste gar nicht, dass man so etwas häkeln kann!« Ich möchte gerne der Welt zeigen, dass gehäkelte Kleidung ebenso vielseitig sein kann wie gestrickte und genauso professionell. Diese Häkelmethoden, mit bunten Garnen zu arbeiten, öffnet unendlich viele Türen, um kreativ zu sein und Spaß zu haben.

Dieses Buch ist dazu gedacht, euch die Farbmuster-Techniken beizubringen. Dazu gehören Tapestry, Mosaik, Intarsien und Streifen und deren Interpretationen. In jedem Kapitel findet ihr detaillierte Erklärungen und kleine praktische Übungen, mit denen ihr die Techniken ausprobieren könnt. Es gibt Kapitel, die euch bei der Auswahl der richtigen Farben und Garne für euer Projekt helfen, Tipps, die euch beim Anfertigen von Kleidungsstücken nützen werden. Im letzten Kapitel geht es nicht nur um die grundlegenden Häkelstiche, sondern auch um Techniken, die ich gerne beim Häkeln von Kleidungsstücken anwende. Wenn ihr darüber hinaus Unterstützung beim Verstehen dieser Techniken braucht, besucht gerne meine Website www.NomadStitches.com.

Farben sind seit meiner Kindheit eine besondere Ausdrucksform für mich. Dezente Nuancen sind noch nie meine Stärke gewesen, und seit ich Strickwaren entwerfe, liebe ich es besonders, neue Farbkombinationen zu finden und damit professionell aussehende, tragbare Kleidungsstücke herzustellen.

Als Erwachsene habe ich schon in zehn verschiedenen Ländern gelebt, und meine Liebe zu Sprachen und fremden Kulturen ist fast so groß wie die zu Garnen. Auf meinen Reisen habe ich gelernt, dass Kleidung viel mehr als eine Wärmequelle ist. Sie verkörpert, wer wir sind und wie uns gerade zumute ist. Handgearbeitete Stücke tragen außerdem den Zauber der Erinnerung und der Emotionen aus der Zeit ihres Entstehens in sich wie eine eigene Sprache. Daraus entstand meine Idee, die Designs nach einem schönen Wort zu benennen, für das es im Englischen keine direkte Entsprechung gibt.

Wenn ihr euch die Techniken erst einmal zutraut und bereit seid, Kleidungsstücke zu häkeln, lade ich euch ein, in die vierzehn in diesem Buch vorgestellten Anleitungen einzutauchen. Sie sind dazu gedacht, die Vielseitigkeit der Häkelkunst zu präsentieren und euch zu motivieren, etwas Neues zu lernen. Die Schnitte sind modern und unkompliziert, passen zu jeder Figur und machen Freude bei der Umsetzung. Jedes einzelne Design hat eine schöne Bedeutung und war für eine Weile mein Lieblingsprojekt. Ich habe diese Stücke während der Schwangerschaft mit meiner zweiten Tochter entworfen, also liegen sie mir ganz besonders am Herzen. Ich hoffe sehr, dass ihr sie auch so sehr mögen werdet wie ich, und dass ihr Freude daran haben werdet, mit den Farben zu spielen.

Frohes Häkeln!

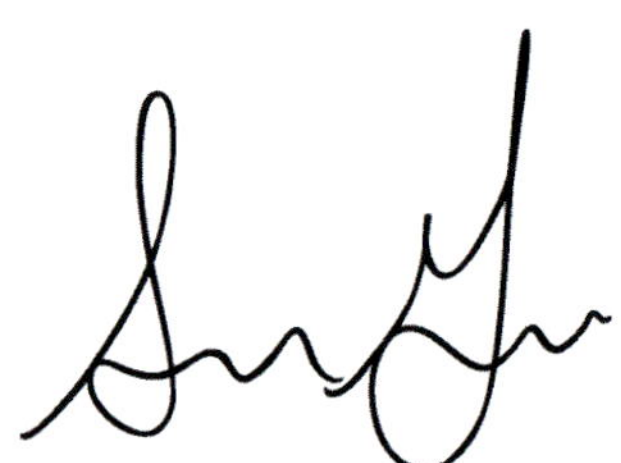

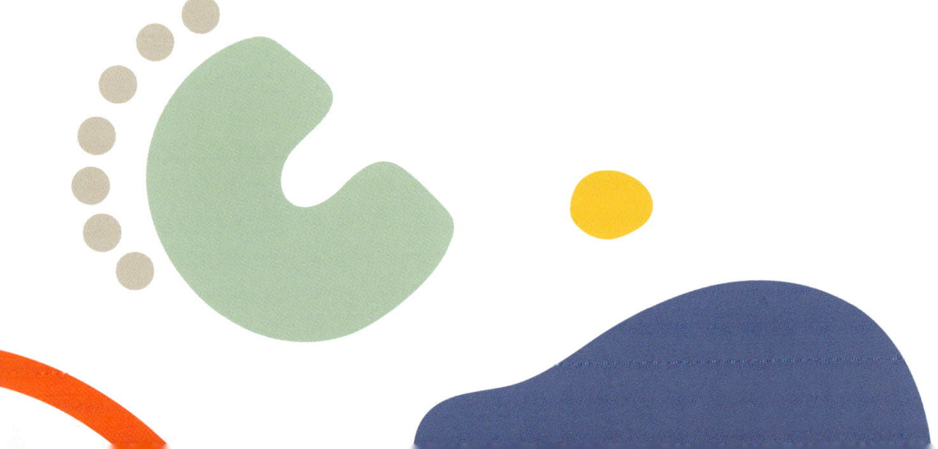

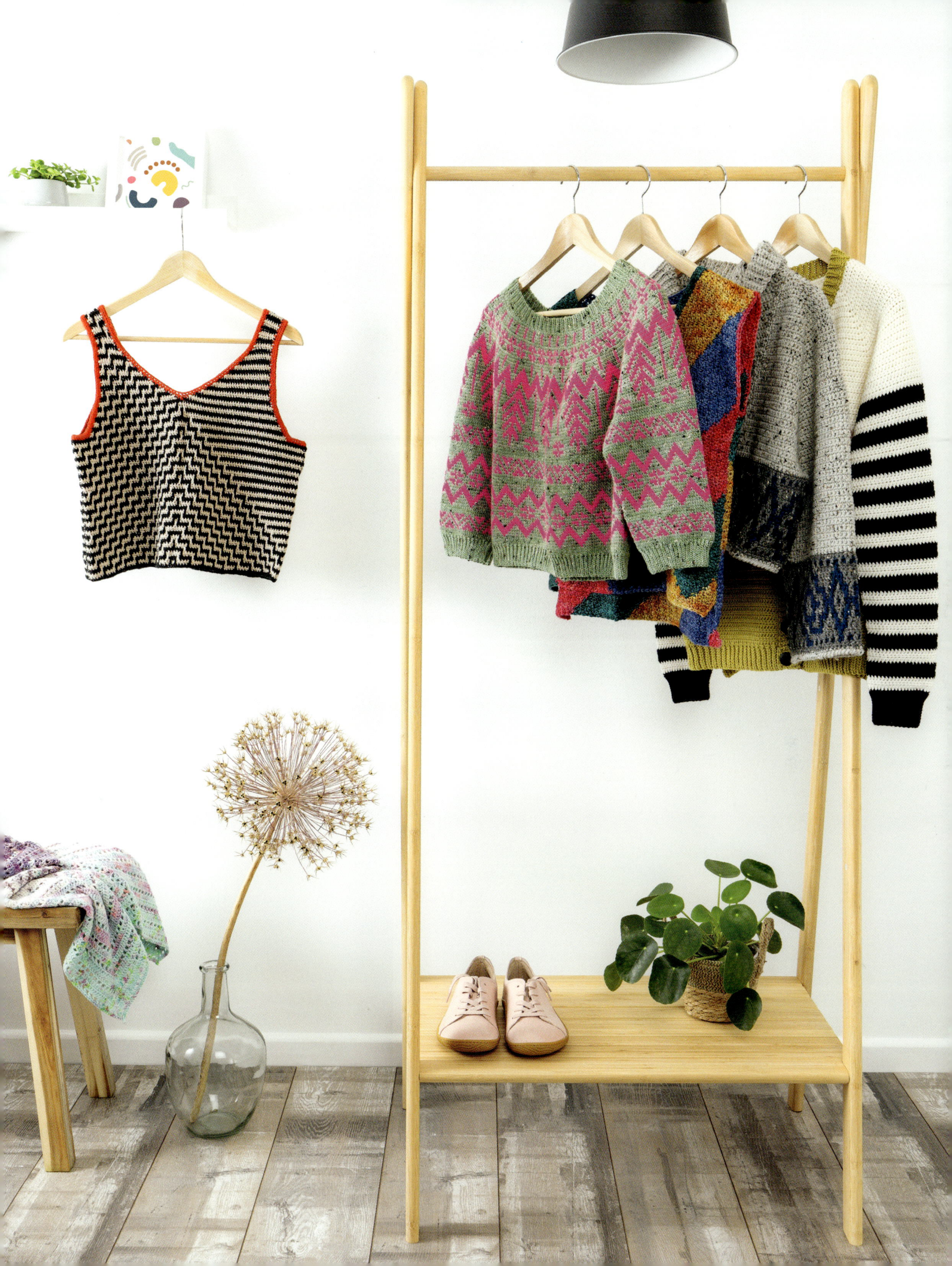

# FARBENLEHRE

Schon seit meiner Kindheit sind Farben meine engsten Verbündeten. Da ich von Natur aus nicht die Extrovertierteste bin, möchte ich immer, dass meine Kleidung und Accessoires an meiner Stelle laut sind. Ich erinnere mich noch genau, wie begeistert ich von meinen neonpinkfarbenen Shorts und meinem leuchtend lilafarbenen Rucksack war. Seit damals weiß ich, dass Farben eine Ausdrucksform für mich sind. Heute sind sie eines meiner besten Werkzeuge. Damit spreche ich über die Inspiration für ein Kleidungsstück und versuche, bestimmten Farben ein bestimmtes Gefühl zu vermitteln. Sie sind für mich also eher Intuitionssache. Dennoch ist die Farbenlehre eine Wissenschaft, und es wäre nicht richtig von mir, ein Buch über Farbkombinationen beim Häkeln zu schreiben und nicht darauf einzugehen, welche wissenschaftlichen Hintergründe die Auswahl harmonischer Farbzusammenstellungen für ein Projekt hat.

## Die besten Farben wählen

Hier folgen ein paar Tipps für die Farbauswahl, damit euch eure gehäkelten Stücke auch gefallen, und was noch wichtiger ist, damit ihr sie auch tragt.

### DER FARBKREIS

Lasst uns noch einmal zur Grundschule zurückgehen und den Farbkreis studieren. Hier haben wir die Primärfarben (Rot, Blau und Gelb), die Sekundärfarben (diejenigen, die beim Mischen der Primärfarben entstehen) und die Tertiärfarben (die beim Mischen von Sekundär- und Primärfarben entstehen.

Primär
Tertiär
Sekundär
Tertiär
Primär
Tertiär
Sekundär
Tertiär
Primär
Tertiär
Sekundär
Tertiär

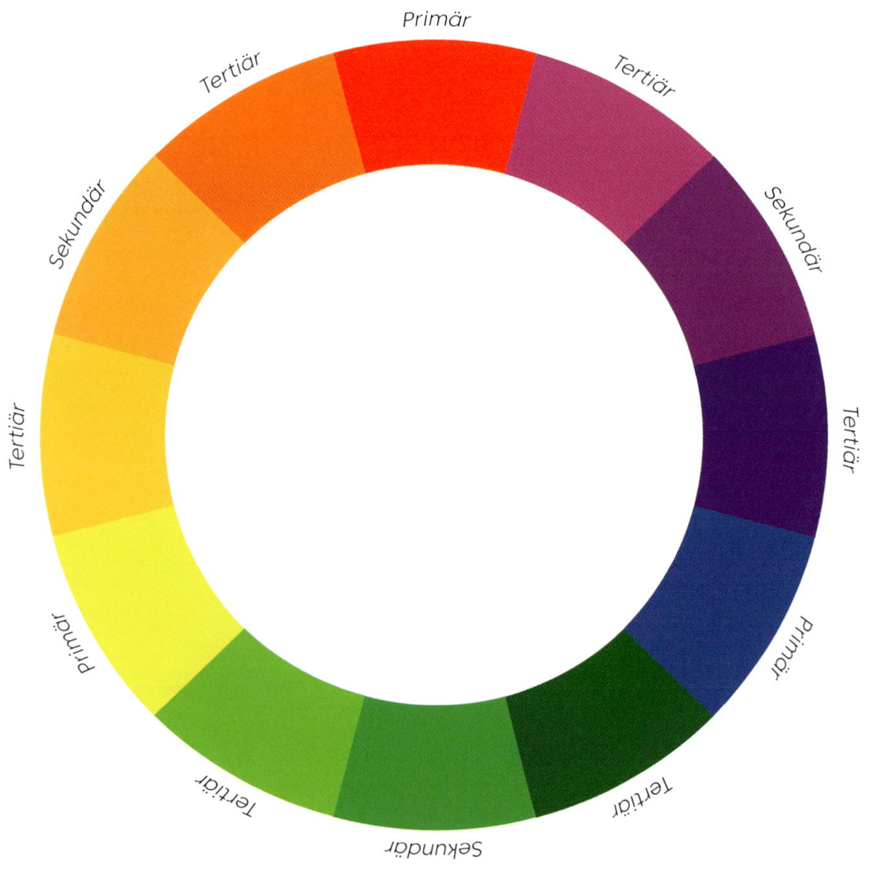

Begriffe, die euch bekannt sein sollten, wenn es um Farben geht:

**Farbton:** Alle Farben im Farbkreis.

**Schattierung:** Die Tiefe der Farbe kann verändert werden, indem man jeden beliebigen Farbton mit Schwarz mischt.

**Tönung:** Wenn man Weiß zu einem Farbton gibt, hellt man diesen auf.

**Graustufen:** Wenn man eine beliebige Farbe mit Grau mischt, erhält man eine etwas gedecktere Version der gleichen Farbe.

**Sättigung:** Die Reinheit einer Farbe.

**Leuchtkraft:** Die Helligkeit einer bestimmten Farbe.

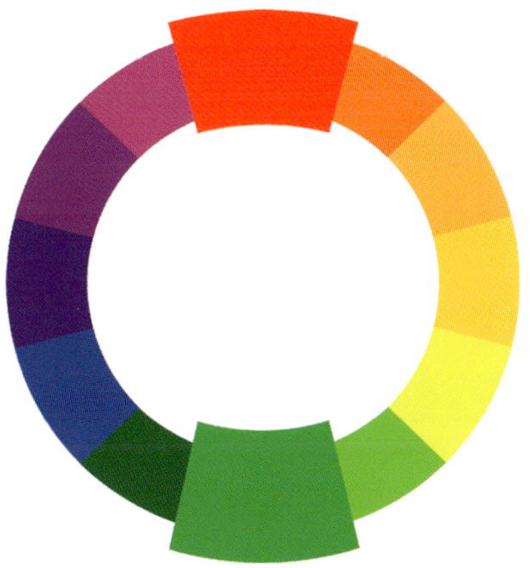

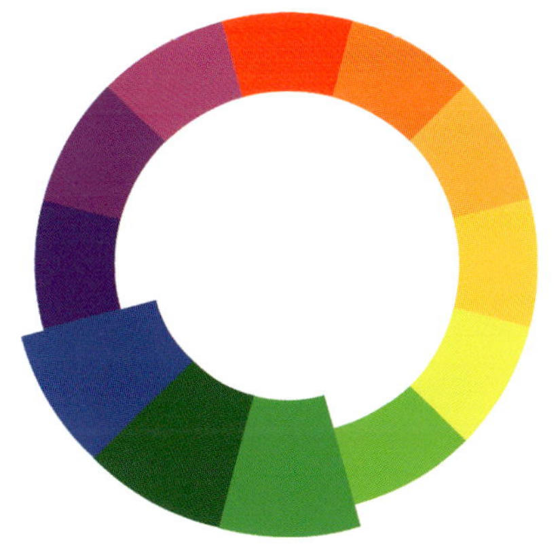

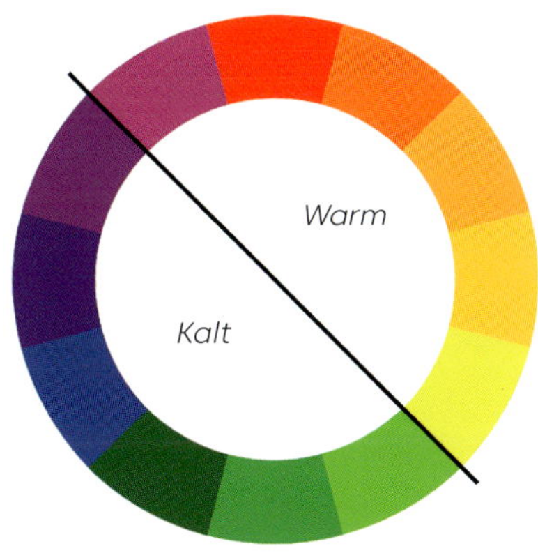


### Komplementärfarben

Für zweifarbige Muster eignen sich Komplementärfarben. Das sind zwei Farben, die im Farbkreis genau gegenüberliegen und den größtmöglichen Kontrast haben. Da das auch grell wirken kann, ist Vorsicht geboten. Für meinen Commuovere-Pullover habe ich die beiden Komplementärfarben Gelb und Blau benutzt.

### Analoge Farben

Das sind drei beliebige Farben, die im Farbkreis nebeneinanderliegen. Dadurch wird die Farbpalette oft weniger intensiv als in anderen Kombinationen, kann aber auch sehr schön aussehen.

### Warme und kalte Farben

Der Farbkreis kann in warme und kalte Farben aufgeteilt werden. Psychologen sagen, dass die Farbtemperaturen bestimmte Emotionen hervorrufen: Kalte Farben werden mit Gelassenheit und Einsamkeit in Verbindung gebracht, während warme Farben Gemütlichkeit und Wärme ausstrahlen.

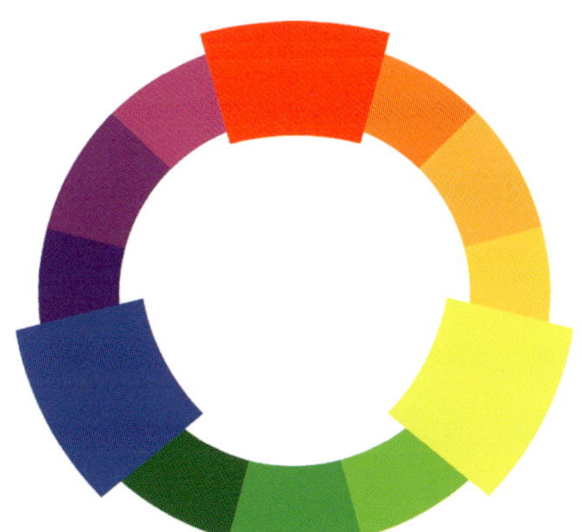

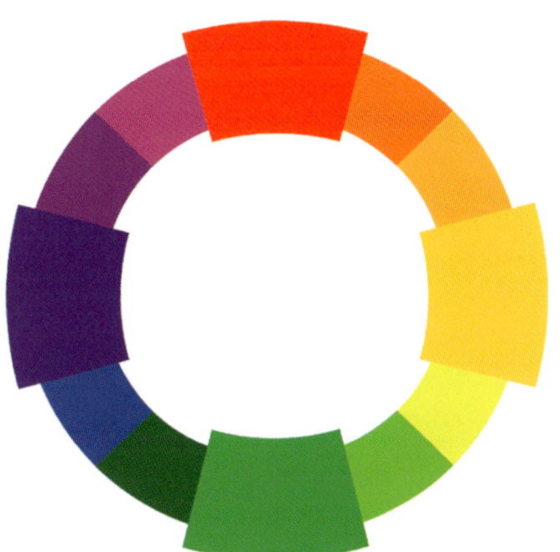

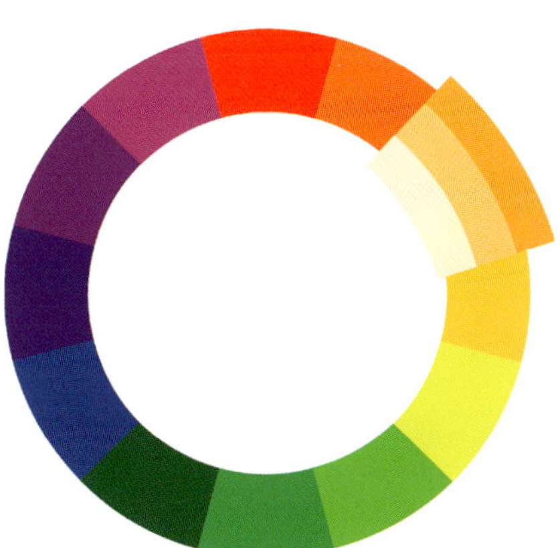

### Triadische Farben

Für 3-farbige Muster kann man ein triadisches Farbschema wählen, das aus 3 gleich weit voneinander entfernten Punkten im Farbkreis besteht. Der Kontrast ist geringer als bei Komplementärfarben, aber der Mix wirkt dennoch sehr bunt. Ein Beispiel ist der Lagom-Pullover.

### Tetradisches Farbschema

4-farbige Muster im tetradischen Farbschema bestehen aus 4 gleich weit voneinander entfernten Farben im Farbkreis. Mit zunehmender Anzahl der Farben wird die harmonische Kombination schwieriger. Das Pana Po'o-Sommertop ist ein gutes Beispiel für ein harmonisch kombiniertes tetradisches Farbschema.

### In einem Farbton bleiben

Eine einfache Methode ist es, bei einer Farbe zu bleiben und verschiedene Schattierungen und helle oder dunkle Tönungen zu benutzen. Das mag nicht die gewagtesten Kombinationen ergeben, aber sie werden zusammenpassen

## NEUTRALE FARBEN

Beige, Grau, Elfenbein, Brauntöne, Schwarz und Weiß tauchen im Farbkreis nicht auf, sind aber gut mit Farben kombinierbar. Wenn ihr unsicher seid, kombiniert eure Lieblingsfarbe(n) mit einer neutralen Farbe, die euch gefällt – das wird auf jeden Fall gut aussehen. Ich mache das oft, zum Beispiel bei der Hygge-Jacke, dem Commuovere-Pullover oder dem Lagom-Pullover.

## VON DER NATUR INSPIRIERT

Kennt ihr den Ausdruck »es der Natur überlassen«? Kein schlechter Tipp. In meinen Designs sind die harmonischsten Farbkombinationen direkt aus der Natur übernommen. Wenn es auf einem Foto gut aussieht, wieso sollte es bei einem Pulli anders sein? Das nächste Mal, wenn ihr Inspiration für ein Projekt sucht, haltet euch an die Farbpaletten, die ihr im Garten oder auf Naturaufnahmen im Internet findet. Die Farben für meinen Ailyak-Pullover stammen aus meinem Garten!

## DEN GRAUSTUFEN-TEST MACHEN

Manchmal hält man eine Farbkombination für optimal, weil die Farben im Farbkreis richtig liegen oder weil eine neutral ist. Die Stärke des Kontrastes hängt aber nicht nur von den Farben ab, sondern auch von der Tönung, Schattierung und Sättigung. Ob eine Kombination kontrastreich genug ist, kann man sehr einfach prüfen, indem man sie fotografiert und in Graustufen konvertiert. Wenn die Farben so gut wie homogen aussehen, ist der Kontrast nicht besonders groß. Sind 2 Grautöne klar zu sehen, werden die Farben knallig. Manchmal ist ein geringer Kontrast wünschenswert, aber die Muster werden deutlicher durch starke Kontraste.

## MASCHENPROBE

Die beste und einfachste Methode, auszuprobieren, ob eine Farbkombination gut aussieht, ist ein Probestück. Was auf dem Papier gut aussah, fühlt sich manchmal nicht mehr richtig an, wenn man es dann aus dem gewünschten Garn häkelt. Ihr erspart euch also Zeit und Enttäuschung, indem ihr euch die Zeit nehmt, ein Probestück anzufertigen, bevor ihr mit dem Projekt beginnt. Ihr könnt euch gar nicht vorstellen, wie oft ich von vorne begonnen habe oder ganze Stücke bereut habe, nur weil ich mit der Farbkombination nicht zufrieden war. Lernt also aus meinen Fehlern und häkelt Probestücke!

## SPASS HABEN

Und zu guter Letzt denkt daran, dass Farben eine Ausdrucksform sind, also spielt damit! Habt ihr Lust auf Neonfarben? Nur zu! Wenn ihr befürchtet, in solch bunten Farben wie ein Clown auszusehen, kombiniert sie mit etwas gedämpfteren Tönen oder einer neutralen Farbe. Bei dem Commuovere-Pullover und dem Ailyak-Pullover wusste ich, dass ich das Gelb und das Rosa hervorheben wollte. Sie sollten super intensiv sein, aber das knallige Gelb in Kombination mit dem Braun und das Hellrosa mit einem Tweedgrün machte den Neoneffekt nicht grell, sondern genau richtig. Probiert also mehrere Möglichkeiten aus, und habt Spaß dabei!

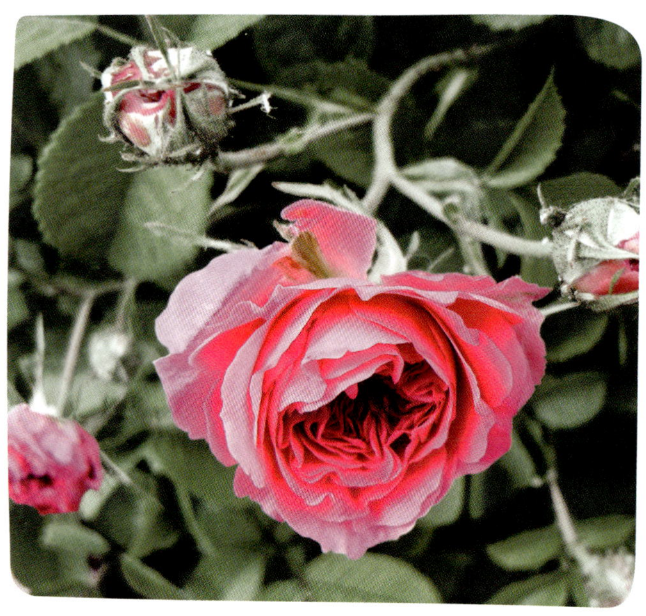

Photo by Ilja Frei on Unsplash

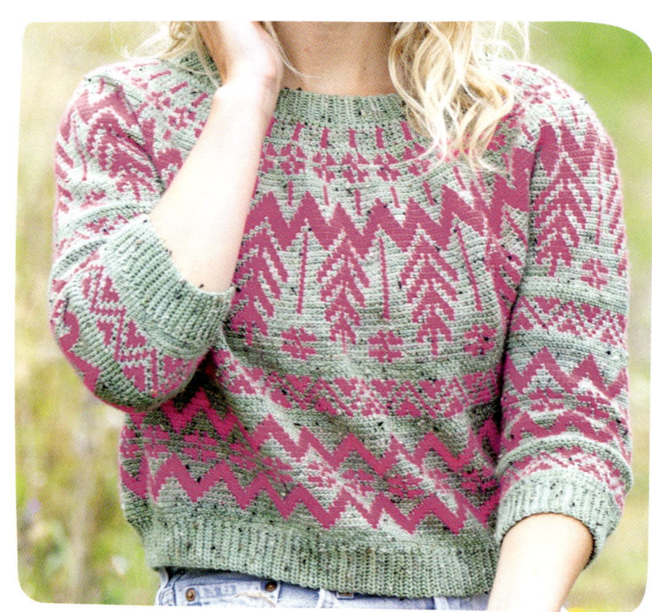

# BEVOR WIR ANFANGEN



Beim Häkeln von Kleidung geht es nicht allein darum, die Stiche zu beherrschen. Es gibt so viel über das beste Handwerkszeug und die besten Materialien für ein bestimmtes Projekt zu lernen. In diesem Kapitel stelle ich euch die Grundlagen zu Werkzeug und Materialien vor; es werden die Unterschiede erklärt, was wofür besser geeignet ist, wie man ein bestimmtes Garn durch ein anderes ersetzen kann, wenn man das eigentlich Vorgesehene nicht bekommt, und wie man eine Anleitung liest. Ich hoffe, dieses Kapitel wird dazu dienen, dass ihr euch gut darauf vorbereitet fühlt, die Projekte in diesem Buch und noch viele weitere in Angriff zu nehmen.

## Häkelnadeln

Das wichtigste Utensil beim Häkeln sind die Häkelnadeln. Sie sind in vielen Formen und Größen verfügbar: Es gibt auffällige bunte mit coolen Griffen und ganz einfache. Meist sind sie aus Holz, Aluminium, Acryl, Kunststoff oder Bambus. Alle sind ganz wunderbar, aber nicht alle sind gleich. Probiert ein paar verschiedene aus, bis ihr euren Favoriten findet, und kauft euch dann einen ganzen Satz. Es gibt nicht viel, was man nicht mit einem Set Häkelnadeln von 2 bis 10 mm Dicke anfertigen könnte – und es ist die günstigste Möglichkeit, sich auszustatten!

### Aufbau von Häkelnadeln

Häkelnadeln bestehen aus einem Griff und einem Haken. Der Griff sorgt dafür, dass die Nadel stabil in der Hand liegt; je nachdem, wie fest man die Nadel hält, findet man manche Griffe bequemer als andere. Ich arbeite am liebsten mit denjenigen, die Aluhaken und Kunststoffgriffe haben. Der obere Teil besteht aus dem Hals, der Spitze und dem Haken. Die Dicke der Häkelnadel wird nach dem Umfang des Halses benannt. Dort ruhen die Schlaufen, wenn man Maschen häkelt. Man sticht mit der Spitze oder dem Haken in bestehende Maschen ein, meist aber mit der Spitze. Idealerweise ist beides rund.

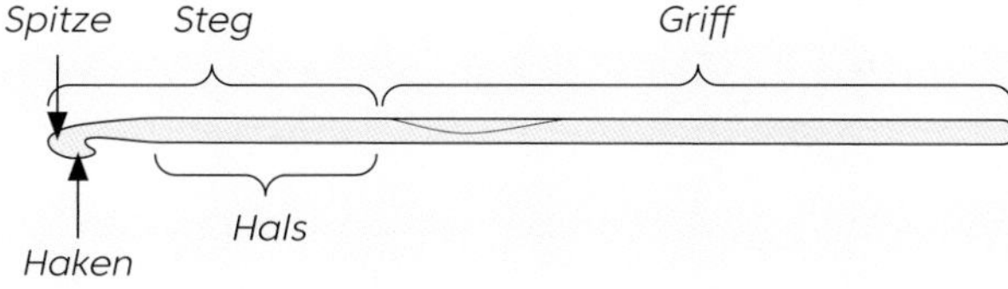


### Umrechnungstabelle für Häkelnadeln

Es gibt in verschiedenen Teilen der Welt unterschiedliche Größenangaben für Häkelnadeln. Diese kleine Tabelle soll euch helfen, die verschiedenen Kategorien zu verstehen.

| MM | US | UK |
|---|---|---|
| 2,00 mm | – | 14 |
| 2,25 mm | B/1 | 13 |
| 2,50 mm | – | 12 |
| 2,75 mm | C/2 | 11 |
| 3,00 mm | – | 11 |
| 3,25 mm | D/3 | 10 |
| 3,50 mm | E/4 | 9 |
| 3,75 mm | F/5 | - |
| 4,00 mm | G/6 | 8 |
| 4,50 mm | - | 7 |
| 5,00 mm | H/8 | 6 |
| 5,50 mm | I/9 | 5 |
| 6,00 mm | J/10 | 4 |
| 6,50 mm | K/10.5 | 3 |
| 7,00 mm | – | 2 |
| 8,00 mm | L/11 | 0 |
| 9,00 mm | M/13 | 00 |
| 10,00 mm | N/15 | 000 |

# Garn

Obwohl man mit allem häkeln kann, was eine fadenartige Form hat, ist Häkelgarn doch das gängigste Material. Es ist in verschiedenen Stärken, Fasern und Farben erhältlich. Zu den am häufigsten verwendeten Fasern zählen Wolle, Acryl und Baumwolle. Weitere, etwas weniger gebräuchliche Naturfasern, die aber auch oft benutzt werden, sind Leinen, Bambus, Seide, Mohair, Alpaka und Kaschmir. Alle haben Vor- und Nachteile, und es ist wichtig, die richtige Wahl zu treffen für das, was ihr häkeln wollt. Hier möchte ich über die gängigen Garnsorten sprechen. Bei der Auswahl ist es hilfreich, das Garn anzufassen und es auszuprobieren.

## WOLLE

Wolle ist wunderbar! Sie ist atmungsaktiv, wasser- und geruchsabweisend und hält unglaublich warm. Wolle hat ein »biologisches Gedächtnis«, was bedeutet, dass Kleidungsstücke aus Wolle nicht ausleiern, sondern fast immer zu ihrer ursprünglichen Form zurückkehren. Die Preisspanne ist sehr groß, von recht günstig bis sehr teuer, je nach der Verarbeitung, der Herkunft und ob sie maschinen- oder handgefärbt ist. Wolle eignet sich außerdem toll für Farbmuster, denn sie dehnt sich wunderbar aus und füllt die Lücken zwischen den Maschen. Trotzdem bleibt das Maschenbild deutlich zu erkennen. Obwohl sie etwas rau sein kann, ist es genau diese Rauheit, die viele an Wolle schätzen. Der Nachteil ist, dass sie besondere Waschpflege braucht, um nicht zu verfilzen. Eine gute Lösung ist Superwash-Wolle, die mit einem chemischen Verfahren weicher und maschinenwaschbar gemacht wird. Allerdings geht durch diese Behandlung manchmal die Ursprünglichkeit der Wolle verloren.

## BAUMWOLLE UND LEINEN

Baumwolle und Leinen haben vieles gemeinsam. Beides sind Pflanzenfasern mit geringer Elastizität, was bedeutet, dass sie sich mit der Schwerkraft ausdehnen; sie fallen gut, ziehen sich aber eher nicht wieder zusammen. Baumwolle wird oft für Accessoires und Heimtextilien benutzt. Baumwolle und Leinen sind bekannterweise atmungsaktiv, in den wärmeren Monaten wirken sie kühlend. Für Farbmuster eignen sich beide, aber sie sind nicht unbedingt die beste Option. Das Maschenbild ist deutlich, manchmal sogar zu klar erkennbar, was zulasten des Gesamteindrucks vom Motiv gehen kann.

## ACRYL

Acryl ist eine Kunstfaser, ein Nebenprodukt aus der Petroleumverarbeitung. Es hat keinen besonders guten Ruf, hat aber auch Pluspunkte. Es ist günstig, leicht, einfach zu pflegen und dabei weich, robust und lange haltbar. Allerdings ist es nicht so atmungsaktiv wie Naturfasern. Die Arbeiten werden qualitativ nicht so gut aufgrund der mangelnden Struktur und der schlechten Maschendefinition.

## MISCHGARN

Hier werden verschiedene Fasern kombiniert, um deren Eigenschaften zu mischen. Sockengarn aus Wolle mit Acryl ist zum Beispiel besonders widerstandsfähig. Daraus gestrickte Socken sind haltbar, warm, weich und atmungsaktiv. Baumwoll-Acrylmischungen machen Baumwolle weicher und elastischer; die Kleidungsstücke bleiben atmungsaktiv und sind bei Hitze luftiger. Das Gleiche gilt für Baumwoll-Wollgemische. Beide Mischgarne sind gewöhnlich viel leichter als die aus 100% Baumwolle.

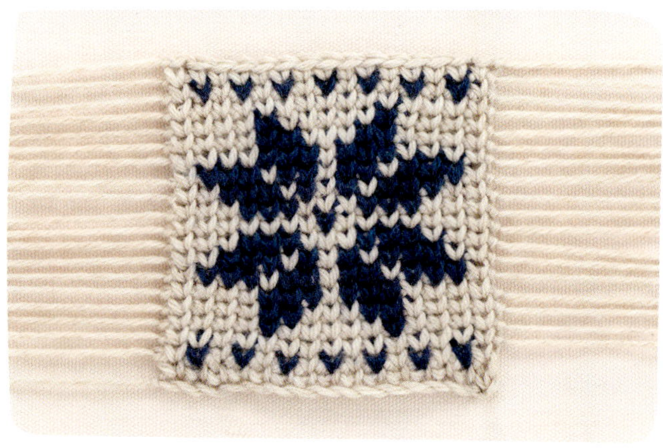

*Probestück Wolle*

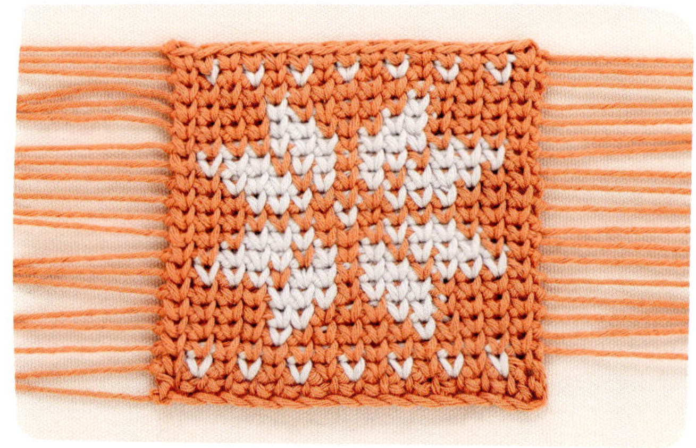

*Probestück Baumwolle*

## FLAUSCHIGES GARN

Manche Fasern sind langhaarig, wie zum Beispiel Mohair. Damit zu arbeiten kann etwas schwierig sein, weil nicht so klar zu sehen ist, an welcher Stelle man in die Maschen einstechen muss – aber das Ergebnis ist meist wunderbar weich. Im Allgemeinen sind solche Garne nicht die beste Option für Farbmuster, da die langen Fasern die Übergänge zwischen den Maschen verwischen. Man kann diese Eigenschaft aber auch nutzen.

## HANDGEFÄRBTES GARN

Beliebtheit und Verfügbarkeit handgefärbter Garne haben gleichermaßen zugenommen. Diese Garne sind normalerweise wesentlich teurer als die der großen Marken, denn sie werden in kleineren Chargen gefärbt, und es werden normalerweise hochwertige Materialien wie Merinowolle, Kaschmir und Seide dafür verarbeitet. Die Farbverläufe, die mit dieser Methode von den Herstellern kreiert werden, sind meist sehr ungewöhnlich und wunderschön. Oft werden mehrere Farben gemischt, und je nach der benutzten Färbetechnik haben sie unterschiedliche Effekte: gesprenkelt, changiert oder ombriert. Die Tatsache, dass ein einziger Strang verschiedene Farben enthält, macht es zu einer Herausforderung, solche Garne bei mehrfarbigen Projekten zu verarbeiten. Wenn man sie verwendet, ist es gut, sich auf Muster mit hauptsächlich einfarbigen Farbflächen zu beschränken (s. Forelsket-Shawl, Ailyak-Pullover) oder sie für größtmöglichen Kontrast mit einer einfarbigen Fläche zu kombinieren (s. Merak-Set).

## GARNSTÄRKEN

Hier ist die Dicke des Garns gemeint; dünneres Garn ist leichter, dickeres Garn schwerer. In den Anleitungen sind Garnstärken angegeben; hier im Buch ist alles aus Garnstärken von 1 bis 5 gearbeitet, aber für die meisten Projekte habe ich Stärke 1 (Fingering oder 2- bis 3-fädiges Garn) oder Stärke 2 (Sport oder 3- bis 4-fädiges Garn) verwendet, die als relativ dünn gelten. Es gibt einige Vor- und Nachteile beim Arbeiten mit dünnem Garn:

### Vorteile

- Man kann auf kleiner Fläche mehr Details einarbeiten, so ist es gut für Textur, mehrfarbige Muster und Lace.
- Ergibt leichtere Stücke mit besserem Fall – meiner Meinung nach besser tragbare Kleidung.
- Stränge haben normalerweise eine größere Lauflänge, also kann man sparsamer arbeiten.

### Nachteile

- Oft dauert es länger, Projekte fertigzustellen.
- Es kann dauern, bis man sich an dünnere Häkelnadeln und Garn gewöhnt.
- Das Stück könnte dünn und nicht besonders warm sein, wenn man eine zu große Häkelnadel verwendet.

Die meisten Garne haben eine Nadel-Empfehlung. Das sind Richtwerte, an denen ihr euch nicht orientieren müsst, da die Kombination von verschiedenen Garnen und Nadelstärken auch zu unterschiedlichen Ergebnissen führen kann. Mit einer dickeren Häkelnadel und dünnem Garn kann ein leichtes, schön fallendes Gewebe entstehen. Mit einer dünneren Häkelnadel dickeres Garn zu verarbeiten kann festere Maschen ohne Löcher ergeben, aber die Arbeit wird schwer und trägt auf.

*Probestück Mohair*

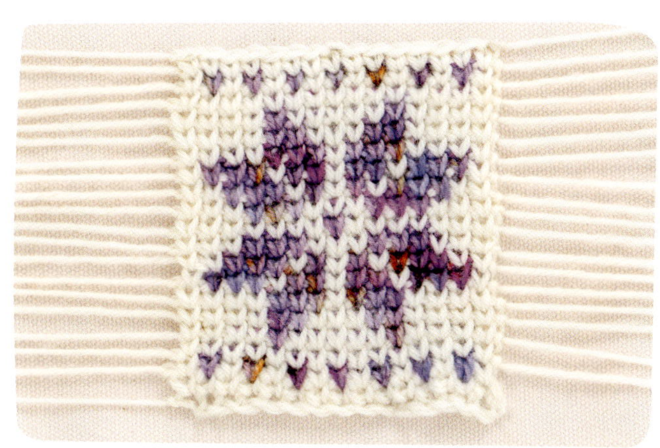

*Probestück handgefärbtes Garn*

## MIT ERSATZGARN ARBEITEN

Wenn Designer ein Kleidungsstück entwerfen, empfehlen sie mit Bedacht bestimmte Materialkombinationen, Garn- und Nadelstärken. Leider ist es nicht immer überall möglich, genau das vorgesehene Garn zu bekommen. Dann muss man Ersatz finden.

### Zu bedenken beim Arbeiten mit Ersatzgarn

1. Versucht, ein Garn zu finden, das dem in der Anleitung vorgesehenen ähnelt – ein leichter, sommerlicher Cardigan aus Baumwoll-Mix wird, aus Wolle gehäkelt, sehr anders aussehen.

2. Sicherstellen, dass die in der Anleitung vorgegebene Maschenprobe mit dem ausgewählten Garn auch zu erzielen ist. Wenn das Probestück sich nicht richtig anfühlt (zu löcherig oder zu schwer) könnte es eine gute Idee sein, etwas anderes auszuprobieren.

## Maschenprobe

Die Maschenprobe, eine der am häufigsten missachteten Anleitungsteile, ist extrem wichtig, um gut passende Kleidung anzufertigen. Wenn das Probestück der in der Anleitung angegebenen Maschenprobe nicht entspricht, wird das fertige Stück größer oder kleiner als beabsichtigt. Anhand der Maschenprobe messt ihr, wie groß die Maschen sind. Üblich ist ein quadratisches Musterstück von 10 x 10 cm. Zum Messen der Maschenprobe häkelt man ein quadratisches Musterstück, bei dem das ausgewählte Garn mit einer Häkelnadel ausprobiert wird, von der man annimmt, dass sie die gewünschte Größe ergeben wird. Ich empfehle euch, ein mindestens 15 x 15 cm großes Stück zu häkeln. Wenn die Maschenprobe in der Anleitung 18 M x 15 R = 10 x 10 cm beträgt, sind das 27 Maschen x 23 Reihen. Zählt nach, wie viele Maschen und Reihen in ein Stück von 10 x 10 cm in der Mitte des Quadrates passen. Sind es mehr als 18 Maschen, sind eure Maschen zu klein, und ihr müsst eine dickere Häkelnadel nehmen. Sind es weniger als 18 Maschen, sind diese zu groß, und ihr müsst eine dünnere Häkelnadel nehmen.

Manchmal gelingt schon beim ersten Versuch die richtige Größe, manchmal braucht es mehrere Versuche. Ich kann aber gar nicht deutlich genug betonen, wie wichtig dieser Schritt ist. Selbst wenn ihr das in der Anleitung vorgeschriebene Garn benutzt, wird die Festigkeit des Gehäkelten von Person zu Person anders ausfallen, deshalb ist so wichtig, dass ihr die richtige Häkelnadel verwendet.

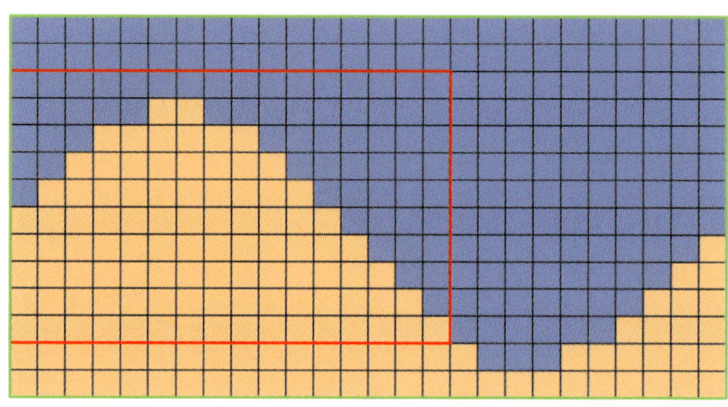

**LEGENDE**

- Worsted (Aran), 4,5 bis 5 mm Nadel
- Fingering (2-fädig), 2,5 bis 3,5 mm Nadel

Die Häkelschrift zeigt die Bereiche von zwei in gleicher Größe aus verschieden dicken Garnen gehäkelten Probestücken.

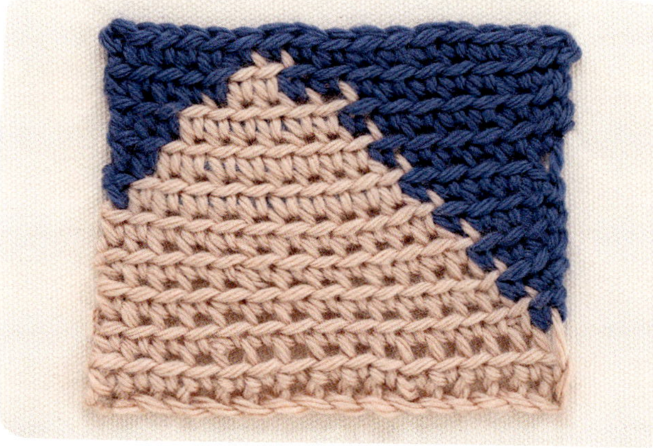

*Probestück aus Worsted (Aran)*

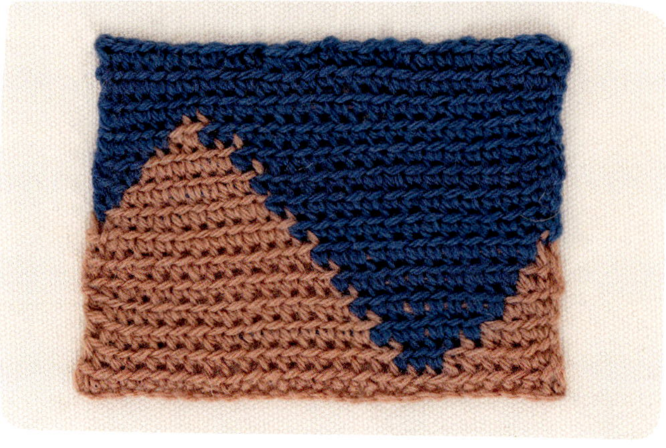

*Probestück aus Fingering (2- bis 3-fädigem Garn)*

## Spannen

Ebenso entscheidend ist es, sowohl das Probestück als auch das fertige Stück zu spannen.

Beim Spannen glätten sich die Fasern und verändern ihre Größe und Form. Die Maschen dehnen sich aus, und das Material wird normalerweise größer. Man kann durch Spannen auch Kanten begradigen und ein Lacemuster zum Vorschein bringen. Wenn ihr die Maschenprobe an einem nicht gespannten Stück vornehmt und nach dieser Maschenprobe ein Projekt häkelt, wird es nach dem Spannen eine andere Größe haben. Meine liebsten Spanntechniken sind Dämpfen, Feuchtspannen sowie Nasssprühen mit anschließendem Spannen.

Um ein Stück zu spannen, steckt es in der gewünschten Form und Größe fest. Welche Methode ihr wählt, hängt teils davon ab, was sich für das benutzte Garn am besten eignet. Beim Dämpfen geht man mit heißem Dampf aus dem Bügeleisen über die fertige Arbeit, sollte aber dabei nicht die Oberfläche des Gehäkelten berühren. Beim Feuchtspannen wird das Stück vor dem Feststecken eingeweicht. Beim Nasssprühen wird das Stück nach dem Feststecken gründlich eingesprüht. Das fertige Stück muss jeweils im festgesteckten Zustand trocknen.

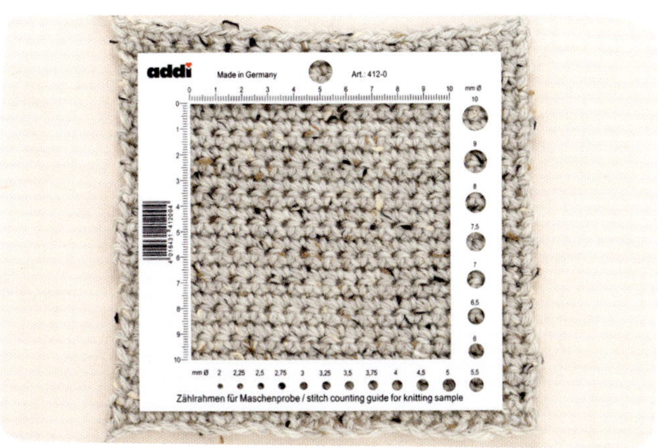


*Musterstück vor dem Spannen*

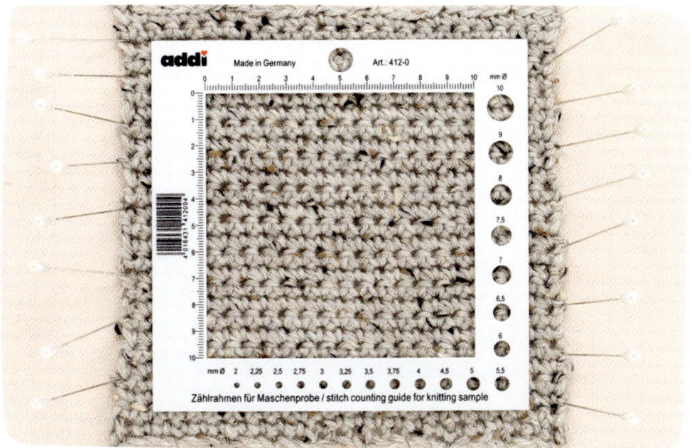


*Musterstück nach dem Spannen*

## Abkürzungen

Unter Allgemeine Techniken: Abkürzungen findet ihr eine Liste der in diesem Buch am häufigsten verwendeten Abkürzungen, gefolgt von einer Tabelle von Häkelfachbegriffen. Manche ausgefallenen Stiche und ihre Abkürzungen sind am Anfang der betreffenden Anleitung aufgeführt.

## Größen und Maße

Die richtige Größe festzulegen ist nicht ganz einfach, aber es ist wichtig, frühzeitig die richtige Entscheidung zu treffen. Nicht alle Größen fallen bei allen Anleitungen gleich aus, und sie können nicht unbedingt im Nachhinein angepasst werden. Ich gebe bei allen Kleidungsstücken die Größen der fertigen Stücke an. Ihr entscheidet selbst, welche euch am besten passt.

Auch zu beachten ist die Zugabe (der Unterschied zwischen den Körpermaßen und dem Kleidungsstück). Negative Zugabe bedeutet, dass das Kleidungsstück kleiner ist als der Körper, was bei dehnbaren, eng anliegenden Stücken gewollt ist. Positive Zugabe heißt, dass es größer ist als die Körpermaße. Je mehr Weitenzugabe das Stück hat, desto lockerer sitzt es. Bei der Wahl der Größe und dem Kalkulieren der Zugabe nehmt ihr an euch Maß und rechnet die empfohlene Zugabe dazu oder zieht sie ab. Dann wählt ihr die Größe, die dieser Zahl am nächsten kommt. Mein Brustumfang ist z. B. 100 cm. Wenn ein Kleidungsstück 10 cm positive Zugabe hat, würde ich die Größe wählen, die 110 cm Brustumfang am nächsten kommt. Allerdings ist die Zugabe auch ein Element, mit dem Designer ihren Stücken einen bestimmten Look geben – beispielsweise, wenn ein sommerliches Tanktop locker sitzen soll. Es ist also eine gute Idee, bei der Wahl der Größe die vorgesehene Zugabe mit einzurechnen; wenn ihr ein übergroßes Stück haben wollt, nehmt ihr eine größere Größe. Wenn euch locker sitzende Kleidung nicht gefällt, nehmt ihr eine Größe kleiner. Ein guter Tipp ist, einfach euer Lieblingsstück auszumessen und dann die Größe auszuwählen, die diesen Maßen am nächsten kommt.

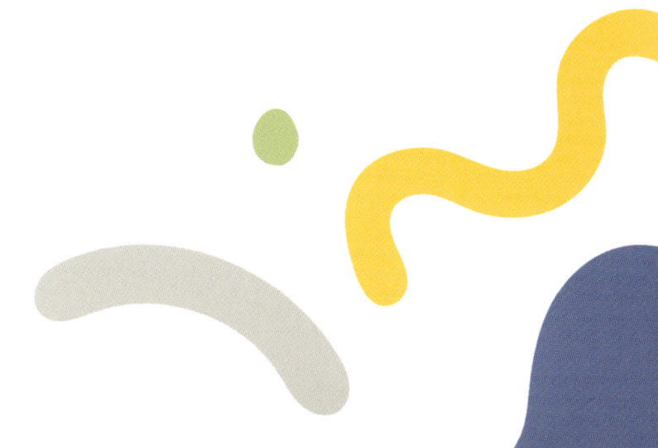

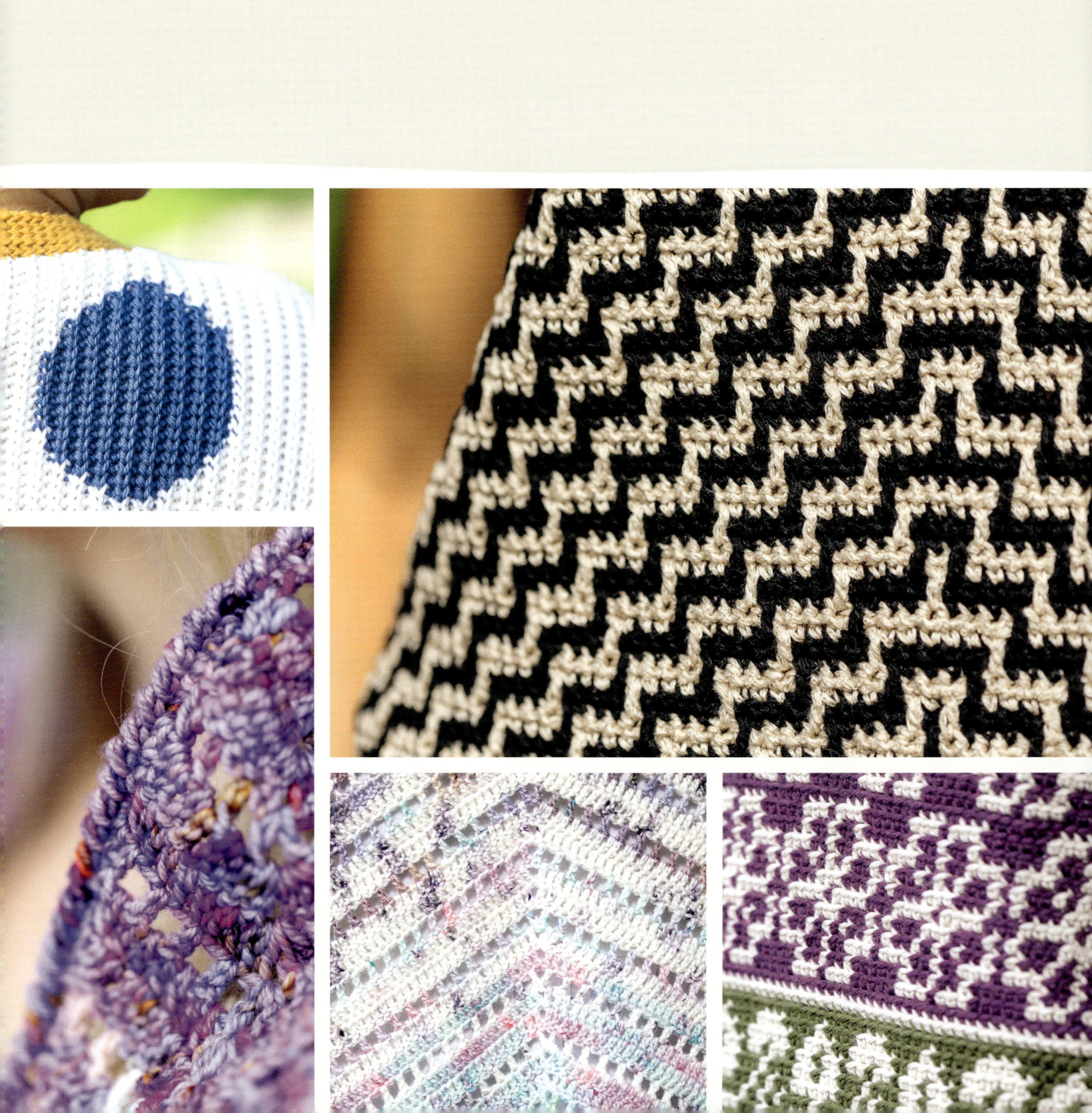

# Farbmuster-Techniken

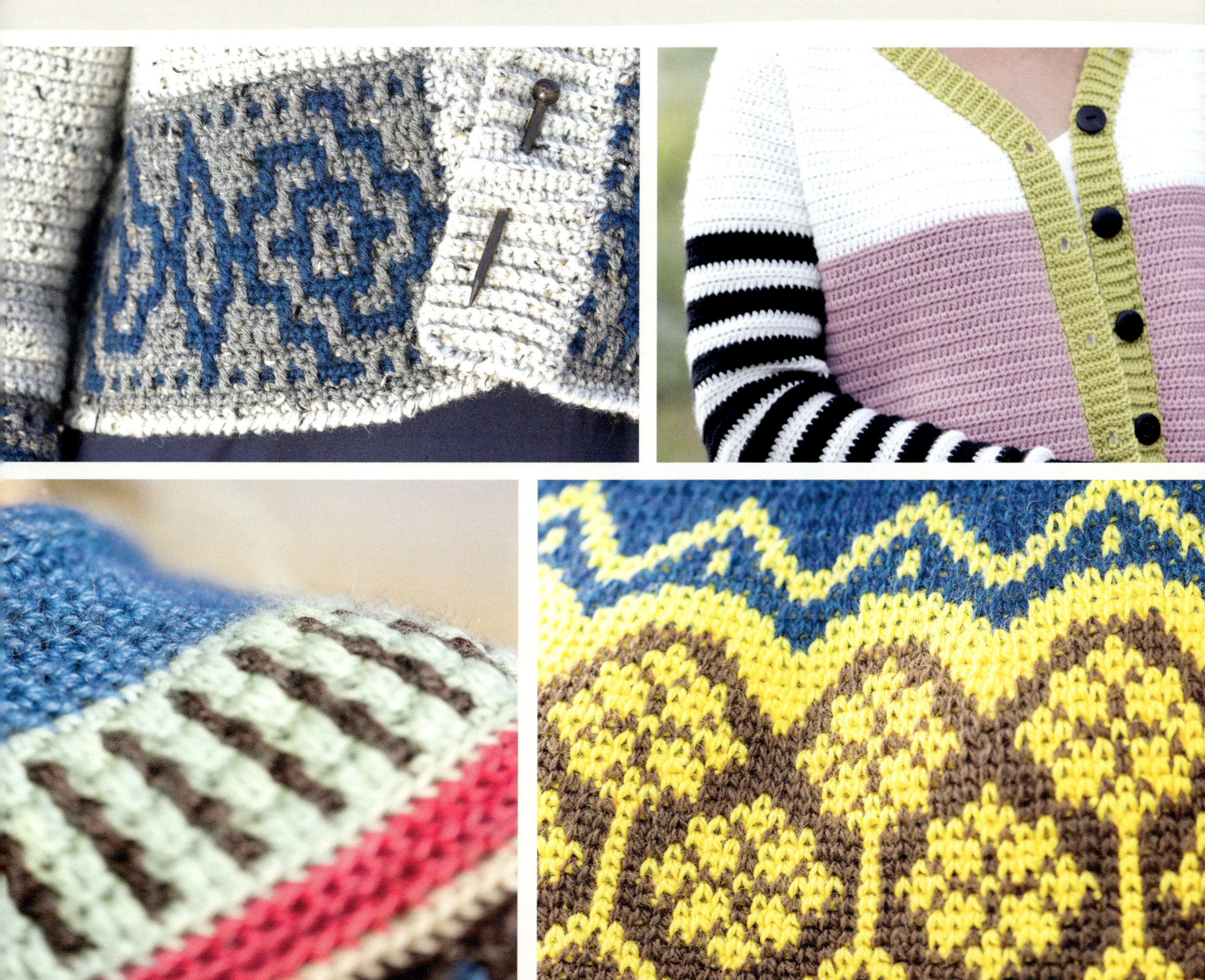

# TAPESTRY-HÄKELN

Tapestry- oder Jacquard-Häkeln ist die wahrscheinlich bekannteste und für mehrfarbige Häkelmuster am häufigsten benutzte Technik. Der Begriff wird oft fälschlicherweise als Generalbegriff für Häkeln von Farbmustern benutzt. Wie der Name schon vermuten lässt, wurde die Methode zum Anfertigen von Tapisserien entwickelt. Sie ist aber sehr vielseitig, und man kann alles Mögliche damit gestalten. Manche lassen sich davon abschrecken, dass es an gestrickte Jacquardmuster erinnert, deren Motive manchmal zu wünschen übrig lassen. Ich habe die Erfahrung gemacht, dass die Häkelstiche selbst einen großen Unterschied machen können, was das Aussehen der Motive angeht. Mit Tapestry-Technik gehäkelte Kleidungsstücke können es ohne Weiteres mit gestrickten aufnehmen.

## Tapestry-Häkeln Basics

Die Idee der Tapestry-Technik ist, mehr als eine Farbe pro Reihe zu verwenden und durch Farbwechsel innerhalb der Reihen Motive zu gestalten; dabei wird die gerade nicht benutzte Farbe im Inneren der Maschen mitgeführt und kann jederzeit wieder aufgenommen werden, wenn sie benötigt wird. Meist arbeitet man dabei nach einer Häkelschrift. Das macht das Maschenzählen einfacher, und man kann sich damit das Motiv, das entstehen soll, besser vorstellen. Theoretisch können beliebig viele Farben pro Reihe benutzt werden, aber mir persönlich sind mehr als zwei zu umständlich; außerdem wird das Material dadurch schwerer. Traditionell wird Tapestry aus festen Maschen gehäkelt, aber auch Stäbchen oder Stäbchen-Varianten sind möglich. Es ist eine wundervolle Methode. Der Prozess mag langsamer und manchmal komplizierter scheinen, aber ich bin fest davon überzeugt, dass sich der Aufwand lohnt: Kunst zum Anziehen. Ich hoffe, ihr teilt meine Begeisterung!

## Feste Maschen offen

Feste Maschen in Hin- und Rückreihen, bei denen man am Ende der Reihen die Arbeit wendet, sind eine effektive Methode, Tapestry zu häkeln; sie ist aber nicht mein Favorit. Häkelmaschen sehen von vorne und hinten sehr verschieden aus, also sind die einzelnen Reihen deutlich zu unterscheiden, und die Motive können verzerrt werden. Die Methode ist besser geeignet für einfache, großflächige Motive. Es gibt aber auch zwei große Vorteile: Erstens ist es die einzige Variante, bei der feste Maschen offen gehäkelt werden, man muss also dabei nicht in Runden arbeiten. Der andere Vorteil ist, dass Vorder- und Rückseite gleich aussehen.

## Feste Maschen in Runden

Feste Maschen in Runden zu häkeln, sodass die Vorderseite nach außen zeigt, macht das Muster zwar deutlicher, bringt aber ein anderes Problem mit sich. Wenn man feste Maschen in der Runde häkelt, neigen sich die Maschen in eine Richtung, was das Muster verzerren kann. Das Motiv mag deutlicher sein, aber es ist nicht meine bevorzugte Technik.

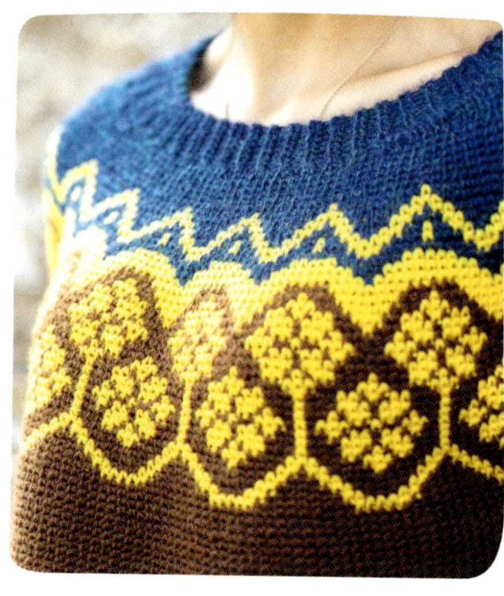

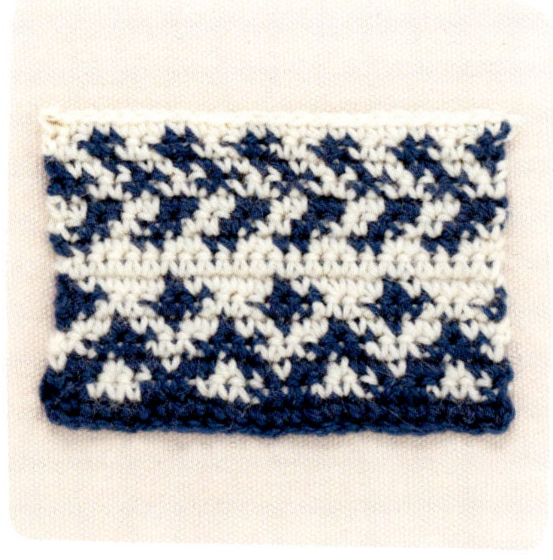

*Feste Maschen offen*

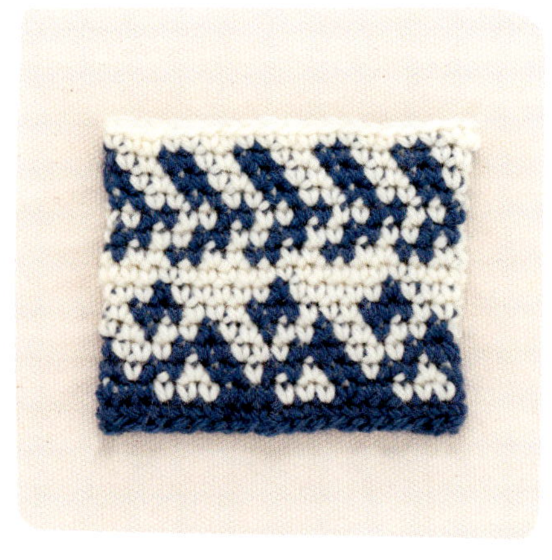

*Feste Maschen in der Runde*

# Feste Maschen, Varianten

Hier kommen einige Versionen von festen Maschen, mit denen man die Motive deutlich definieren kann und die dazu beitragen, die Maschenschrägung auszugleichen. Sie werden alle nur von der VS gehäkelt, also muss dabei in Runden gearbeitet werden. Sonst müsstet ihr das Garn am Ende jeder Reihe abschneiden und jede neue Reihe von vorne beginnen.

## FESTE MASCHEN INS HINTERE MASCHENGLIED (FM HMG)

FM HMG in Runden zu häkeln räumt mit dem Problem der schräg zur Seite geneigten Maschen auf. Die FM HMG werden folgendermaßen gearbeitet: Anstatt in beide Maschenglieder einzustechen, sticht man nur ins hintere Glied einer Masche ein. Ein Beispiel für diese Technik ist das Iktsuarpok-Tanktop.

## STRICKMASCHE HÄKELN (SMH)

Gehäkelte Strickmaschen sind mit mein Lieblingsstich für Tapestry-Häkeln. Ich bezeichne die Technik manchmal als Fair-Isle-Häkeln, weil der Effekt so ähnlich aussieht wie die gleichnamigen Strickmuster. Wenn man Strickmaschen in der Runde häkelt, reihen sich die Maschen Runde um Runde perfekt übereinander. So gehäkelte Maschen sehen wie kleine »V«s aus, gleichen also gestrickten Maschen und haben ein sehr deutliches Maschenbild. In der ersten Runde werden normale feste Maschen gearbeitet, alle weiteren Runden werden als Strickmaschen gehäkelt (s. Allgemeine Techniken: Strickmaschen häkeln). Es kann am Anfang eines Projektes ein bisschen schwierig sein, wird dann aber einfacher. Ein guter Trick ist, mit dem Hals der Häkelnadel einzustechen anstatt mit der Spitze. Das schafft Platz für die Nadel. Hierbei ist es extrem wichtig, locker zu arbeiten, damit man in die Mitte der »V«s einstechen kann. Wenn ihr sonst eher fest häkelt, kann sich das völlig unnatürlich anfühlen, und es kann sein, dass ihr umtrainieren müsst, um euch Frustration zu ersparen. Auch zu bedenken: das Gehäkelte wird manchmal recht dick, also ist es gut, mit dünnerem Garn und dickerer Häkelnadel zu arbeiten. Meinen Commuovere-Pullover habe ich aus Fingering-Garn mit einer 5 mm Nadel gehäkelt, um einen leichten Pulli mit definiertem Muster zu erhalten.

## ERWEITERTE FESTE MASCHEN (EFM)

Aus diesen Maschen gehäkelte Muster neigen dazu, etwas in die Länge gezogen zu sein, da die Maschen höher sind als einfache FM, FM HMG oder SMH. Dennoch sind die Maschen sehr deutlich definiert, reihen sich gerade übereinander und neigen sich nicht zur Seite. Alles in allem sind EFM in meinen Augen eine hervorragende Technik (s. Allgemeine Techniken: Erweiterte feste Maschen). Ihr könnt diese Methode beim Nachhäkeln des Ailyak-Pullovers üben.

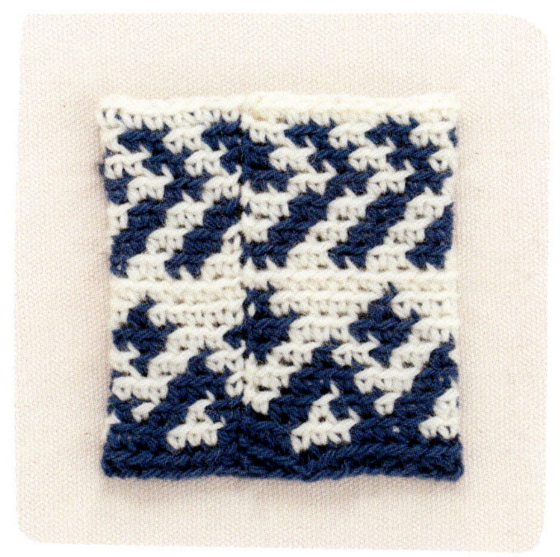

*Feste Maschen ins hintere MG*

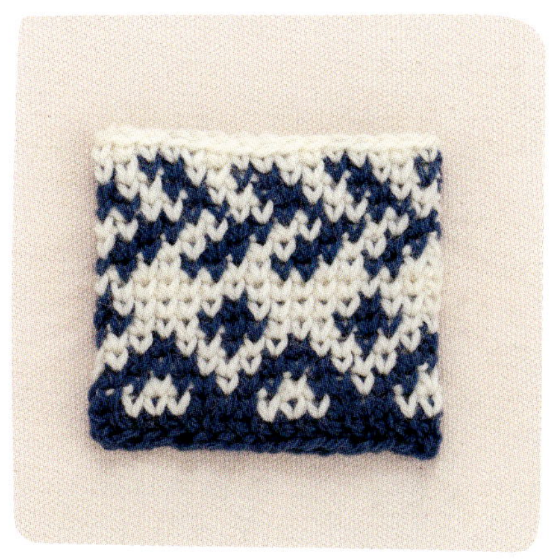

*Strickmasche häkeln*

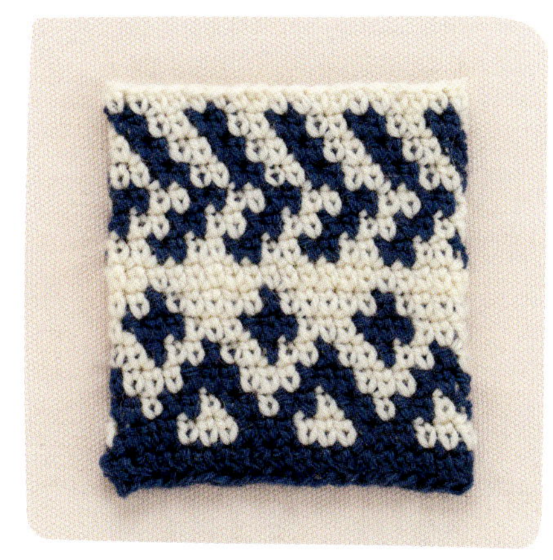

*Erweiterte feste Maschen*

# Techniken

Ein paar für alle Varianten des Tapestry-Häkelns gültige Regeln:

## FARBWECHSEL

Farbwechsel werden an der M vor der neuen Farbe vorgenommen; das Ziel ist, diese M in der neuen Farbe zu häkeln, damit die nächste M in der neuen Farbe erscheint. Der letzte U für diese M wird also schon in der neuen Farbe ausgeführt.

Bei FM: Nadel in die M einst (wo genau in der M kommt darauf an, ob ihr FM, FM HMG oder SMH häkelt), U und durch die M durchz, dann die alte Farbe fallen lassen und die neue verwenden (1), U und den Faden durch die restlichen Schl auf der Nadel durchz. (2)

Bei EFM: Nadel in die M einst, U und durch die M durchz, U und durch eine Schl auf der Nadel durchz (3), dann die alte Farbe fallen lassen, die neue verwenden, U und durch die restlichen Schlaufen auf der Nadel durchz. (4)

Am Reihenende bei offener Arbeit: bei der letzten M die Farbe wechseln und die nächste Reihe mit der neuen Farbe beginnen, vor der LM am Reihenanfang.

Am Rundenende: die letzte M in der alten Farbe fertighäkeln, bei der KM am Ende die Nadel in die erste M der neuen Runde einst und dabei die neue Farbe durchz (5), die alte Farbe fallenlassen, 1 LM in der neuen Farbe am Rundenanfang. (6)

Runde unsichtbar schließen: KM in der alten Farbe, KM festziehen, die Wende-LM aus einem U mit der neuen Farbe durchz (7), die alte Farbe festziehen, um die 1 LM zu straffen (8).

Dieser unkomplizierte Weg ist mir am liebsten. Und da der Übergang unsichtbar ist, behalten die M ihre Farbe.

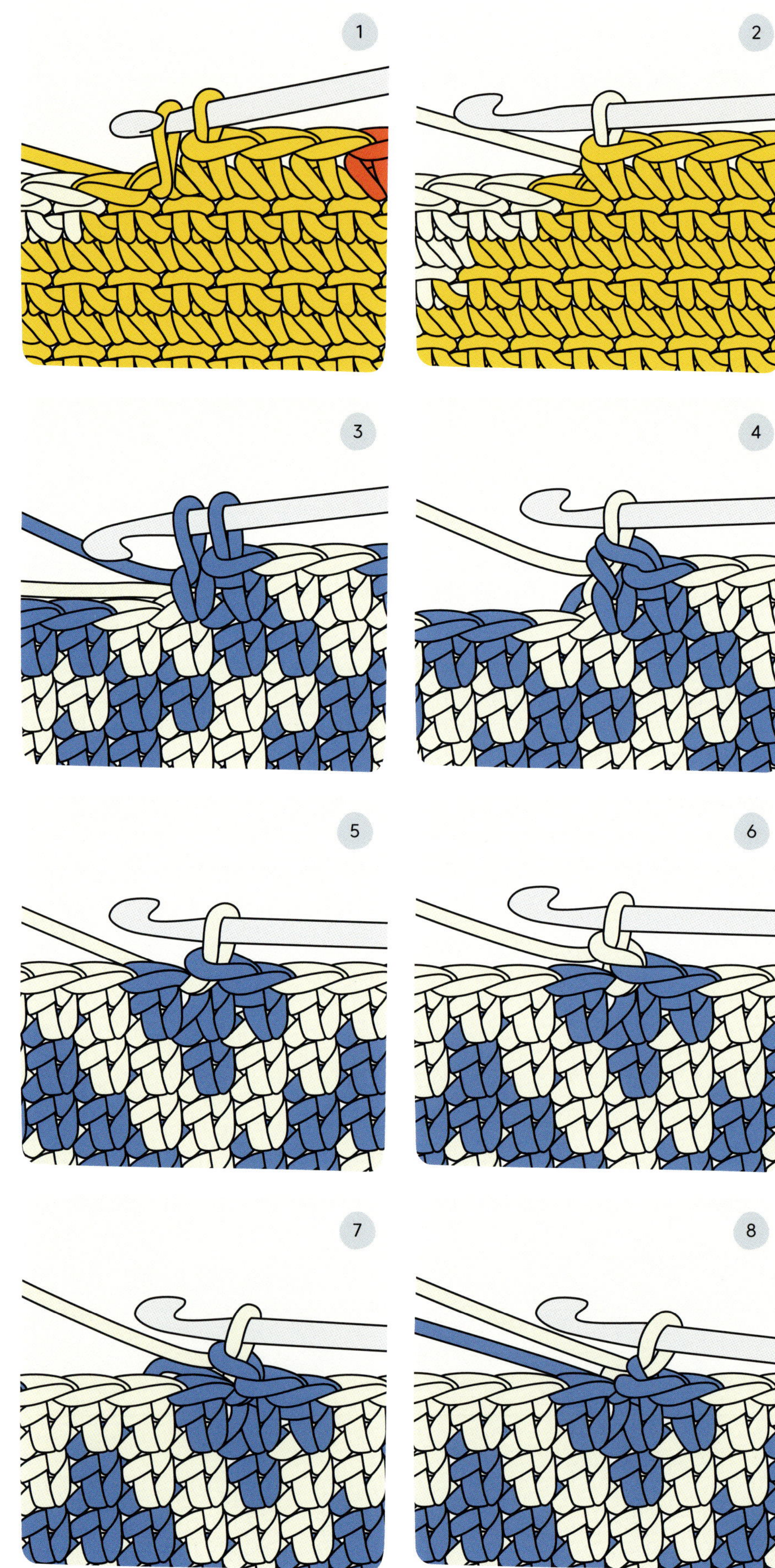

## SPANNFÄDEN

Beim Tapestry-Häkeln werden immer mindestens eine, oft auch mehrere gerade nicht benutzte Farben mitgeführt, damit man sie wieder aufnehmen kann, sobald sie in der Häkelschrift auftauchen. Man nennt sie Spannfäden. Am ordentlichsten sieht es aus, wenn man die gerade nicht genutzte Spannfäden beim Häkeln in die Maschen mit einarbeitet: in die M einst nach Anleitung, das nicht genutzte Garn auf die Nadel legen (9), U und die M mit der benutzten Farbe häkeln wie gewohnt. Der ungenutzte Faden läuft an der Innenseite der M mit (10).

Die Spannfäden dürfen nicht zu fest gezogen werden, da sich die Arbeit sonst zusammenzieht und nicht so elastisch ist. Am besten zieht man sie etwas auseinander, bevor man die nächste Farbe aufnimmt, insbesondere, wenn der Spannfaden länger ist (5 M oder mehr).

Ab und zu gibt es einfarbige Reihen. Wenn ihr offen arbeitet, müsst ihr entscheiden, ob die nicht benutzte Farbe noch an der richtigen Seite ist, wenn ihr sie nicht mitführt. Wenn beispielsweise Farbe B zwei Reihen lang nicht benutzt wird, könnt ihr sie am Reihenanfang lassen, sodass ihr sie nach der Hin- und Rückreihe wieder aufnehmen könnt, wenn ihr eure Arbeit wendet. Wenn ihr in der Runde arbeitet, braucht ihr euch darum keine Gedanken zu machen; alle nicht benutzten Farben fallen lassen, dann müsst ihr euch keine Gedanken um Spannfäden machen.

Je nach Garn und dem benutzten Stich kann es passieren, dass die Spannfäden von der VS zu sehen sind. Sollte das passieren, wendet die Arbeit auf li und zieht mit einer dünnen Häkelnadel an den durchscheinenden Spannfäden. Die RS wird dann etwas unordentlicher aussehen, aber die VS wird es euch danken.

## Maschenprobe

Eine LM-Kette in mehrfacher Musterlänge häkeln (in diesem Fall, ein Vielfaches von 12). Wenn ihr in Runden arbeitet, 1 KM in die erste M zum Schließen der Runde. Bei jeder folgenden Runde 1 LM am Rundenanfang häkeln (zählt nicht als M) und 1 KM in die erste M der Runde häkeln, zum Schließen der Runde. Wenn ihr offen arbeitet, immer 1 LM am Anfang jeder R (zählt nicht als M).

Nach Häkelschrift arbeiten, in einer beliebigen Variation der Technik: In diesem Kapitel sind alle Probestücke nach der gleichen Häkelschrift gehäkelt.

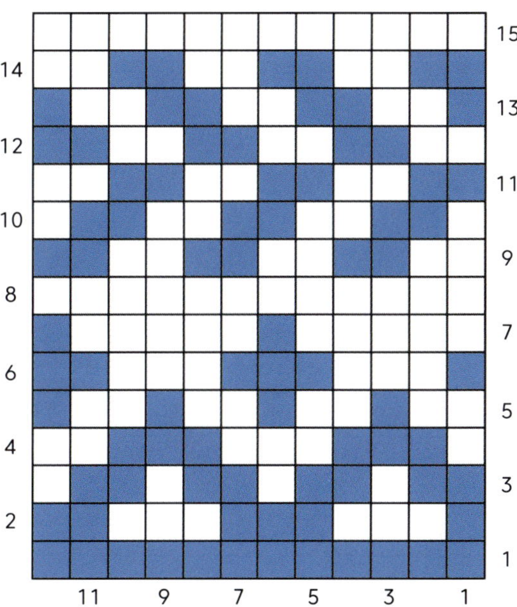


### LEGENDE

 A  B 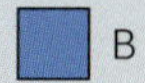

Häkelschrift von unten nach oben lesen.

Jedes Kästchen = 1 FM.

Reihen: VS-Reihen von re nach li (ungerade) und RS-Reihen von li nach re (gerade).

Runden: rundenweise von re nach li.

9

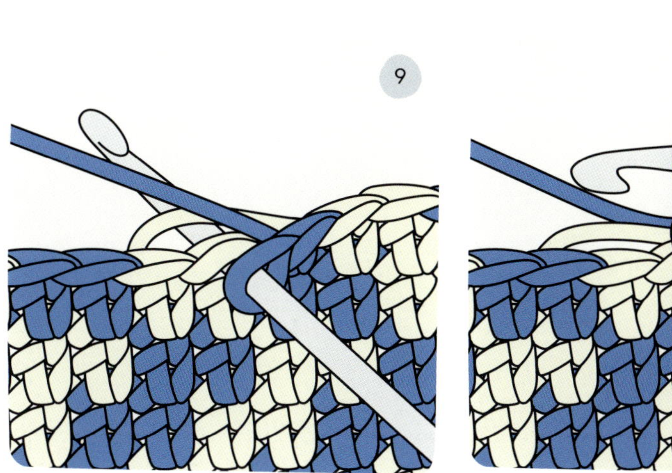

10

# MOSAIK-HÄKELN

Mosaik-Häkeln ist die einzige Technik, in die ich mich auf Anhieb verliebt habe und die ich nie wieder aufgegeben habe. Sie wurde als Abwandlung des Mosaik-Strickens erfunden, und man kann damit einfach und effektiv geometrische Muster häkeln. Diese Methode ist bedeutend einfacher als andere mehrfarbige Techniken, weil man jeweils nur eine Farbe gleichzeitig benutzt! Der Mosaik-Effekt fällt wirklich ins Auge, und es gibt unendliche Möglichkeiten, Farben und Muster zu häkeln.

## Häkelschriften

Am einfachsten lassen sich Mosaik-Häkelmotive anhand einer Häkelschrift lesen. Man sieht, welche Farben man in welcher R benutzen muss, wo niedrige M (FM oder LM) und wo längere M (2 R tiefer eingestochene St) gehäkelt werden. Die Häkelschriften für Mosaik-Häkeln sehen genauso aus wie Strickschriften für Mosaik-Stricken. Um sie einfacher lesbar zu machen, steht immer da, wo tiefer eingestochene M gehäkelt werden, ein X.

Es gibt 2 Möglichkeiten, Mosaik zu häkeln, und die Häkelschriften werden bei beiden unterschiedlich gelesen. Folgende Grundregeln gelten aber für beide Techniken:

- Jedes Kästchen steht für 1 M.
- Das erste Kästchen am Reihenanfang hat die Farbe, die in der R benutzt wird. In jeder R wechselt die Farbe. Ist das erste Kästchen dunkel, wird in dieser R nur die den dunklen Kästchen zugeordnete Farbe gehäkelt. In der Häkelschrift kommt als Nächstes eine helle R, also wird nur die den hellen Kästchen zugeordnete Farbe benutzt.
- Wenn ein Kästchen die gleiche Farbe hat wie die gesamte R UND das Kästchen unterhalb ebenso, wird ein X benutzt, um zu zeigen, dass hier eine tief eingestochene M gehäkelt wird. Wenn also unter einem grauen Kästchen in einer grauen R ein weiteres graues Kästchen steht, hat es ein X. (A)
- Das X taucht in den meisten Mosaik-Häkelschriften auf; ist keines eingezeichnet, macht man das selbst, bevor man zu häkeln beginnt – das erleichtert die Arbeit sehr.
- Der Bereich zwischen zwei senkrechten Linien, 1 oder 2 M vom Häkelschriftenrand, kennzeichnet Wiederholungen. (B)
- Am Anfang und Ende der R müssen Rand-M gehäkelt werden, aber wiederholt werden nur die M zwischen den Linien.
- Beim Arbeiten in Runden werden die M außerhalb der Wiederholungs-Linien ausgelassen und das Muster wird wiederholt.
- Wann immer es notwendig ist, enthalten meine Häkelschriften zusätzlich zur Grund-R eine R 0 (s. Maschenprobe). Man braucht R 0, um in R 1 tiefer eingestochene M zu häkeln. Wenn sich die Muster-R nach dem ersten Durchgang wiederholen, wird R 0 ausgelassen. Manche Häkelschriften bilden Musterstreifen auf einem größeren Stück; dann gibt es die Grund-R bereits, in die tiefer eingestochene M gehäkelt werden, und auch dann ist R 0 überflüssig.
- Es gibt Häkelschriften, in denen in R 1 X-Symbole eingezeichnet sind, obwohl es keine R 0 oder ein bereits gehäkeltes Stück davor gibt. In diesem Fall ist es am einfachsten, die letzte R der Häkelschrift am unteren Ende des Musterstreifens als R 0 zu verwenden und dabei die X-Symbole wegzulassen.

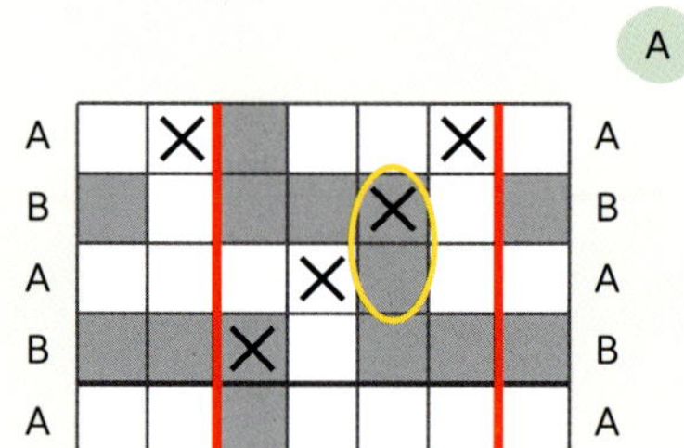


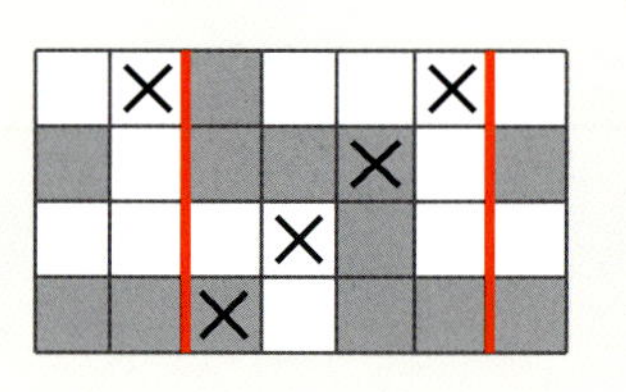


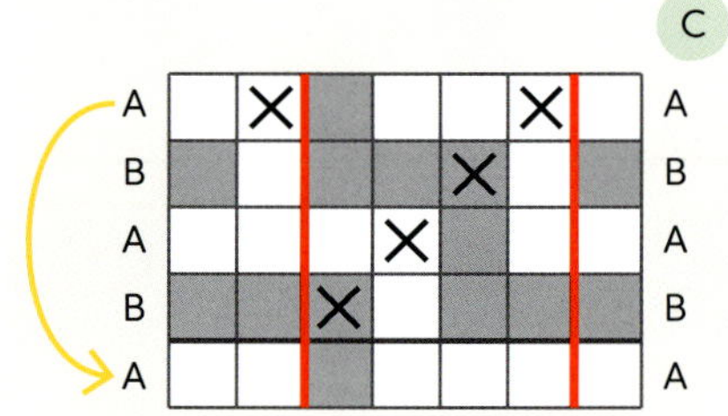

# Techniken

Es ist ein häufiger Irrtum, dass Mosaik-Häkeln eine einzige Technik ist. Es gibt unterschiedliche Methoden, und zwar vorwiegend 2 Varianten. Ich habe ihnen Namen gegeben, damit man sie gut auseinanderhalten kann.

## STANDARD-MOSAIK-HÄKELN

Dies ist die am häufigsten benutzte Methode. 1 R in der Häkelschrift entspricht 2 R in der Häkelarbeit – ihr könnt also nach Belieben offen oder in Runden arbeiten. Es bedeutet außerdem, dass die Muster manchmal leicht verlängert aussehen. Ein großer Vorteil dieser Methode ist, dass das Gehäkelte nicht dicker wird und dass es keine Lücken aufweist. Auf diese Weise gehäkelte Muster zeigen deutlich definierte Farben.

Es werden hauptsächlich diese 3 Stiche verwendet:

1. Feste Maschen: FM werden immer dann gehäkelt, wenn das Kästchen die gleiche Farbe hat wie die R. In einer grauen R entspricht also ein graues Kästchen 1 FM.
2. Luftmasche: LM werden dort gehäkelt, wo das Kästchen eine andere Farbe hat als die R. Also wird in einer weißen R eine LM gehäkelt, wo ein graues Kästchen steht.

   Wenn eine LM gehäkelt wird, wird die Masche in der R darunter übersprungen, damit am Ende der R die M-Anzahl gleich bleibt.
3. Stäbchen: Ein MSt ist ein 2 R tiefer eingestochenes St, in die R, die die gleiche Farbe hat wie der Arbeitsfaden. (D, E)

MSt werden in Kästchen gehäkelt, die mit einem X versehen sind. Wenn auf der Häkelschrift keine X-Symbole markiert sind, werden sie in die gleichfarbigen Kästchen der R gehäkelt, bei denen das Kästchen genau darunter auch diese Farbe hat. Wenn in einer weißen R direkt unterhalb ein weißes Kästchen steht, entspricht es einem MSt.

Alle MSt werden nur auf der VS der Arbeit gehäkelt und nur in die ausgewiesenen M.

Die M der R, die genau nach dem MSt folgen, werden ausgelassen, damit sich die M-Anzahl der R nicht verändert.

In den RS-Reihen werden die MSt als FM gehäkelt.

Die VS-Reihen werden von re nach li gelesen und die RS-Reihen von li nach re.

Da aber die RS-Reihen Wiederholungen der VS-Reihen sind, kann man die R davor »lesen« und FM häkeln, wenn FM in der Reihe davor kamen, oder ein MSt und eine LM, wenn in der Reihe davor eine LM gehäkelt wurde.

Manche Häkelschriften zeigen Muster, die einen Streifen oder ein Motiv bilden. Diese beginnen unten und enden mit der oberen R. (F)

Andere können beliebig oft wiederholt werden, indem man die Häkelschrift mehrfach abarbeitet. (G)

Wenn so eine Häkelschrift vorliegt, muss man das Stück »abschließen«, wenn es Zeit ist, mit den Wiederholungen aufzuhören. Um das zu tun, ersetzt ihr in den VS- und RS-Reihen ALLE LM durch FM. Danach könnt ihr eine weitere Häkelschrift anfangen oder das Stück fertigstellen.

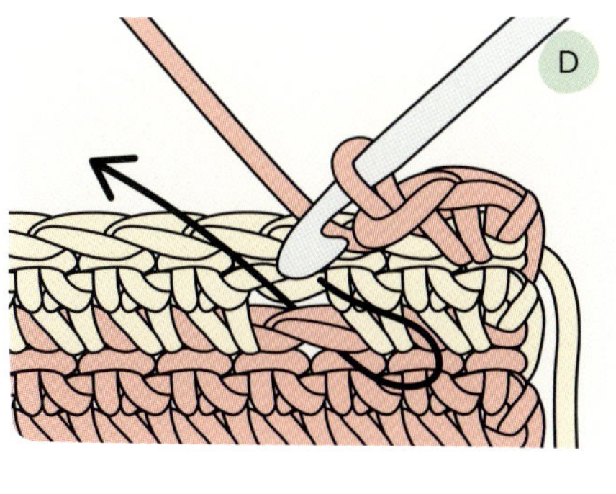


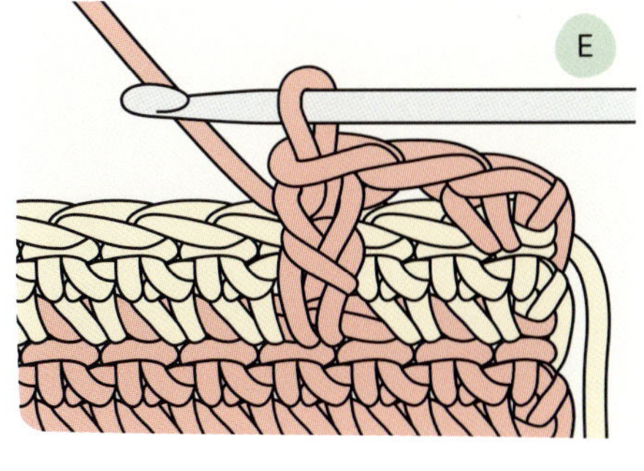


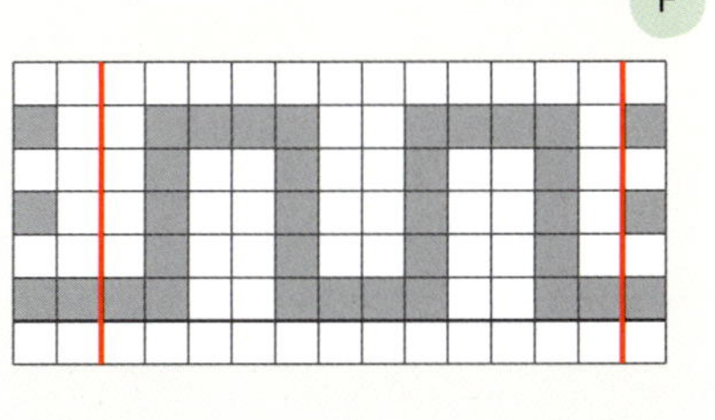


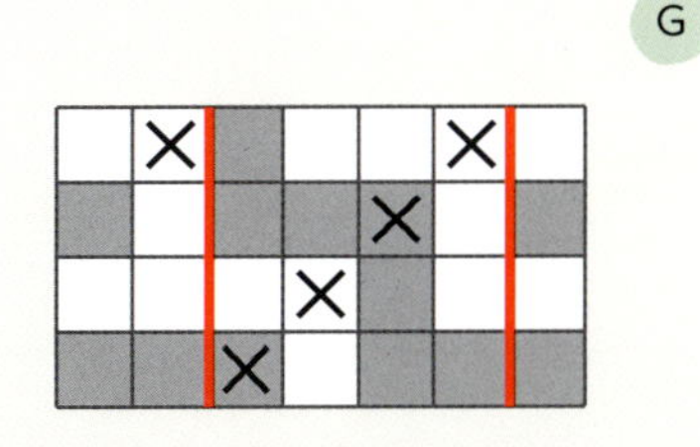


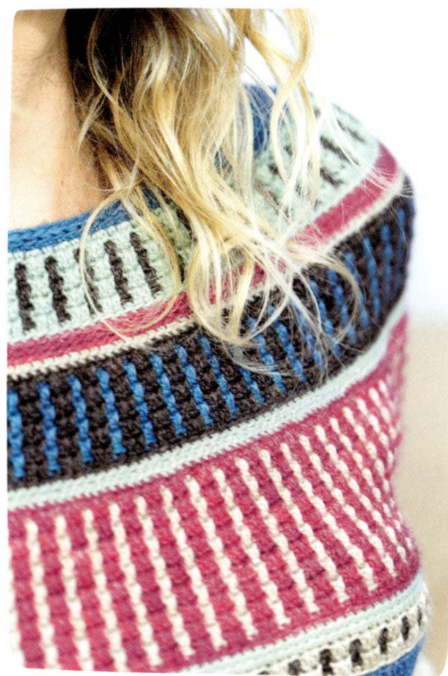

### Farbwechsel am Ende einer Reihe

In der Häkelschrift wechseln sich die Farben in den R ab. Um beim Farbwechsel die Ränder so sauber wie möglich zu halten, geht ihr bei offenem Arbeiten wie folgt vor, angefangen mit der letzten M jeder Rück-R:

Häkelnadel in die M einst, U und durch die M durchz. (H)

Die alte Farbe fallen lassen und die neue aufnehmen, U und durch 2 Schl auf der Nadel durchz. (I)

Zum Mitführen die alte Farbe um den Faden der neuen Farbe schlingen. (J)

Dann 1 LM in der neuen Farbe häkeln. (K)

Wenden. Die alte Farbe wie einen Spannfaden bei der ersten M verstecken wie folgt: Die Nadel in die M einst und die alte Farbe hinter der Arbeit über die Nadel legen. (L)

U mit der neuen Farbe und durch die M durchz, U und durch 2 Schl auf der Nadel durchz. (M)

Die alte Farbe lassen, wo sie ist, und die neue R beginnen. Den Rest der R in der neuen Farbe häkeln.

## EINREIHIGES MOSAIK-HÄKELN

Diese Variante ist viel einfacher als Standard-Mosaik-Häkeln. Jede R in der Häkelschrift entspricht der R, die man häkelt, also ist die Methode besser für das Arbeiten in Runden geeignet. Man kann auch offen einreihig arbeiten, aber dann muss jeder Faden am R-Ende abgeschnitten werden, da man nur an der VS häkelt. Anders als bei der Standard-Methode entsteht bei dieser Variante ein dickeres Material mit mehr Struktur, und der Effekt ist etwas Besonderes, auch wenn die Farben hier etwas weniger deutlich definiert sind.

Bei dieser Variante werden diese zwei Stiche verwendet:

1. Ins hintere Maschenglied eingestochene feste Maschen: FM HMG wird in allen Kästchen ohne X-Symbol gearbeitet, unabhängig von der Farbe.
2. Ins vordere Maschenglied eingestochene Stäbchen: St VMG wird 2 R unterhalb in die vorherige R in der gleichen Farbe wie die gerade gehäkelte R gearbeitet, in allen Kästchen mit X-Symbol. (N)

   X-Symbole gibt es nur in den Kästchen der gleichen Farbe, in der gerade gehäkelt wird, wenn das Kästchen direkt unterhalb ebenfalls diese Farbe hat.

   Die M, die in der R darunter dem St VMG folgt, wird ausgelassen, damit die M-Anzahl gleich bleibt.

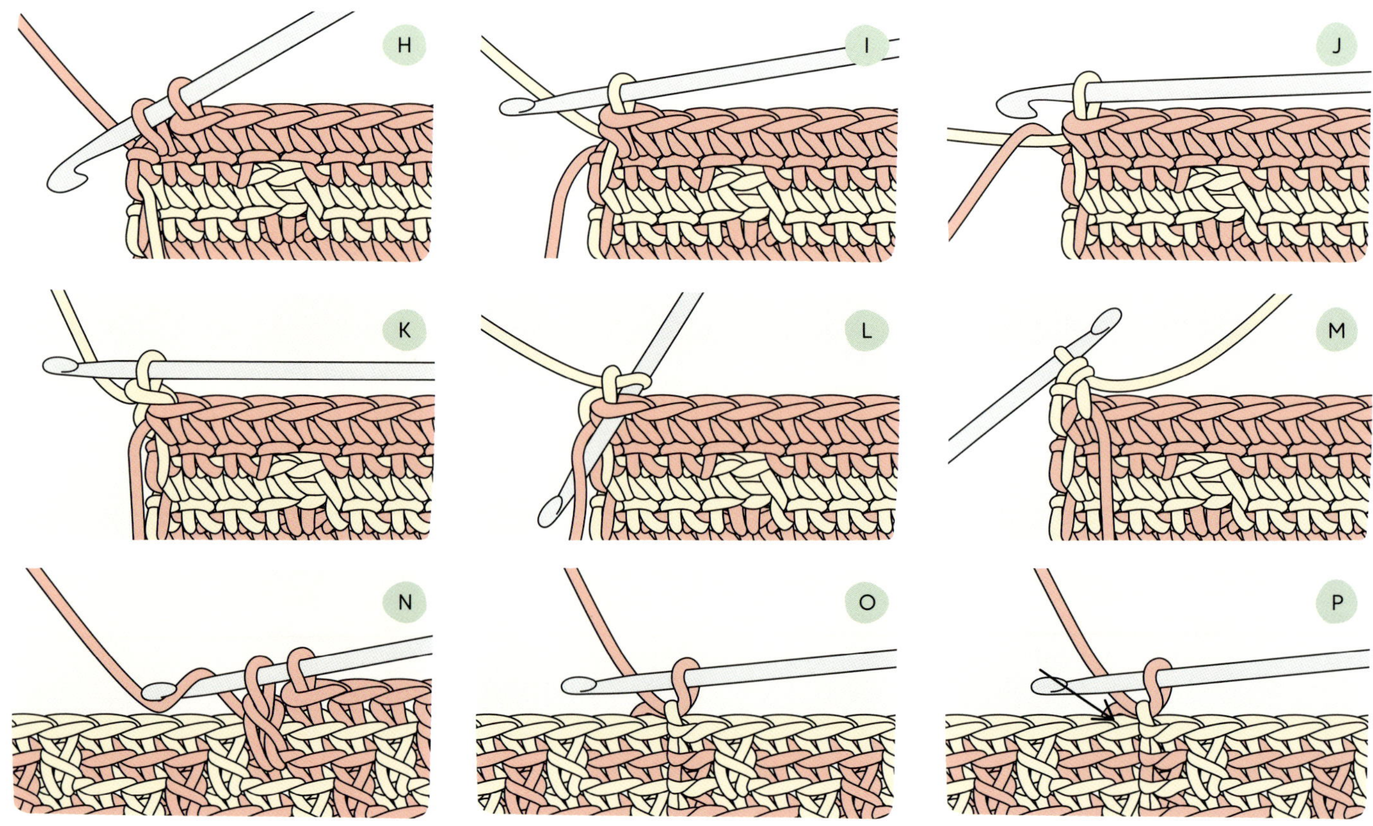

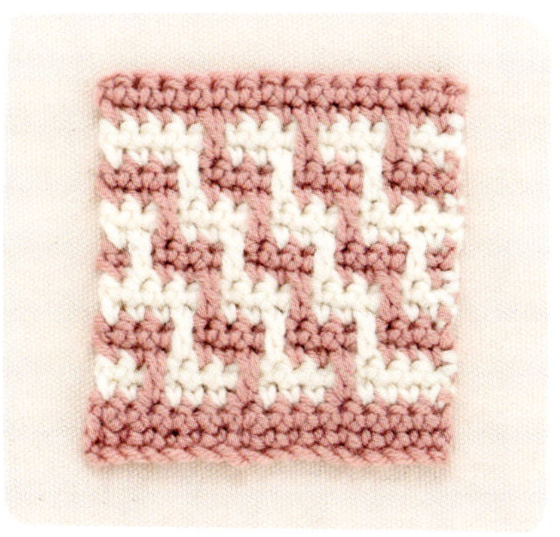

*Standard-Mosaik-Häkeln Vorderseite*

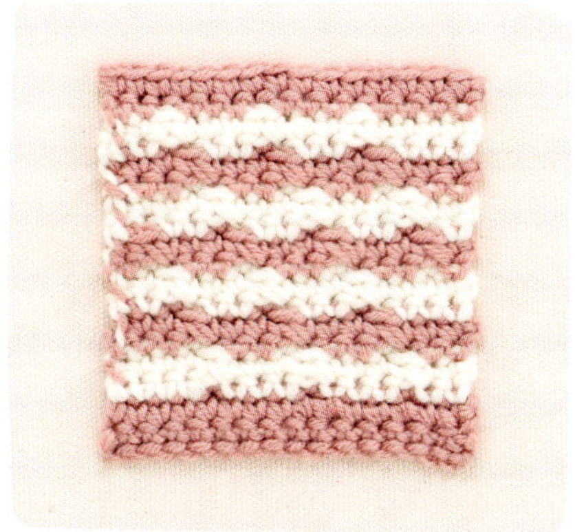

*Standard-Mosaik-Häkeln RS*

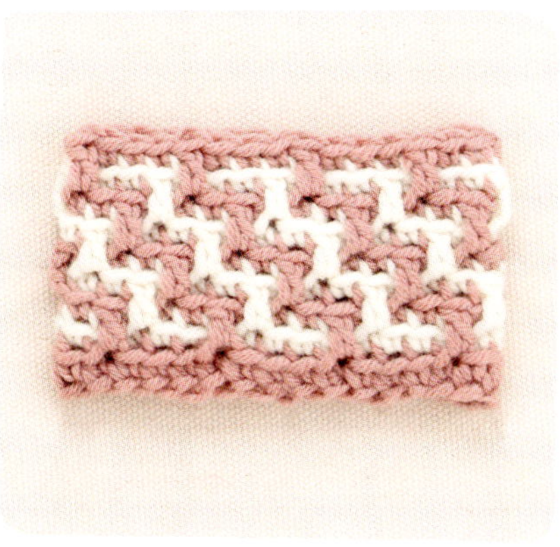

*Einreihiges Mosaik-Häkeln VS*

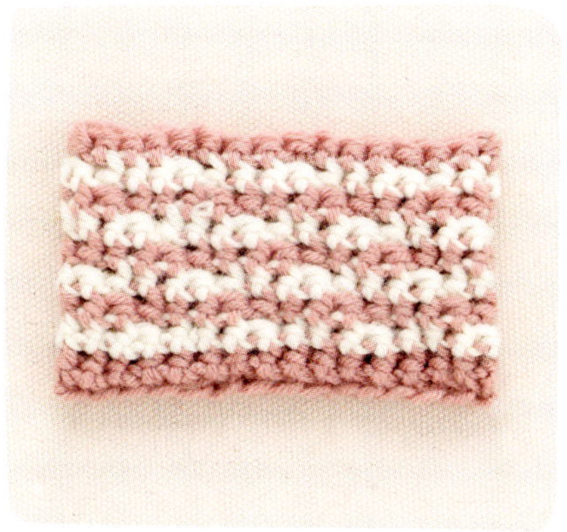

*Einreihiges Mosaik-Häkeln RS*

### Farbwechsel am Rundenende

Mosaik-Häkeln aus FM wird vorwiegend in Runden gearbeitet. Ich empfehle dafür das unsichtbare Schließen der Runden (s. Allgemeine Techniken).

Für den unauffälligen Farbwechsel 1 KM in die erste M der Runde häkeln, um die Runde mit der alten Farbe abzuschließen, dann 1 LM in der neuen Farbe. (O)

Keinesfalls die erste M auslassen! (P)

Mit der nächsten R in der neuen Farbe fortfahren.

## Probestücke häkeln

Bevor man die Häkelschrift abarbeitet, muss eine Grund-R gehäkelt werden. Diese wird in einer anderen Farbe gehäkelt, damit die Farben klarer zu erkennen sind. Beim Standard-Mosaik-Häkeln beginnt man mit einer LM-Kette in beliebiger Länge, gefolgt von 2 Reihen FM. Bei einreihigem Mosaik-Häkeln beginnt man ebenfalls mit einer LM-Kette, die zur Runde geschlossen wird, gefolgt von einer Runde FM.

Diese Musterstücke basieren auf der gleichen Häkelschrift, aber es wurden unterschiedliche Techniken verwendet.

Auf der Rückseite der Arbeit sollten nur Streifen zu sehen sein.

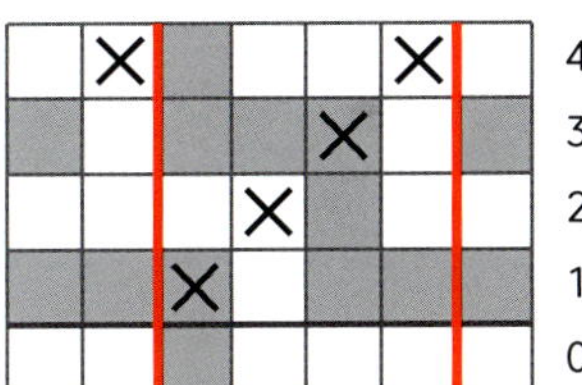


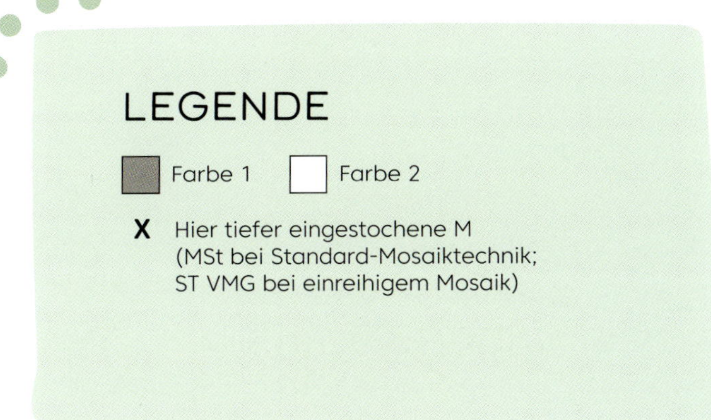


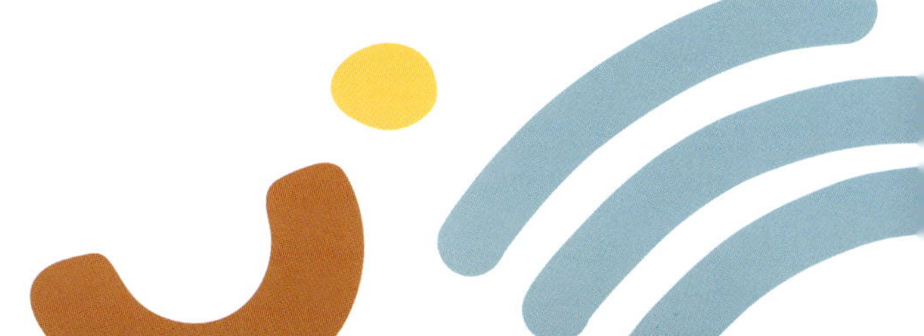

# INTARSIEN-HÄKELN

Intarsien wird von vielen für schwierig gehalten. Meiner Erfahrung nach ist es eine der einfachsten Techniken, die zudem viele Vorteile hat. Man kann damit alles Mögliche »zeichnen« - man braucht nur eine Häkelschrift und Garn in verschiedenen Farben. Mit Intarsien kann man innerhalb einer Reihe viele verschiedene Farbflächen häkeln, ohne das Garn mitführen zu müssen. Man arbeitet immer nur mit einer Farbe auf einmal, und wenn man die andere Farbe nimmt, lässt man die alte Farbe fallen, nimmt die neue auf und macht damit weiter. Der größte Nachteil ist, dass jede Farbfläche ein eigenes Stück Garn erfordert. Das bedeutet, dass ihr, wenn in einer Reihe 6 verschiedene Farben vorkommen, 6 Arbeitsfäden haben müsst. Es kann stressig erscheinen, so viele Farben gleichzeitig zu benutzen, aber es gibt einige Möglichkeiten, es sich einfacher zu machen, z. B. das Garn zu organisieren und effektive Farbwechsel vorzunehmen.

## Garn organisieren

Euer Garn zu organisieren, bevor ihr loslegt, erspart euch später Frustration. Ich empfehle, die Knäuel in der Reihenfolge, in der sie in einer R vorkommen, in einen Korb zu legen. Beim Wenden der Arbeit dreht ihr auch den Korb. Oder ihr lasst den Korb stehen und wendet die Arbeit abwechselnd nach rechts und nach links. Das Garn wird wahrscheinlich trotzdem durcheinandergeraten, sich aber nicht unbedingt verknoten. Versucht also, entspannt zu bleiben und das Chaos zu genießen.

### KLEINE STRÄNGE

Ihr könnt auch Knäuel verwenden, aber wenn die Farbpartie nur klein ist, geht es mit aufgewickelten Strängen einfacher. Um die Garnmenge einzuschätzen, zählt die benötigten Maschen, dann addiert ihr noch etwas für die Enden dazu. Wenn eine Partie beispielsweise 4 M breit und 10 R hoch ist, sind das insgesamt 40 M (4 x 10 = 40).

Zwei lose Umschläge auf der Häkelnadel entsprechen ungefähr der Garnmenge, die man für eine FM mit dieser Nadel braucht. Wickelt also das Garn einmal um die Nadel, dann wisst ihr, wie viel Garn ihr für 5 M benötigt. Alternativ dazu könnt ihr auch ein kleines Probestück aus 5 M häkeln und das Garn messen, wenn ihr es wieder auftrennt. Diese Menge multipliziert ihr mit 8 (5 x 8 = 40), um die benötigte Garnmenge für 40 M zu erhalten. Auch hier ein Stück für Anfang und Ende mit berechnen und dann abschneiden.

Die einfachste Wickeltechnik ist die, bei der man den Faden um zwei Finger wickelt, wobei man eine kleine Lücke lässt (1). Dann das Fadenende darumwickeln und sehr locker verknoten (2). Mit dem Fadenende dieses Knäuels anfangen zu häkeln.

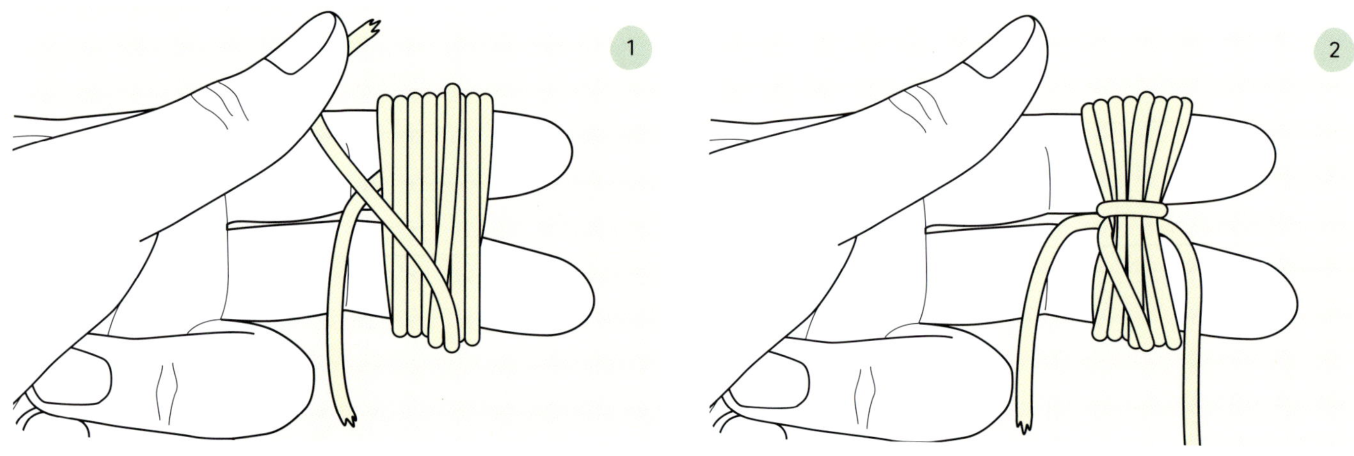

# Techniken

Man kann jeden beliebigen Stich für Intarsien nutzen. Muster und Motive sind meist als Häkelschrift dargestellt, auf der das Motiv, das man häkeln will, einfach zu erkennen ist. Es gibt aber auch geschriebene Anleitungen. Wenn in einer R eine neue Farbe angefangen wird, nehmt ihr einen weiteren Arbeitsfaden in dieser Farbe dazu. Ist eine Farbpartie fertig, schneidet den Faden ab und lasst ein Stück zum Vernähen stehen. Intarsien werden meist offen gearbeitet, es spricht aber nichts dagegen, in Runden zu häkeln. Dann muss die Arbeit nur nach jeder Runde gewendet werden.

## FARBWECHSEL

Farbwechsel finden immer bei der M statt, die vor der neuen Farbe kommt. Sie wird schon in der neuen Farbe beendet, damit die neue Farbe bei der nächsten M verfügbar ist. Das kann je nach Stich unterschiedlich aussehen. Hier kommen ein paar Beispiele, die diese Technik verdeutlichen.

FM: Nadel in die M einst, U und durch die M durchz, alte Farbe fallen lassen und neue aufnehmen, U und durch die restlichen Schl auf der Nadel durchz. (3)

St: U, Nadel in die M einst, U, durch die M durchz, U, durch 2 Schl auf der Nadel durchz, alte Farbe fallen lassen und neue aufnehmen, U, durch die restlichen Schl auf der Nadel durchz.

LM: alte Farbe fallen lassen und mit der neuen Farbe die nächste LM häkeln. Beachtet, dass sich die neuen Farben in der nächsten R, wenn ihr in die Luftmaschenkette häkelt, festziehen werden, wenn ihr sie aufnehmt. Achtet darauf, keine LM auszulassen, damit die M-Anzahl konstant bleibt. (4)

R-Ende: Farbwechsel beim letzten U zur allerletzten M, sodass die neue R in der neuen Farbe beginnt.

Mitten in der R mit KM: Bei Hinreihen die alte Farbe hinter die Arbeit legen, bei Rückreihen vor die Arbeit, Nadel in die M einst, U in der neuen Farbe, durch die M und die Schl auf der Nadel durchz.

Mitten in der R mit doppelter KM: U, Nadel in die M einst, bei Hinreihen die alte Farbe hinter die Arbeit legen, bei Rückreihen vor die Arbeit und unter die Nadel legen, U in der neuen Farbe, durch die M und die Schl auf der Nadel durchz.

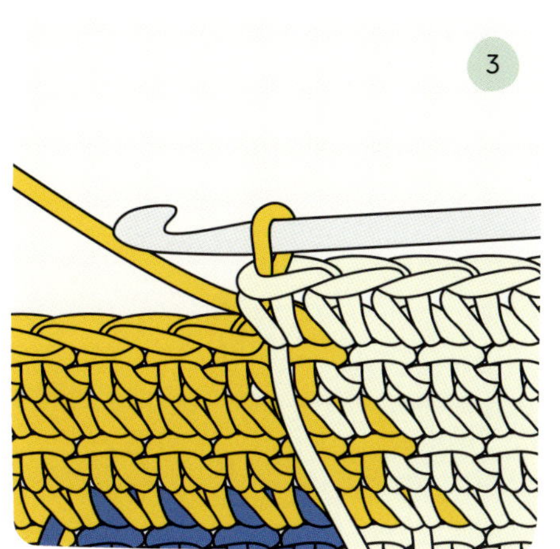


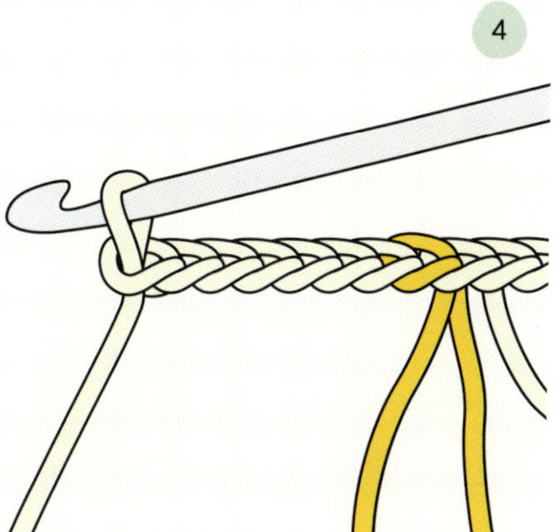


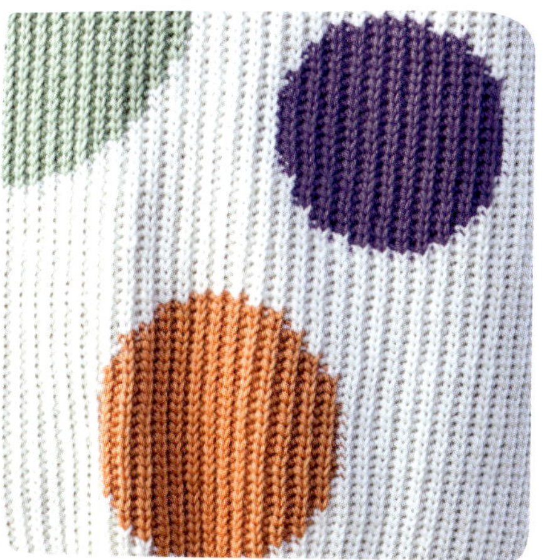

## RÜCKSEITE ODER VORDERSEITE

Ein weiterer Vorteil von Intarsien-Häkeln ist, dass Rück- und Vorderseite so gut wie identisch aussehen – aber sie sind nicht austauschbar. Um die VS schön sauber zu halten, solltet ihr die Arbeitsfäden beim Farbwechsel hinter der Arbeit behalten. Wenn ihr an der VS arbeitet, bleibt das Garn für den Farbwechsel hinter der Arbeit. Bei den RS-Reihen muss das alte Garn beim Farbwechsel vor die Arbeit unter die Nadel gelegt werden (5). Dieser Prozess ist nicht intuitiv, da das Garn von seiner üblichen Stelle hinter der Arbeit herausgezogen werden muss.

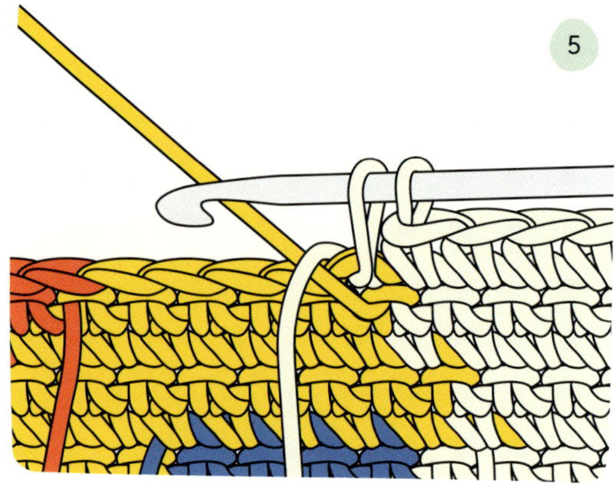


## Probestück häkeln!

Für den Anfang eines Intarsien-Projektes, bei dem schon in der ersten Reihe verschiedene Farben gebraucht werden, empfehle ich, den Farbwechsel bereits in der Luftmaschenkette vorzunehmen. Dann die Häkelschrift einmal komplett abarbeiten.

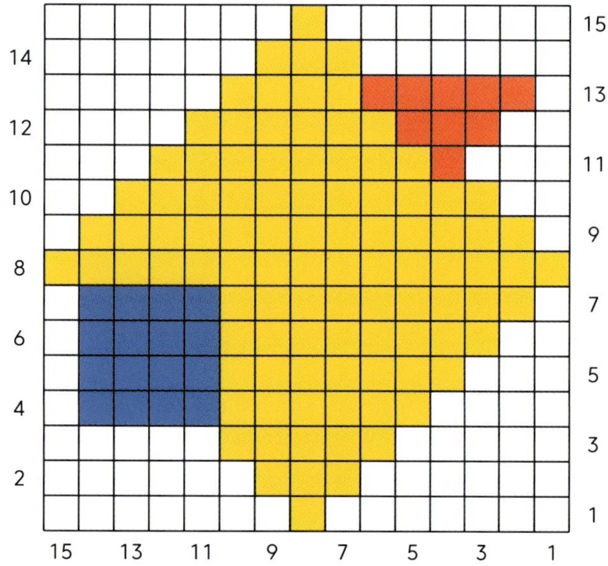


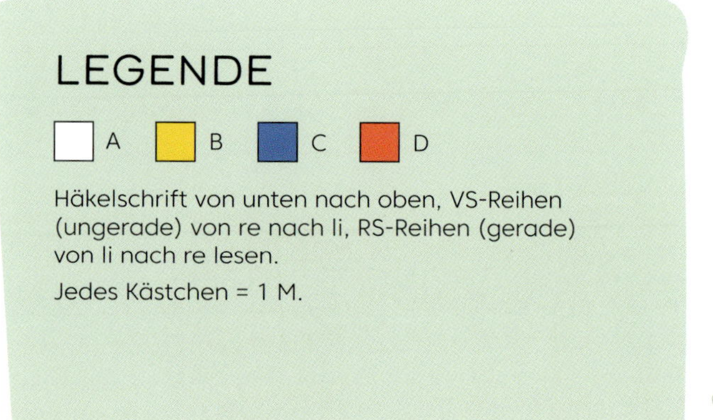

### LEGENDE

A B C D

Häkelschrift von unten nach oben, VS-Reihen (ungerade) von re nach li, RS-Reihen (gerade) von li nach re lesen.

Jedes Kästchen = 1 M.

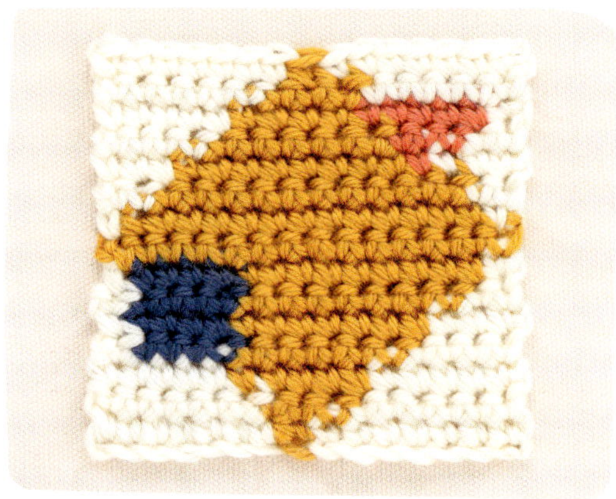

*Intarsien-Probestück VS*

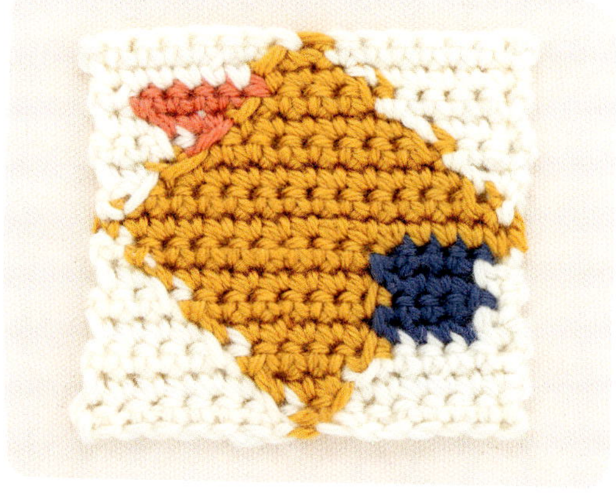

*Intarsien-Probestück RS*

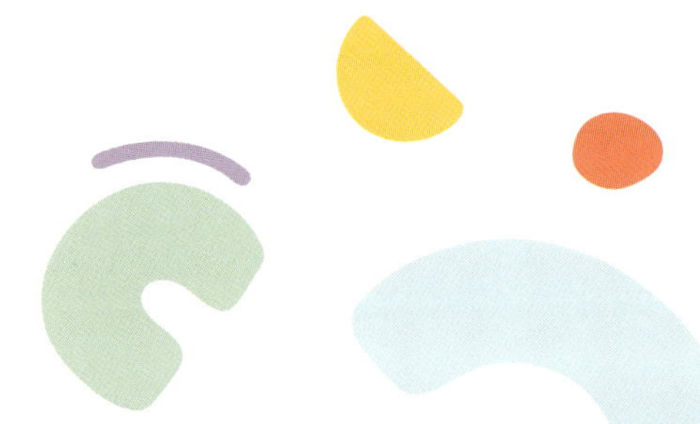

# STREIFEN UND FARBFLÄCHEN

Streifen und Farbflächen sind eine effektive Methode, einem Design Persönlichkeit zu geben. Beides ist unglaublich einfach auszuführen und geradezu perfekt, um sich mit Farbmuster-Techniken vertraut zu machen. Man muss nicht viel vorbereiten, also ist es einfach, zu improvisieren.

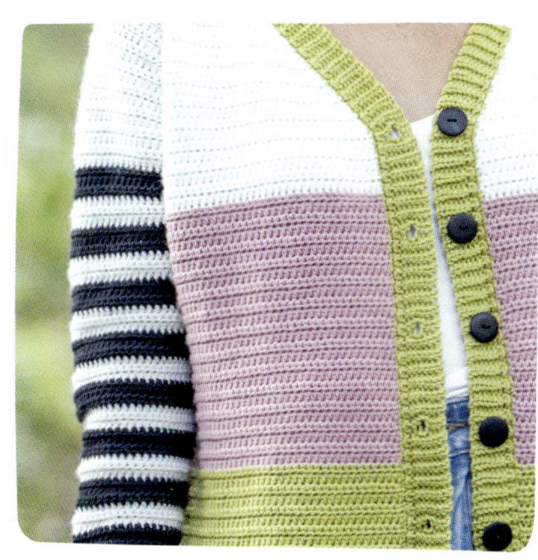

## *Streifen*

Streifen können sehr unterschiedlich wirken, je nach Kontrast, Breite und Häufigkeit. Breit oder schmal, dekorativ oder strategisch platziert – sie können Farbflächen verbinden, und sie sind eine tolle Möglichkeit, Garnreste zu verbrauchen!

### BREITE STREIFEN

Gleichmäßige Streifen in kontrastreichen Farben sind ein markantes Statement. Bei der Jayus-Jacke fallen die schwarz-weißen Ärmel wirklich auf. Auch andere Kombinationen mit starkem Kontrast werden euer Stück auf jeden Fall dramatischer machen.

### FEINE STREIFEN

Feine Streifen sind diskret, aber sie geben den Stücken Persönlichkeit. Man kann feine und breite Streifen abwechseln oder alle gleich schmal machen. Hier ist auch die Farbgebung wichtig – Cremefarben und Hellrosa ist zum Beispiel viel subtiler als Schwarz mit Neongelb.

## *Farbflächen*

Der Jayus-Cardigan ist ein gutes Beispiel für große Uni-Farbflächen. Die Technik ist einfach, und je nach Farbe kann der Effekt auffällig oder dezent sein. Man kann mit den Farben bestimmte Körperpartien betonen, die man an sich mag, und von anderen etwas ablenken. Der Faustregel zufolge stechen leuchtend bunte Farben ins Auge, und neutrale Farben sind unauffälliger. Zum Betonen der Hüften und Ablenken von breiten Schultern würde man oben eine neutrale Farbe und unten dunklere oder bunte Farben verwenden.

### FARBVERLÄUFE

Farbübergänge oder ombrierte Effekte kann man mit ähnlichen Farbtönen erzeugen, die Elemente einer anderen Farbe enthalten. Dafür eignen sich handgefärbte Garne oder Garne mit Farbverlauf. Eine andere Technik ist, 2 Fäden zusammenzunehmen, den Übergang aus einem der beiden zu machen, und die andere Farbe beizubehalten. Graduelles Hellerwerden funktioniert so am besten: Breite Streifen in der Originalfarbe und dünne Streifen in der neuen Farbe, dann breite Streifen in beiden und schließlich dünnere Streifen in der Originalfarbe und breite in der neuen Farbe. Je länger dieser Übergang ist, desto dezenter wirkt er, wie beim Musterstück oder dem Forelsket-Shawl.

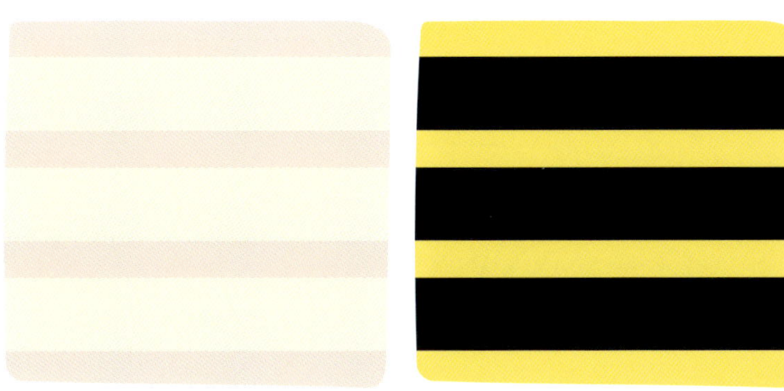

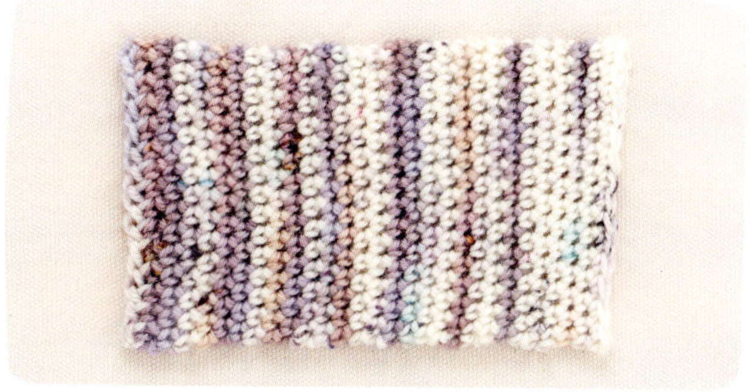

# Techniken

Hier kommen ein paar Techniken, die bei der Arbeit mit Streifen und Farbflächen nützlich sind.

## FARBWECHSEL

Siehe Techniken für Farbmuster im Kapitel über Tapestry-Häkeln, wo Farbwechsel am R-Ende bei Streifen oder Farbflächen bei offenem Arbeiten und in der Runde erklärt sind.

## ABSCHNEIDEN ODER MITFÜHREN

Wenn die Streifen nicht allzu weit auseinanderliegen, kann man das Garn am Rand (bei offenen Arbeiten) oder am Rundenende (bei Häkeln in Runden) mitführen. Das gerade nicht benutzte Garn wird mitgenommen, damit sich an der RS keine Schlaufen bilden.

### Mitführen in der Runde

Am einfachsten ist es, den nicht benutzten Faden in die KM mit einzuarbeiten: Nadel in die erste M der Runde einst, den unbenutzten Faden über die Nadel legen (1), U mit dem Arbeitsfaden, durch die M und die Schl auf der Nadel durchz (2), dann Wende-LM häkeln. So wird der unbenutzte Faden schön hinter der Arbeit fixiert, nach der KM, bereit, wieder benutzt zu werden.

### Mitführen bei offener Arbeit

Wenn man Streifen offen häkelt, wird es immer einen sichtbaren Rand geben, an dem sich die unbenutzten Fäden hochziehen. Bei breiten Streifen, wenn das Garn nicht an den Seiten sichtbar sein soll, ist es am besten, es abzuschneiden und später die Fäden zu vernähen. Wenn die Streifen aber dünn genug sind, kann man das Garn mitführen, sodass es ordentlich aussieht und keine langen Schl hat: einfach das unbenutzte Garn am Ende der vorherigen R und vor der Wende-LM um den Arbeitsfaden schlingen (3) und (4). So wird der Faden beim Arbeiten mitgeführt, bis er wieder gebraucht wird. Den unbenutzten Faden etwas festziehen, um ihn am Rand zu straffen, dann entstehen keine Schl.

### Gerade oder ungerade

Ein Entscheidungskriterium, den Faden abzuschneiden oder mitzuführen, ist, ob die Anzahl der Streifen-R gerade oder ungerade ist. Wenn man in Runden arbeitet, ist das unwichtig, da die Runden immer an der gleichen Stelle beginnen. Wenn man offen arbeitet, beginnen und enden die Streifen an unterschiedlichen Stellen, wenn die Anzahl der R ungerade ist. Da Häkel-M von vorne und hinten sehr verschieden aussehen, empfehle ich, den Arbeitsfaden grundsätzlich am Ende der ungeraden R abzuschneiden und dort eine neue Farbe anzufangen. Dann habt ihr zwar mehr Fäden zu vernähen, aber das Muster bleibt erhalten.

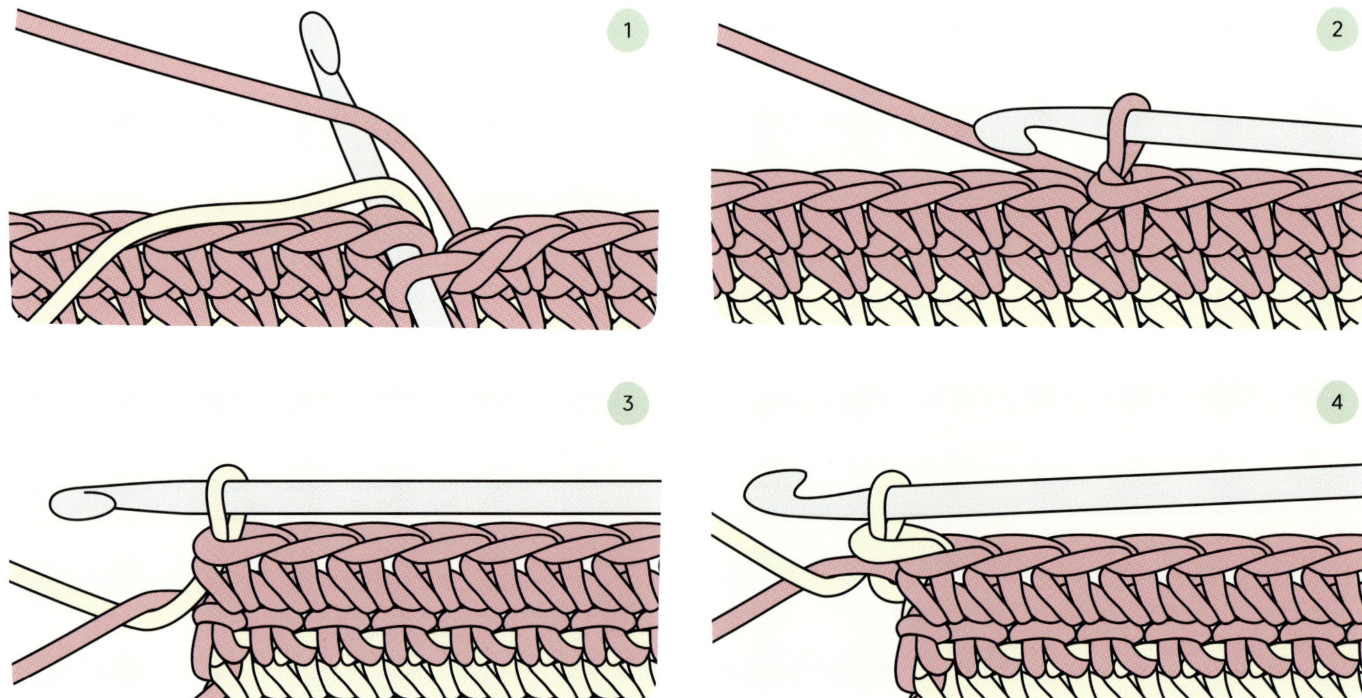

# *Probestück häkeln!*

Streifenmuster werden nicht immer als Häkelschrift dargestellt, aber es kommt vor. Hier folgen Häkelschrift und geschriebene Anleitung. Entscheidet, ob ihr in Runden oder offen arbeiten wollt, dann denkt an die Breite der Streifen (gerade oder ungerade), und übt, den nicht benutzten Faden mitzuführen.

## ANLEITUNG

In A arbeiten bis zum Übergang.

1 Reihe in B

3 Reihen in A

1 Reihe in B

2 Reihen in A

1 Reihe in B

2 Reihen in A

2 Reihen in B

2 Reihen in A

2 Reihen in B

1 Reihe in A

2 Reihen in B

1 Reihe in A

3 Reihen in B

1 Reihe in A

In B fortfahren.

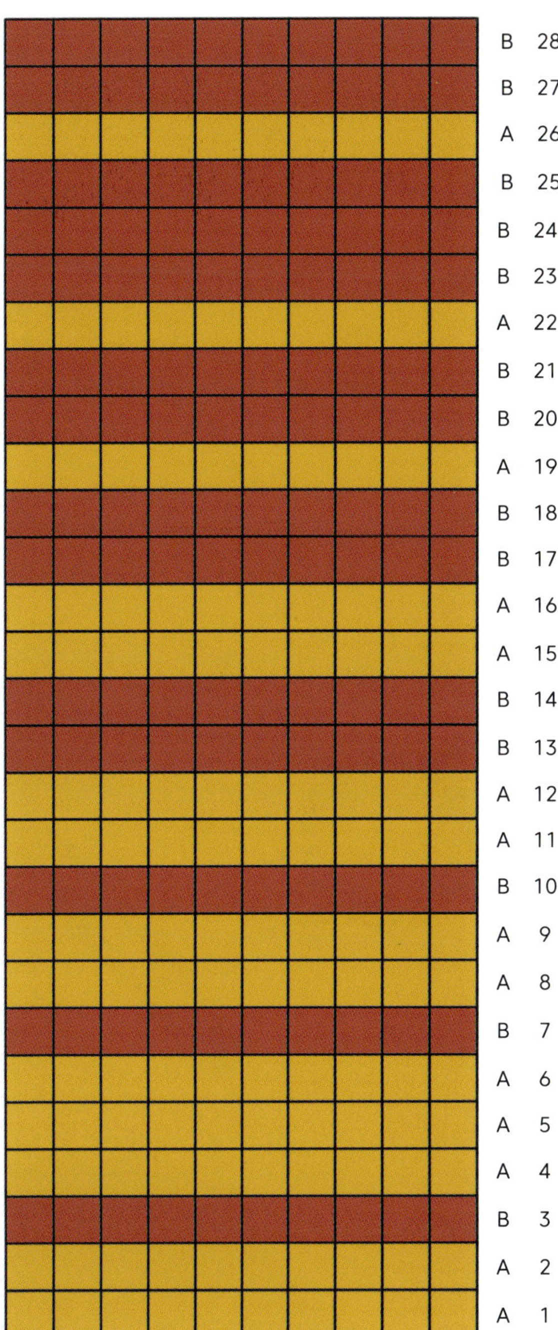


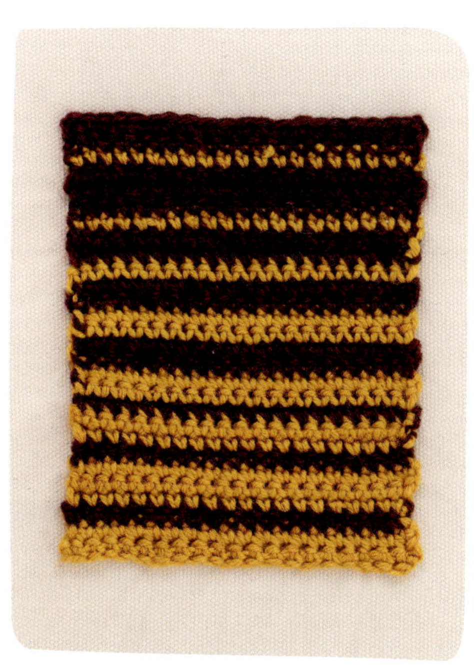

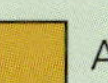

## LEGENDE

A B

Jede Masche ist eine FM.

Am Reihen-Rundenanfang immer 1 LM häkeln.

# Die Projekte

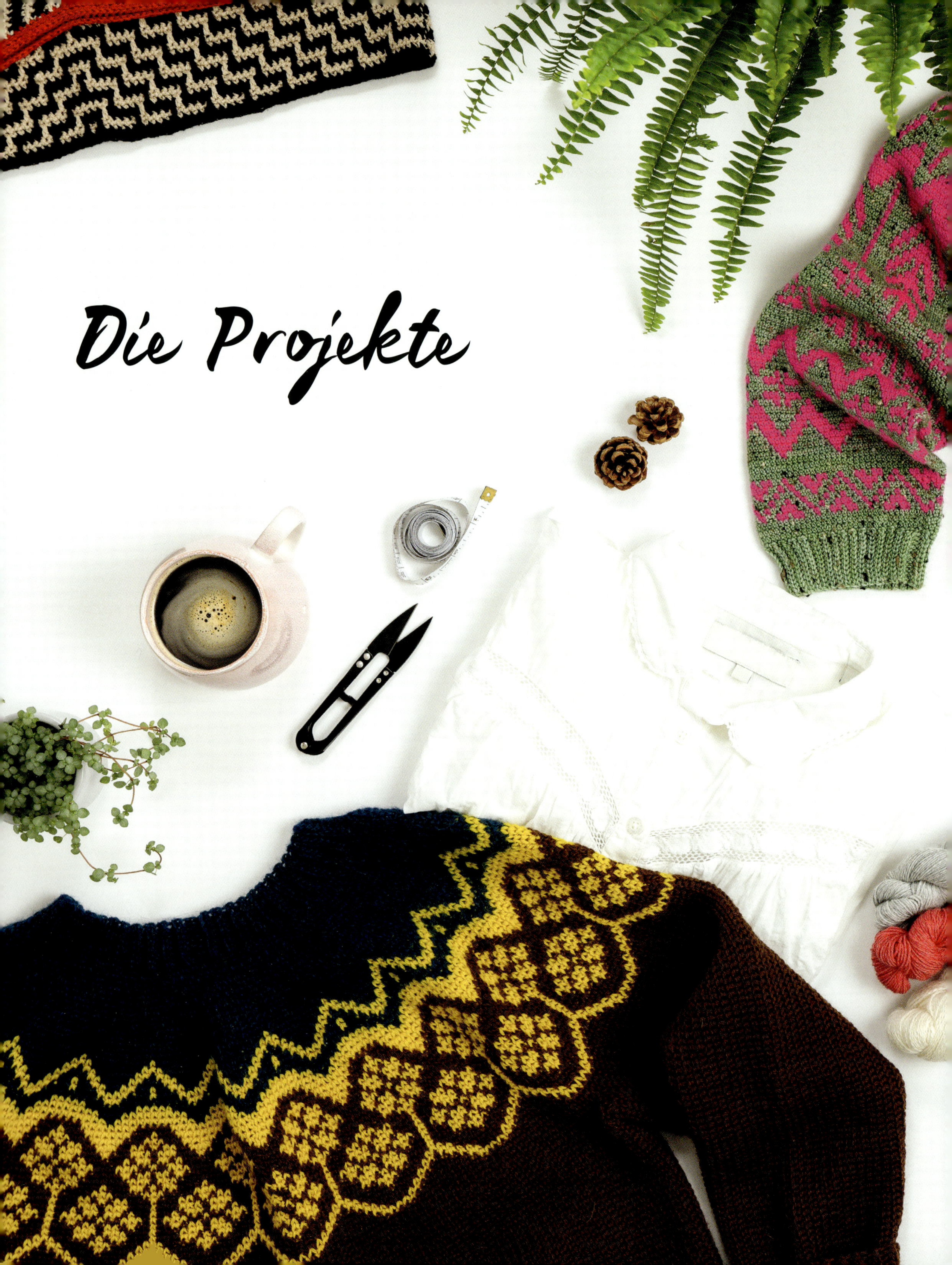

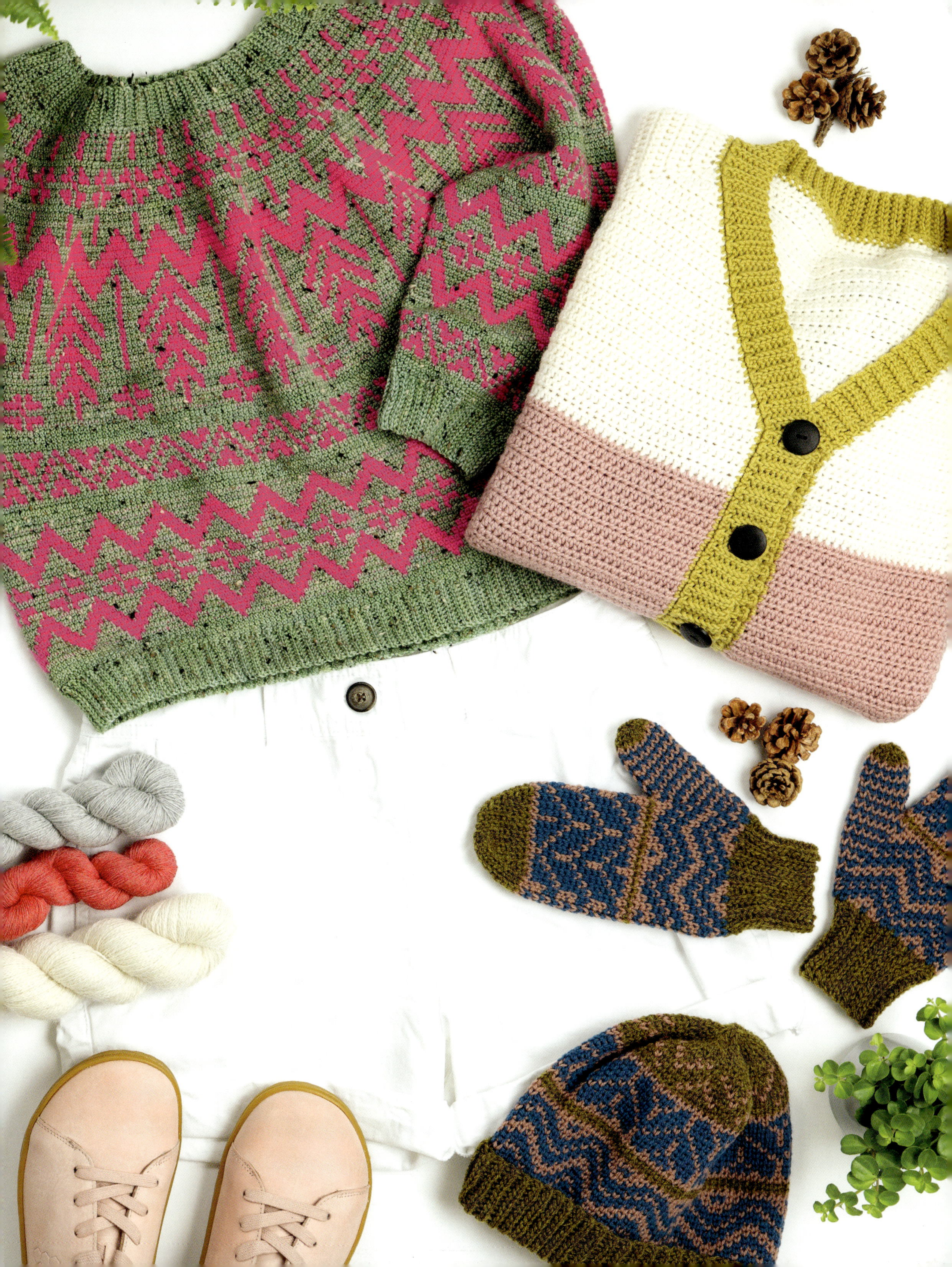

# Wabi-Sabi-Mütze und Fäustlinge

*Wabi Sabi (japanisch) bezeichnet das Prinzip, Schönheit in der Unvollkommenheit der Natur zu finden.*

Fertig-Maße befinden sich im Kapitel Projekt-Details.

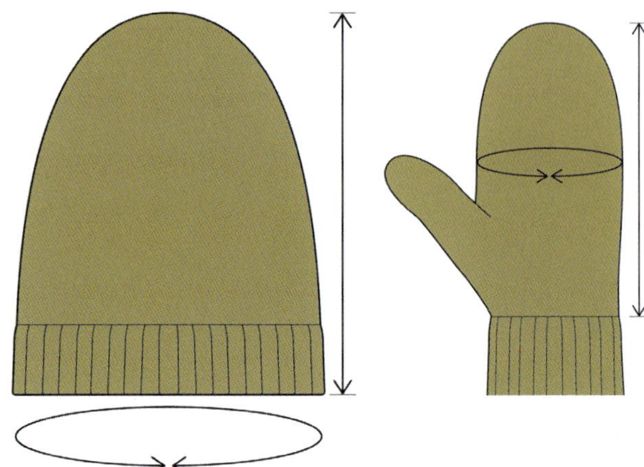

## GRÖSSEN

**Mütze:** 3 Größen (S, M, L)
**Fäustlinge:** 2 Größen (M, L)

## GARN

Rosa Pomar Mondim (100% portugiesische Wolle), Fingering (2-fädig), 100 g (385 m), in folgenden Farben:

## MÜTZE

**A:** Heather Lichen (305); ½ (½, ½) Knäuel
**B:** Dark Blue (113); ¼ (¼, ¼) Knäuel
**C:** Rose (110); ¼ (¼, ½) Knäuel

## FÄUSTLINGE

**A:** Heather Lichen (305); ¼ (½) Knäuel
**B:** Dark Blue (113); ¼ (¼) Knäuel
**C:** Rose (110); ¼ (¼) Knäuel

## UTENSILIEN

5 mm Häkelnadel
2 Maschenmarkierer

## MASCHENPROBE

18 M x 24 Reihen = 10 x 10 cm mit SMH in der Runde mit 5 mm Häkelnadel.

## BESONDERE ABKÜRZUNGEN

**SMH,** Strickmasche häkeln: Nadel mittig in das V unter dem oberen MG einst, U, Schl hochz, durch beide Schl auf der Nadel durchz

Das Muster dieser Mütze und Fäustlinge symbolisiert die Natur - sprießende Blätter im Frühling und kleine Wellen auf dem Wasser; zwei alltägliche Erscheinungen voller Schönheit. Sie sind dazu gedacht, euch daran zu erinnern, das Gute zu suchen, auch wenn es schwer zu erkennen ist. Mütze und Fäustlinge sind in der Tapestry-Technik mit Strickmaschen gehäkelt, sehen also aus wie gestrickt.

## ANMERKUNGEN

*Die Mütze wird von unten nach oben gehäkelt. Erst das Bündchen senkrecht in KM-Rippen arbeiten. Arbeitet locker, damit ihr später in die M einstechen könnt und damit die Rippen elastisch bleiben – wenn nötig, benutzt eine dickere Nadel. Die Kopfpartie wird in der Runde aus Strickmaschen gehäkelt, siehe Häkelschrift. Die M, die oben stehen bleiben, werden beim Schließen der Lücke am Oberkopf zusammengenäht.*

*Auch die Fäustlinge werden von unten nach oben gearbeitet, beginnend mit den Rippenbündchen. Die Handpartie besteht aus dem nach Häkelschrift gearbeiteten Handrücken und Streifenmuster an der Innenseite, wobei an einer Seite für die Daumen zugenommen werden muss. Der Rest der Hand wird dann in Runden im gleichen Streifenmuster an der Innenseite und der Häkelschrift für den Handrücken gearbeitet. Ist die gewünschte Länge erreicht, folgt die Spitze, für die beidseitig abgenommen wird. Die Öffnung wird zusammengenäht. Anschließend wird noch der Daumen im Streifenmuster gehäkelt.*

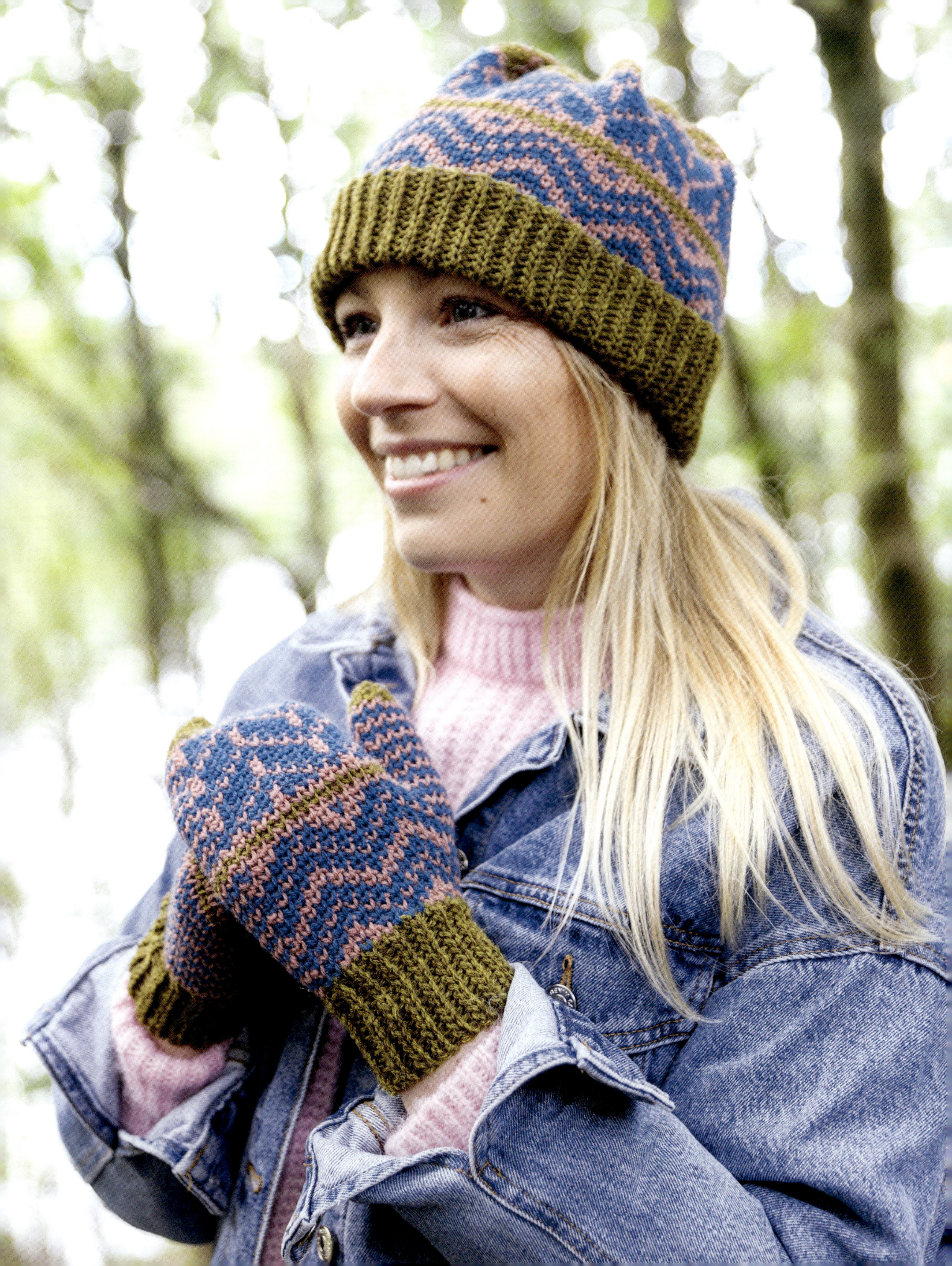

# Mütze

## BÜNDCHEN

18 LM in A.

**R 1:** Erste LM überspr, KM in alle LM, wenden. 17 M

**R 2:** 1 LM, KM HMG bis R-Ende, wenden. 17 M

Vorhergehende Reihe 100 (110, 120) x wdh.

In den RS-Reihen die KM HMG und die Anfangs-LM mit KM zusammenhäkeln. Arbeit von innen nach außen stülpen und an den Seiten der Rippen an der VS entlang häkeln.

## KOPFPARTIE

**Anm.:** Locker häkeln und Runden unsichtbar schließen (s. Allgemeine Techniken).

**Grund-Rde:** 1 LM, FM an den Seiten der Rippen, je 1 M in alle R re und li der Rippen, mit KM in die erste M schließen. 100 (110, 120) M

Ab jetzt Strickmaschen häkeln (SMH).

Farbwechsel zu B und nach der Häkelschrift in B und C arbeiten, 10 x (11, 12) wdh. A nicht abschneiden, sondern innen in den KM am Rundenende mitführen.

Bis zur Wunschlänge Teile der Häkelschrift wdh, dann nach Bedarf abn.

Am Ende der Häkelschrift: 20 (22, 24) M.

**Letzte Rde:** 1 LM, 2 SMH zus in der gesamten Runde, mit KM schließen. 10 (11, 12) M

Faden abschn, ein langes Ende stehen lassen, um die Lücke am Oberkopf zu schließen.

Mit einer Sticknadel das Fadenende durch alle noch vorhandenen M ziehen. Festziehen, um die Öffnung zu schließen, dann innen vernähen und abschn.

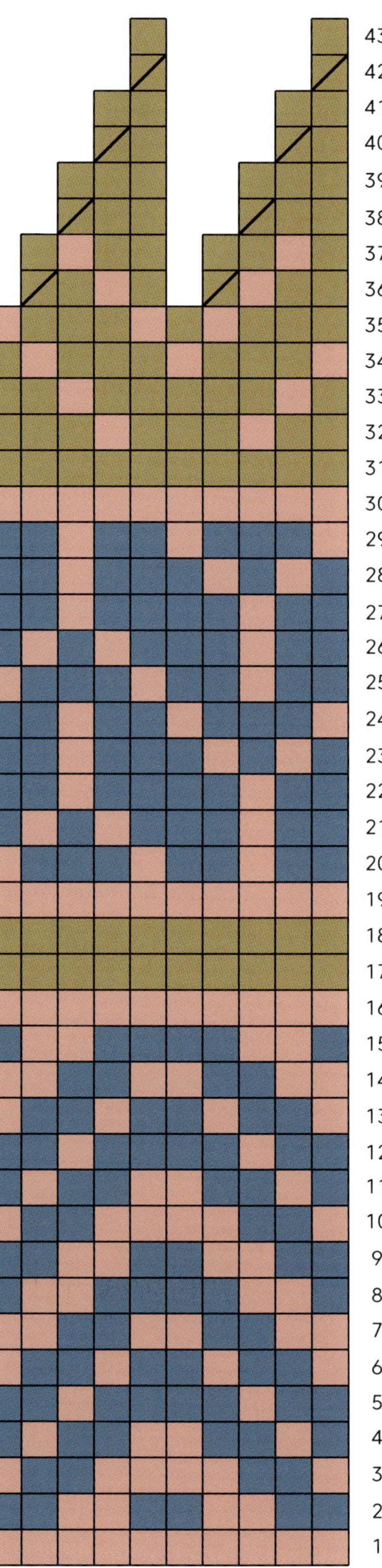


## LEGENDE

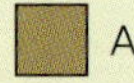 A  B  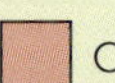 C  Abn.: 2 FM zus

Häkelschrift von unten nach oben, von re nach li lesen.

Alle Reihen rundum wdh, 1 LM am Rundenanfang und Runde unsichtbar schließen (s. Allgemeine Techniken, Runden unsichtbar schließen).

Jedes Kästchen = 1 Masche.

# Fäustlinge

## BÜNDCHEN

**Anm.:** Sehr locker häkeln. 18 LM in A.

**R 1:** Erste LM überspr, KM in alle LM, wenden. 17 M

**R 2:** 1 LM, KM HMG bis Rundenende, wenden. 17 M

Vorhergehende R über 33 (39) R wdh.

An der RS mit KM HMG die letzte M der R und die Anfangs-LM schließen. Arbeit nach außen drehen und von der VS an der Seitenkante der Rippenpartie weiterarbeiten.

## HAND

**Anm.:** Durchgehend locker häkeln und Rde unsichtbar schließen.

**Grund-Rde:** 1 LM, FM an den Seiten der Rippen entlang, je 1 M in alle R re und li der Rippen, mit KM in die erste M schließen. 33 (39) M

Fortfahren mit re oder li Hand.

## RECHTE HAND

Durchgehend SMH häkeln. A innen in den KM am Rundenende mitführen und bereithalten.

**Rde 1:** 1 LM, die ersten 16 (19) M nach der Häkelschrift 1 in B, SMH und MM in die nächste M, 16 (19) SMH, mit KM schließen. 33 (39) M

**Anm.:** Unbenutztes Garn im letzten R-Teil mitführen (s. Tapestry-Häkeln: Spannfäden). 1 LM am Rundenanfang (zählt nicht als M) und Rde durchgehend unsichtbar schließen.

**Rde 2:** Bis zum MM nach Häkelschrift, 3 SMH in die markierte M (MM in die erste und dritte der letzten 3 M), in C, SMH bis Rundenende, mit KM schließen. 35 (41) M

**Rde 3:** Bis zum MM Häkelschrift 1 in B, SMH bis Rundenende, alle MM nach oben, mit KM schließen. 35 (41) M

**Rde 4:** Bis zum MM Häkelschrift 1, in markierter M 1 zun, MM in die erste Zun, SMH bis zum nächsten MM, in markierter M 1 M zun, MM in die zweite M der Zun, in C, SMH bis Rundenende, mit KM schließen. 37 (43) M

Rde 3 und 4 noch 4 (5) x wdh. 45 (53) M

Rde 3 noch 2 x wdh, ohne Zun. 45 (55) M

**Teilungs-Rde Daumen:** In B (C nicht benötigt), 1 LM, SMH bis zum MM, 1 LM, 13 (15) M von der Daumenpartie bis zum zweiten MM überspr, SMH bis Rundenende, mit KM schließen, MM entfernen. 33 (39) M inkl 1 LM für den Daumen

## RESTLICHE HAND

**Grund-Rde:** In A (die anderen Farben nicht mitführen), 16 (20) SMH, SMH und MM in die nächste M, SMH bis Rundenende, mit KM schließen – LM-Kette als Grund-R nutzen, um Daumen zu schließen. 33 (39) M

**Rde 1:** In C Häkelschrift 2 bis zum MM arbeiten, SMH bis Rundenende, mit KM schließen, MM in jeder Rde nach oben.

**Rde 2:** In B Häkelschrift 2 bis zum MM, SMH bis Rundenende, mit KM schließen.

Runden 1 und 2 noch 8 (9) x wdh.

Weiter zur abgerundeten Spitze.

## LEGENDE

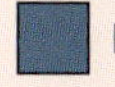 B  C

Häkelschrift von unten nach oben, von re nach li lesen.

Alle R rundum wdh, 1 LM am Rundenanfang und unsichtbar schließen (s. Allgemeine Techniken, Runden unsichtbar schließen).

Kästchen = 1 Masche.

Nur den Bereich zwischen den roten Linien häkeln, eurer Größe entsprechend.

*R 1 und 16 nur für Größe L.

## Häkelschrift 1

16*
15
14
13
12
11
10
9
8
7
6
5
4
3
2
1*

L M M L

## LINKE HAND

Durchgehend SMH.

**Rde 1:** Zu B wechseln, 1 LM, 16 (19) SMH, SMH und MM in die nächste M, die letzten 16 (19) M nach Häkelschrift 1, mit KM schließen. 33 (39) M

Ab jetzt B und C im ersten Teil der Rde mitführen, um sie nach Häkelschrift verwenden zu können.

**Rde 2:** 1 LM in C, SMH bis MM, 3 SMH in die markierte M (MM in die erste und dritte M der letzten 3 M), bis Rundenende nach Häkelschrift 1, mit KM schließen. 35 (41) M

**Rde 3:** In B 1 LM, SMH bis zum zweiten MM, beide MM nach oben, bis Rundenende nach Häkelschrift 1, mit KM schließen. 35 (41) M

**Rde 4:** In C 1 LM, SMH bis MM, in die markierte M 1 M zun, MM in die erste M der Zun, SMH bis zum nächsten MM, in die markierte M 1 M zun, MM in die zweite M der Zun, bis Rundenende nach Häkelschrift 1, mit KM schließen. 37 (43) M

Runden 3 und 4 noch 4 (5) x wdh. 45 (53) M

Runde 3 noch 2 x wdh, ohne Zun 45 (53) M

Teilungs-Rde Daumen: In B (C nicht mitführen) 1 LM, SMH bis MM, 1 LM, 13 (15) M für Daumen bis zum zweiten MM überspr, SMH bis Rundenende, mit KM schließen, MM entf. 33 (39) M inkl 1 LM, wo der Daumen war.

### RESTLICHE HAND

Grund-Rde: In A (andere Farben nicht mitführen) 16 (18) SMH, SMH und MM in die nächste M, SMH bis Rundenende, mit KM schließen. 33 (39) M

**Rde 1:** 1 LM in C, SMH bis MM, nach Häkelschrift 2 bis Rundenende, mit KM schließen.

**Rde 2:** In B 1 LM, SMH bis MM, bis Rundenende nach Häkelschrift 2, mit KM schließen.

Runden 1 und 2 noch 8 (9) x wdh.

Weiter mit der abgerundeten Spitze.

## ABGERUNDETE SPITZE

A aufnehmen, anderes Garn verknoten und abschneiden, MM entfernen.

**Rde 1:** 1 LM, SMH bis zu den letzten 2 M – MM in die 16. (19.) M) 2 FM zus, mit KM schließen. 32 (38) M

**Rde 2:** 1 LM, 1 SMH, 2 FM zus, SMH bis zu 3 M vor MM, 2 FM zus, SMH und MM in die nächste M, SMH in die nächste M, 2 FM zus, SMH bis zu den letzten 3 M, 2 FM zus, SMH in die letzte M, mit KM Runde schließen. 28 (34) M

**Rde 3:** 1 LM, SMH rundum, MM nach oben, mit KM schließen.

Runden 2 und 3 noch 3 x wdh. 16 (22) M

Runde 2 noch 1 x wdh. 12 (18) M

Faden abschn, ein langes Stück hängen lassen, um die Lücke oben zu schließen.

## LEGENDE

B C

Häkelschrift von unten nach oben, von re nach li lesen.

Reihen 2 und 19 nur für Größe L.

Alle Reihen rundum wdh, 1 LM am Rundenanfang und unsichtbar schließen (s. Allgemeine Techniken, Runden unsichtbar schließen).

Jedes Kästchen = 1 Masche.

### Häkelschrift 2

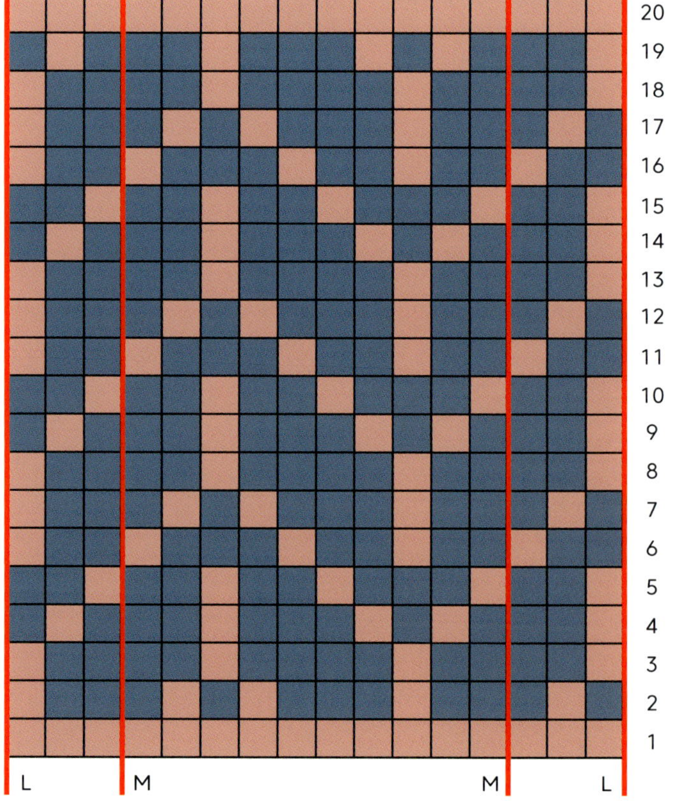

Beide Fäustlinge auf links drehen. Mit dem Matratzenstich die ersten 6 (9) und letzten 6 (9) M zusammennähen, um die obere Öffnung zu schließen. Fäden verknoten und abschn.

## DAUMEN

An der VS C an der bisher nicht gehäkelten LM an der Lücke für den Daumen seitlich von der Hand aufn.

**Rde 1:** 1 LM, FM in die M, wo das Garn befestigt war, 2 FM zus in den nächsten 2 M, SMH rundum bis zu den letzten 2 M, 2 FM zus, mit KM schließen. 12 (14) M

Farbwechsel zu B.

Weitere 7 (8) Runden SMH rundum oder bis zur gewünschten Länge, abwechselnd in C und B. Runden immer mit KM schließen.

## ABGERUNDETE SPITZE

Farbwechsel zu A.

**Rde 1:** 1 LM, *1 SMH, 2 FM zus in den nächsten 2 M, wdh ab * rundum bis zu den letzten 0 (2) M, SMH in die letzten 0 (2) M, mit KM schließen. 8 (10) M

**Rde 2:** 1 LM, SMH rundum, mit KM schließen. 8 (10) M

**Rde 3:** 1 LM, 2 FM zus rundum, mit KM schließen. 4 (5) M.

Verknoten und einen langen Faden zum Schließen der Öffnung stehen lassen.

Fäustling auf li wenden und den Faden mit einer Sticknadel durch alle M rundum ziehen. Festziehen und die Öffnung schließen. Faden verknoten und absch.

Daumen beim anderen Fäustling wdh.

## *Fertigstellen*

Spannen in den gewünschten Maßen.

Auf Wunsch einen Pompon auf die Mütze setzen.

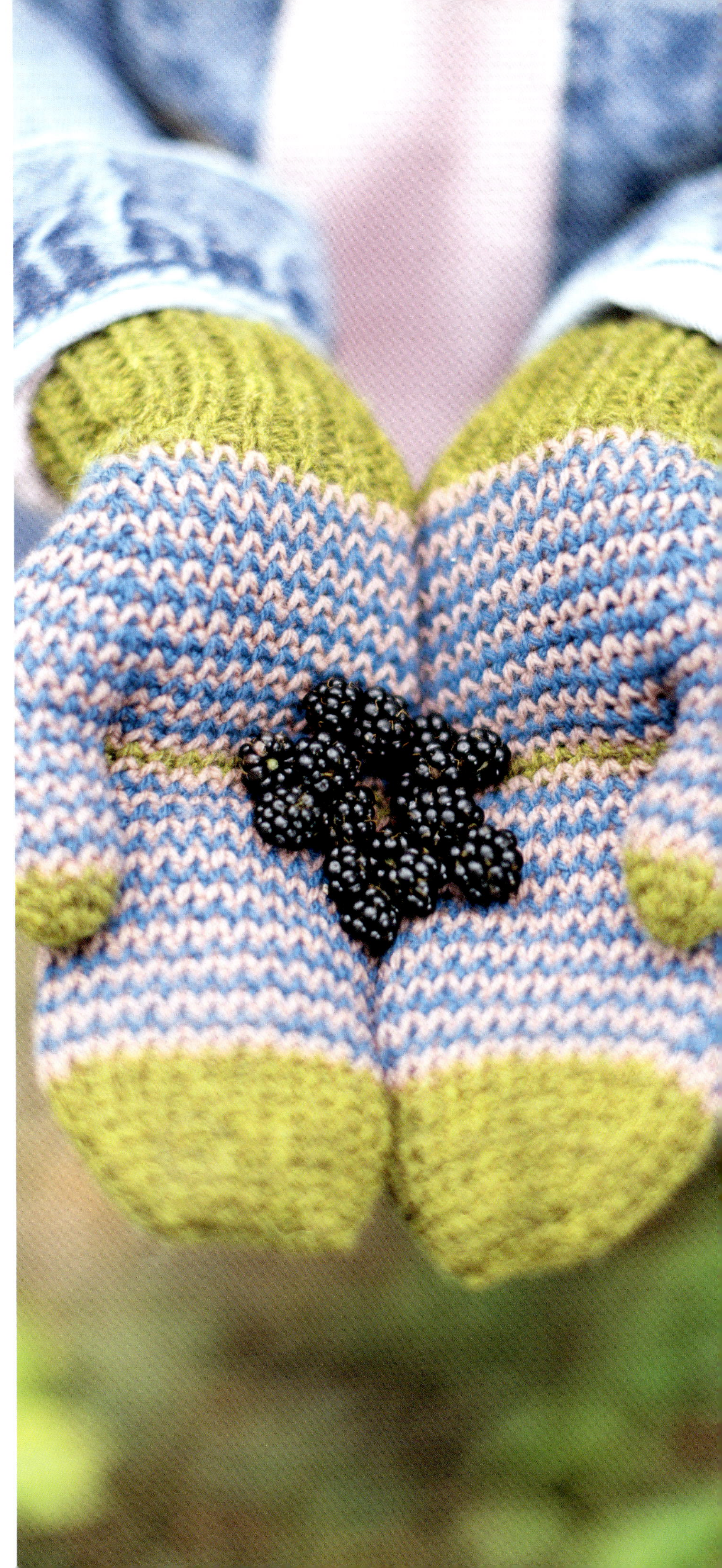

# Commuovere-Pullover

*Commuovere (italienisch) – auf herzerwärmende Weise bewegt sein, meist im Zusammenhang mit einer Geschichte, die einen zu Tränen rührt.*

Fertig-Maße befinden sich im Kapitel Projekt-Details.

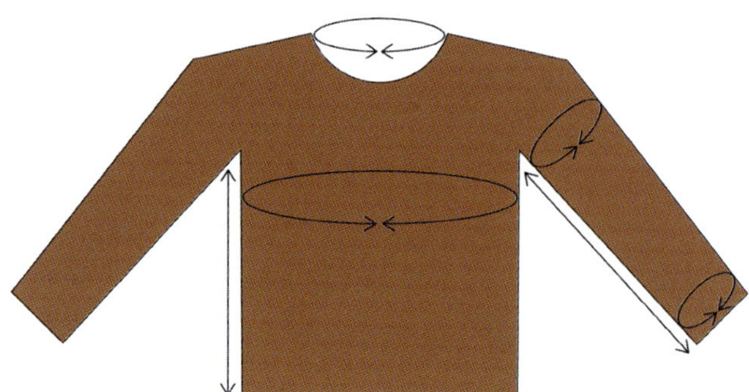

## GRÖSSEN

9 Größen (1 bis 9)

## GARN

Knit Picks Palette (100% peruanische Wolle), Fingering (2-fädig), 50 g (211 m) in folgenden Farben:

**A:** Marine Heather; 1¼ (1½, 1½, 1¾, 1¾) (2,2,2, 2¼) Knäuel

**B:** Canary; 1¼ (1½, 1¾, 1¾) (2, 2, 2, 2¼) Knäuel

**C:** Bison; 5 (5½, 6, 6½, 7) (7½, 7¾, 8¼, 8¾) Knäuel

## UTENSILIEN

5 mm Häkelnadel

5,5 mm Häkelnadel

5 Maschenmarkierer

## MASCHENPROBE

17 M x 23 Reihen entsprechen (10 x 10 cm) in SMH mehrfarbig mit 5 mm Häkelnadel.

## BESONDERE ABKÜRZUNGEN

**SMH,** Strickmasche häkeln: Nadel in die Mitte des V und unter das obere MG einst, U, Schl hochziehen, durch beide Schl auf der Nadel durchz

**2 FM zus,** 1 M abn: *Nadel in die Mitte des V der nächsten M, U, durchz, ab * wdh, U, durch alle Schl auf der Nadel durchz.

Commuovere ist ein romantisches Kleidungsstück, das eine Geschichte vom Leben und der Liebe erzählt. Ein auffälliges Stück mit Tapestry-Mustern, die echte Emotionen hervorrufen. Es wird von oben nach unten gehäkelt, hauptsächlich in Runden.
Die Passform von Ausschnitt und Passe ist bequem und lässt sich problemlos an alle möglichen Figuren anpassen. Das Stück ist aus SM gehäkelt, sieht aus wie gestrickt, und das Gewebe ist leicht, aber warm und sehr angenehm zu tragen.

## ANMERKUNGEN

*Der Pullover wird von oben nach unten gehäkelt und beginnt mit einem Rippenmuster aus KM – arbeitet locker, damit ihr in die M einstechen könnt und damit die Rippen elastisch werden. Verkürzte R im Nacken verbessern die Passform um Hals und Schultern. Die Schulterpasse wird in Runden nach Häkelschrift gearbeitet (s. Farbmuster-Techniken: Tapestry-Häkeln), während gleichzeitig rundum zugenommen wird. Ist die Passe fertig, wird der Körper von den Ärmeln abgeteilt und bis zur gewünschten Länge gehäkelt, dann folgt ein weiteres Farbmuster, und den Abschluss bildet ein Rippenbündchen. Anschließend werden die Ärmel fertiggestellt und mit einem Rippenbündchen versehen.*

*Runden durchgehend unsichtbar schließen (s. Allgemeine Techniken: Runden unsichtbar schließen).*

*Wenn ihr SM von der RS häkelt, sieht der M-Hals eher wie ein »π« aus als ein »v«. Versucht zwischen die beiden Beine des M-Halses unter den oberen M-Gliedern einzustechen, damit die SMH in der Runde so einheitlich wie möglich aussehen.*

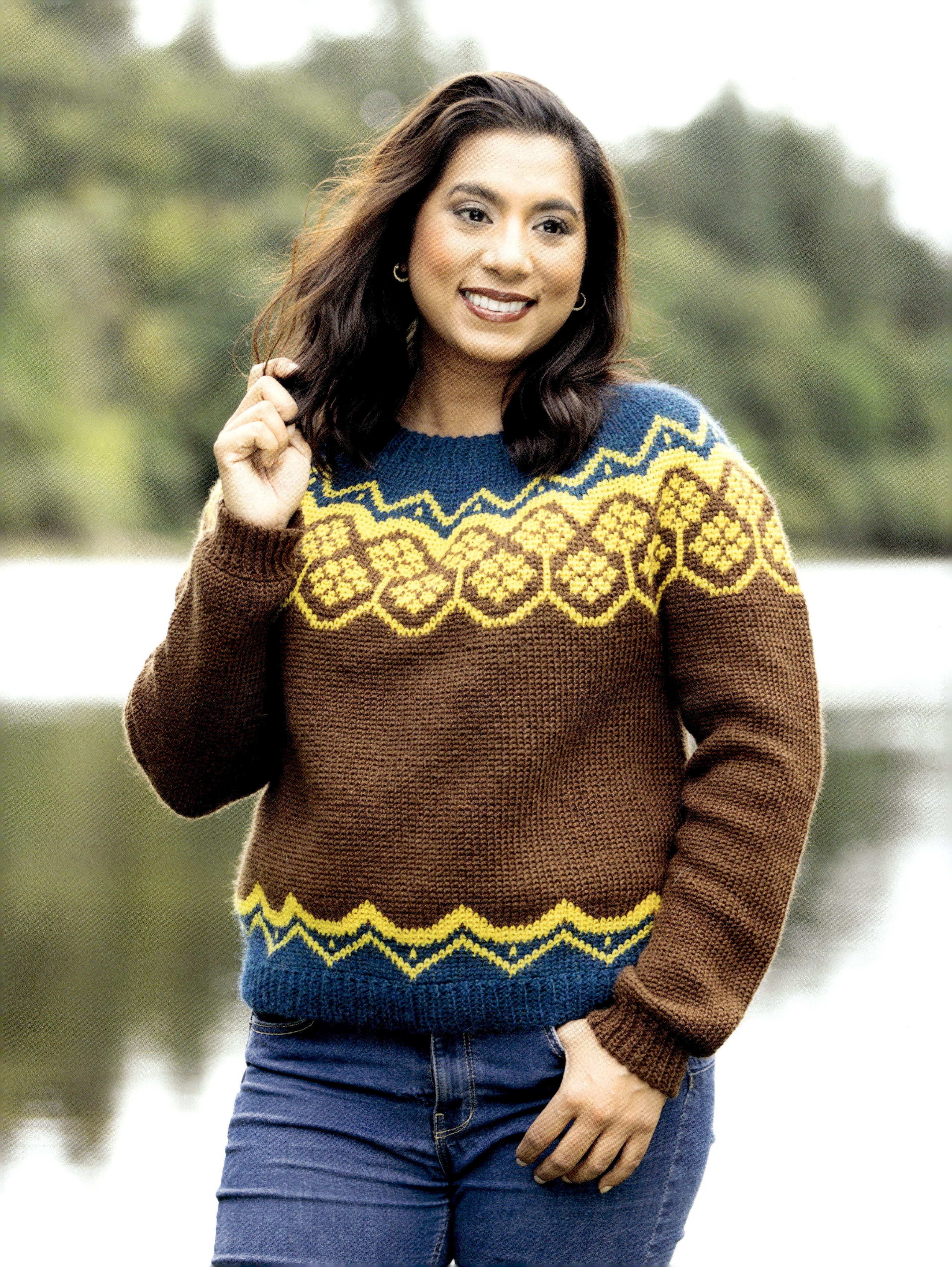

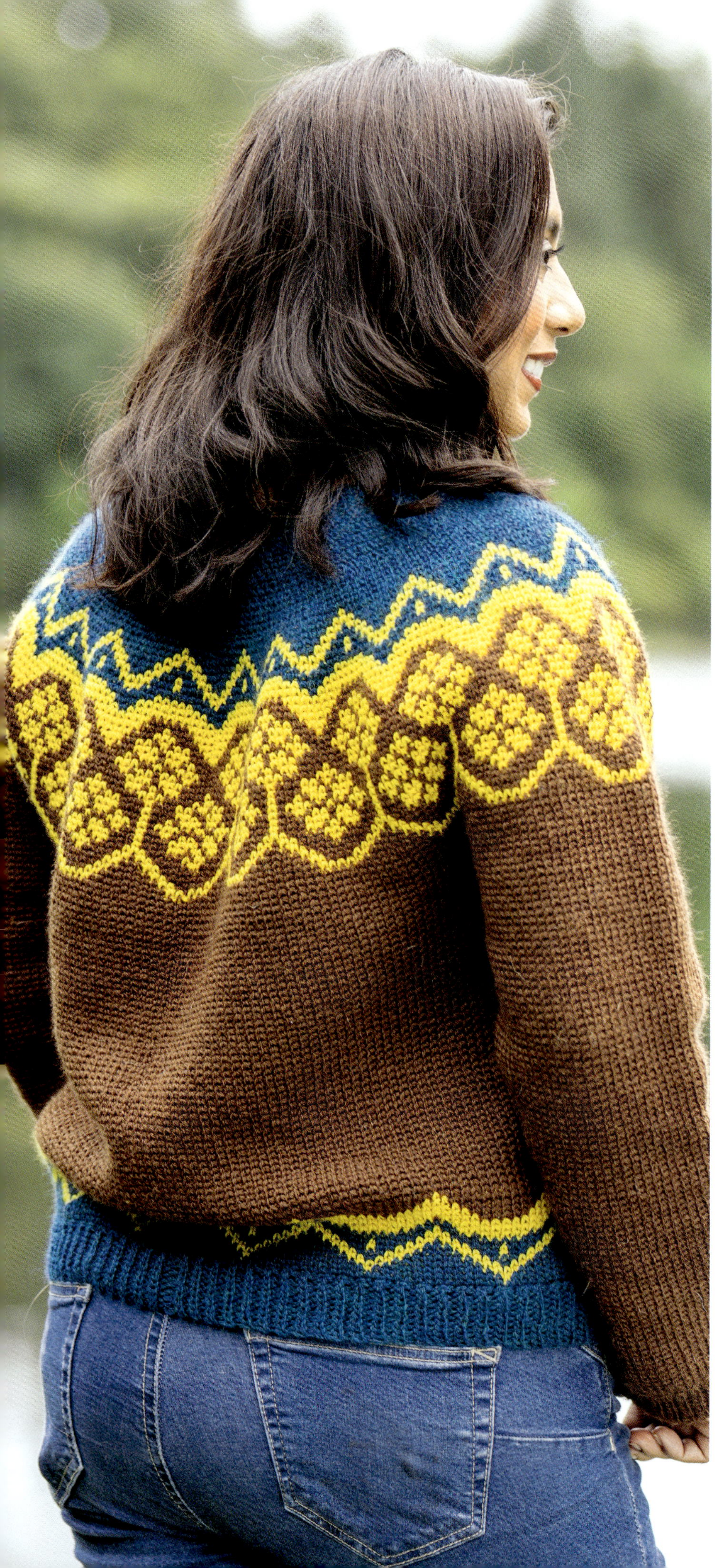

# Körper

## AUSSCHNITT

In A mit 5,5 mm Häkelnadel 11 LM (oder die gewünschte Anzahl der Rippen) häkeln.

**R 1:** Die erste LM auslassen, KM in alle LM, wenden. 10 M

**R 2:** 1 LM, KM HMG bis R-Ende, wenden. 10 M

Reihe 2 noch 90 (90, 96, 100, 100) (100, 104, 106, 110) x, oder bis die Rippen etwa folgende Maße haben, wdh: 47 (47, 50,5, 53, 53) (53, 55, 56,5, 58,5) cm, OHNE das Material zu dehnen. Sichergehen, dass der Ausschnitt über den Kopf passt und bequem flach um den Nacken liegt.

Auf der RS mit KM das VMG der letzten R und die Anfangs-LM schließen. Das Stück auf li wenden, um an der VS der Rippen zu arbeiten.

**Grund-Rde:** Mit der 5 mm Häkelnadel FM an der Seite der Rippe häkeln. Dabei sichergehen, dass ihr 90 (90, 96, 100, 100) (100, 104, 106, 110) M habt. Mit KM in die erste M um Rde zu schließen.

**Anm.:** Es kann sein, dass ihr 1 M pro 2 Rippen häkeln müsst, wenn ihr mehr R gehäkelt habt als empfohlen. Denkt daran, locker zu arbeiten, damit ihr ohne Probleme die SMH in der nächsten Runde einstechen könnt.

### VERKÜRZTE REIHEN

R 1 nach der einen Seite, 2 x zun, wenden; R 2 führt ohne Zun zur Mitte des RT zurück und geht dann zur anderen Seite, 2 x zun, wenden. R 3 führt zur Mitte des RT zurück. Rde schließen. Verkürzte R unsichtbar schließen. Die Stelle, an der die Runden geschlossen werden, verläuft mittig im RT.

R 1 bis 3 werden 3 (3, 3, 4, 4) (4, 4, 4, 4) x wdh.

In SMH fortfahren.

**R 1 (VS):** 1 LM (zählt durchgehend nicht als M), 1 SMH in die erste M, MM zum Rundenanfang, 6 (6, 7, 6, 6) (6, 7, 7, 8) SMH, 2 SMH in die nächste M, MM in die erste M der Zun, 17 (17, 18, 17, 17) (17, 17, 18, 19) SMH, 2 SMH in die nächste M, MM in die zweite M der Zun, 2 (2, 3, 3, 3) (3, 3, 3, 3) SMH, wenden. 30 (30, 33, 31, 31) (31, 32, 33, 35) M

**R 2 (RS):** 1 LM, erste M überspr, SMH bis Rundenanfang, alle MM nach oben, SMH in Rundenanfang und MM, 1 LM (zählt nicht als M), 6 (6, 7, 6, 6) (6, 7, 7, 8) SMH, 2 SMH in die nächste M, MM in die erste M der Zun, 17 (17, 18, 17, 17) (17, 17, 18, 19) SMH, 2 SMH in die nächste M, MM in die zweite M der Zun, 2 (2, 3, 3, 3) (3, 3, 3, 3) SMH, wenden. 58 (58, 64, 60, 60) (60, 62, 64, 68) M

**R 3 (VS):** 1 LM, erste M auslassen, SMH bis Rundenanfang, alle MM nach oben, Rde mit KM in Rundenanfang schließen. 28 (28, 31, 29, 29) (29, 30, 31, 33) M

Erste Gruppe verkürzter R beendet.

**R 4 (VS):** 1 LM, SMH in die erste M (Rundenanfang) und MM, *SMH bis MM, 2 SMH in markierte M* und MM in die erste M der Zun, wdh ab * bis * und MM in die zweite M der Zun, SMH bis zu der »Stufe« am Ende der verkürzten R davor, SMH in die »Stufe«, SMH in die nächsten 3 M der Nackenpartie, wenden. 35 (35, 38, 36, 36) (36, 37, 38, 40) M

**R 5 (RS):** 1 LM, erste M auslassen, SMH bis Rundenanfang, alle MM nach oben, SMH in Rundenanfang und MM, 1 LM (zählt nicht als M), *SMH bis MM, 2 SMH in markierte M* und MM in die erste M der Zun, wdh ab * bis * und MM in die zweite M der Zun, SMH bis zur »Stufe« am Ende der verkürzten R davor, SMH in die »Stufe«, SMH in die nächsten 3 M der Nackenpartie, wenden. 68 (68, 74, 70, 70) (70, 72, 74, 78) M

**R 6 (VS):** 1 LM, erste M auslassen, SMH bis Rundenanfang, alle MM nach oben, Rde mit KM in Rundenanfang schließen. 33 (33, 36, 34, 34) (34, 35, 36, 38) M

Zweite Gruppe verkürzter R beendet.

R 4 bis 6 noch 1 (1, 1, 2, 2) (2, 2, 2, 2) x wdh.

Auf beiden Seiten jetzt 38 (38, 41, 44, 44) (44, 45, 46, 48) M am Rundenanfang; insgesamt 102 (102, 108, 116, 116) (116, 120, 122, 126) M in der Nackenpartie inkl: 77 (77, 83, 89, 89) (89, 91, 93, 97) M am Rückenteil, 2 Stufen verkürzte R und 23 (23, 23, 25, 25) (25, 27, 27, 27) noch nicht gehäkelte M am VT.

## SCHULTERPASSE

Alle MM entfernen. Ab jetzt in Runden an der VS arbeiten. Zun-Rde 1 ist die erste Runde um den ganzen Nackenbereich. Es gibt 2 Zun-R im ersten Teil der Schulterpasse, bevor die Häkelschrift beginnt. Die »Stufen«, die durch die verkürzten R entstehen, wie normale M behandeln.

### NUR GRÖSSE 1

**Zun-Rde 1:** 1 LM, [3 SMH, 1 zun, 2 SMH, 1 zun] 14 x bis zu den letzten 4 M, 3 SMH, 1 zun, Rde mit KM in die erste M schließen. 131 M – 29 M zug.

### NUR GRÖSSE 2 (3)

**Zun-Rde 1:** 1 LM, [2 SMH, 1 zun] rundum, Rde mit KM in die erste M schließen. 136 (144) M – 34 (36) M zug.

### NUR GRÖSSE 4

**Zun-Runde 1:** 1 LM, 2 SMH, [2 SMH, 1 zun] bis zu den letzten 3 M, 3 SMH, Rde mit KM in die erste M schließen. 153 M – 37 M zug.

### NUR GRÖSSE 5

**Zun-Rde 1:** 1 LM, [1 SMH, 1 zun, 2 SMH, 1 zun] 22 x bis zu den letzten 6 M, [1 SMH, 1 zun] 3 x, Rde mit KM in die erste M schließen. 163 M – 47 M zug.

### NUR GRÖSSE 6

**Zun-Rde 1:** 1 LM, [1 SMH, 1 zun] bis zu den letzten 2 M, 2 SMH, Rde mit KM in die erste M schließen. 173 M – 57 M zug.

### NUR GRÖSSE 7

**Zun-Runde 1:** 1 LM, 1 zun in die nächsten 5 M, [1 SMH, 1 zun] 55 x bis zu den letzten 5 M, 1 zun in die letzten 5 M, Runde mit KM in die erste M schließen. 185 M – 65 M zug.

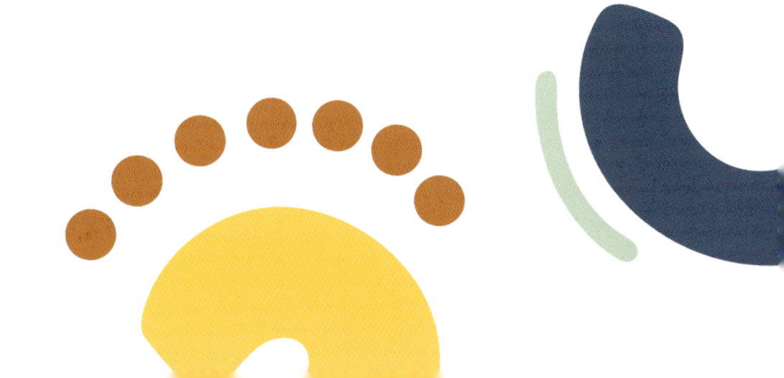

## NUR GRÖSSE 8

**Zun-Rde 1:** 1 LM, 1 zun in den nächsten 3 M, [1 SMH, 1 zun] 2 x, (1 zun, 1 SMH, 1 zun, 1 SMH, 1 zun) 23 x, Rde mit KM in die erste M schließen. 196 M – 74 M zug.

## NUR GRÖSSE 9

**Zun-Rde 1:** 1 LM, [1 zun, 1 SMH, 1 zun] 39 x bis zu den letzten 9 M, 1 zun in die letzten 9 M, Rde mit KM in die erste M schließen. 213 M – 87 M zug.

## ALLE GRÖSSEN

**Nächste Rde:** 1 LM, SMH rundum, Rde mit KM in die erste M schließen.

Vorhergehende Rde noch 3 (3, 3, 3, 3) (3, 4, 7, 9) x wdh.

## NUR GRÖSSE 1

**Zun-Rde 2:** 1 LM, [4 SMH, 1 zun, 3 SMH, 1 zun] 14 x bis zu den letzten 5 M, 4 SMH, 1 zun, Rde mit KM in die erste M schließen. 160 M – 29 M zug.

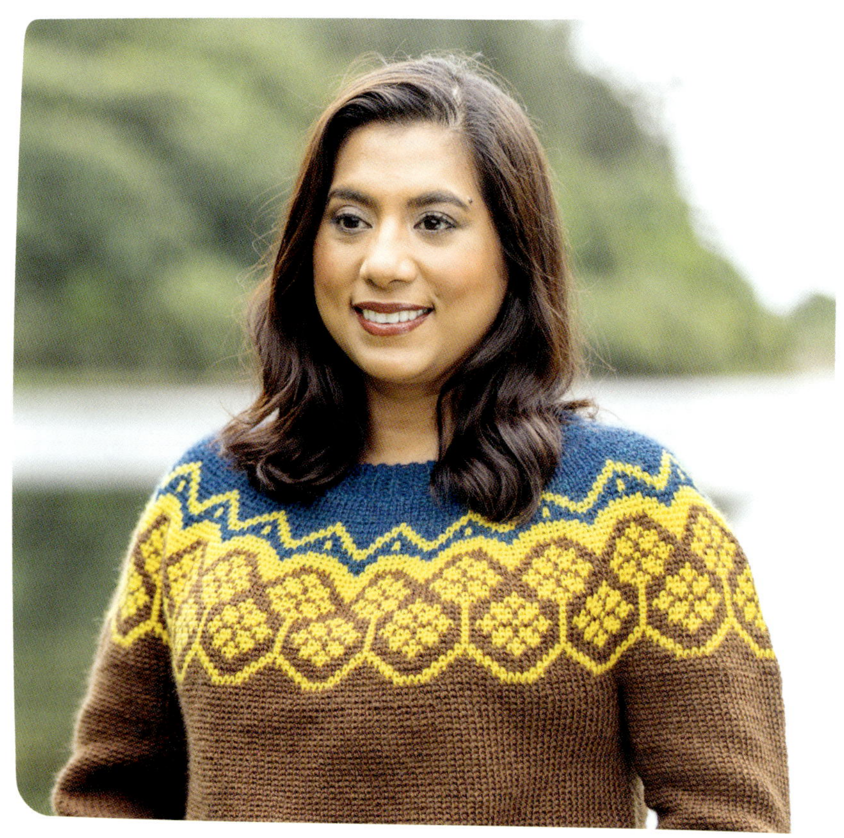

## NUR GRÖSSEN 2 (3)

**Zun-Rde 2:** 1 LM, [3 SMH, 1 zun] rundum, Rde mit KM in die erste M schließen. 170 (180) M – 34 (36) M zug.

## NUR GRÖSSE 4

**Zun-Rde 2:** 1 LM, 2 SMH, [3 SMH, 1 zun] bis zu den letzten 3 M, 3 SMH, Rde mit KM in die erste M schließen. 190 M – 37 M zug.

## NUR GRÖSSE 5

**Zun-Rde 2:** 1 LM, [2 SMH, 1 zun, 3 SMH, 1 zun] 22 x bis zu den letzten 9 M, [2 SMH, 1 zun] 3 x, Rde mit KM in die erste M schließen. 210 M – 47 M zug.

## NUR GRÖSSE 6

**Zun-Rde 2:** 1 LM, [2 SMH, 1 zun] bis zu den letzten 2 M, 2 SMH, Rde mit KM in die erste M schließen. 230 M – 57 M zug.

## NUR GRÖSSE 7

**Zun-Rde 2:** 1 LM, [1 SMH, 1 zun] 5 x, [2 SMH, 1 zun] 55 x bis zu den letzten 10 M, [1 SMH, 1 zun] 5 x, Runde mit KM in die erste M schließen. 250 M – 65 M zug.

## NUR GRÖSSE 8

**Zun-Rde 2:** 1 LM, [1 SMH, 1 zun] 3 x, [2 SMH, 1 zun] 2 x, [1 zun, 2 SMH, 1 zun, 2 SMH, 1 zun, 1 FM] 23 x, Rde mit KM in die erste M schließen. 270 M – 74 M zug.

## NUR GRÖSSE 9

**Zun-Rde 2:** 1 LM, [1 zun, 2 SMH, 1 zun, 1 SMH] 39 x bis zu den letzten 18 M, [1 SMH, 1 zun] 9 x, Rde mit KM in die letzte M schließen. 300 M – 87 M zug.

## ALLE GRÖSSEN

Weiter in SHM und nach Häkelschrift 1, alle R 16 (17, 18, 19, 21) (23, 25, 27, 30) x rundum wdh. Weiter 1 LM am Rundenanfang und Runden mit KM in die erste M unsichtbar schließen.

## NUR GRÖSSEN 1 UND 2

Weiter zur Teilungs-Rde für VT, RT und Ärmel, nach Abschluss von Rde 33.

Um die Schulterpasse zu verlängern, weitere Runden hinzufügen. Dazu nach Abschluss der Häkelschrift nach Bedarf in C ein paar Reihen aus SMH hinzufügen.

## NUR GRÖSSEN 3 BIS 9

Nach Ende der Häkelschrift – (–, 1, 2, 7) (11, 13, 16, 19) Runden aus SMH in C häkeln. 224 (238, 252, 266, 294) (322, 350, 378, 420) M

## Häkelschrift 1

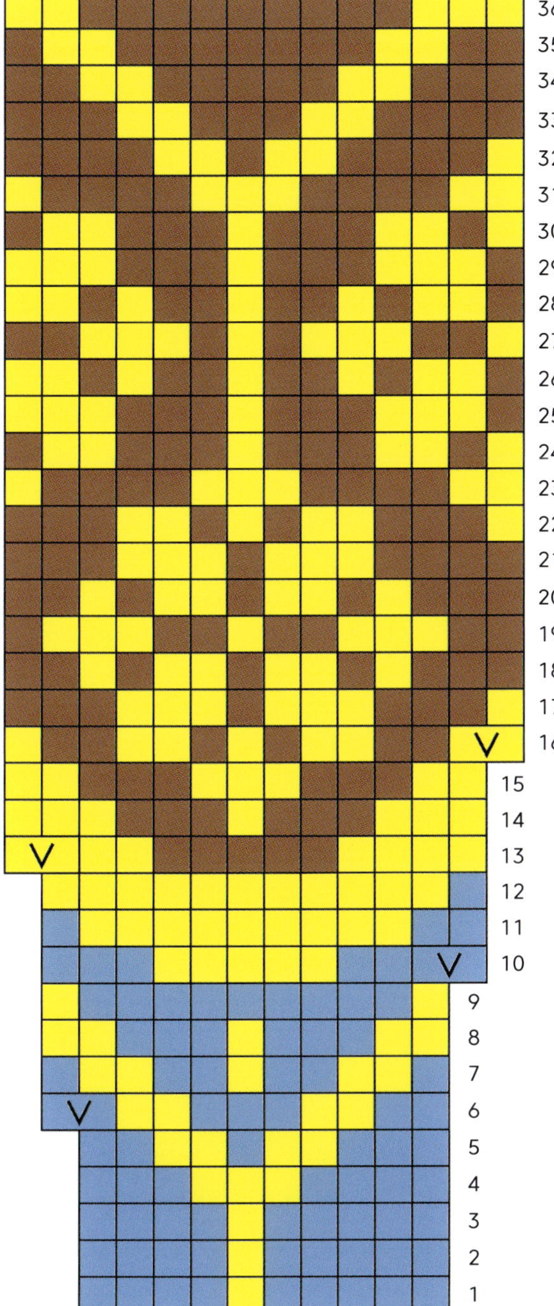

### GRÖSSEN

**Anm.:** Vor der Teilungs-Rde die Schulterpasse anprobieren und prüfen, ob sie die richtige Länge hat. Nach Bedarf Runden aus SMH hinzufügen oder abziehen.

**Teilungs-Rde:** 1 LM, 32 (35, 38, 40, 42) (49, 52, 56, 64) SMH (RT), 7 (8, 9, 11, 15) (15, 15, 15, 12) LM für die erste Achsel, 49 (50, 51, 53, 57) (64, 71, 78, 82) M auslassen (erster Ärmel), 63 (69, 75, 81, 83) (97, 105, 111, 129) SMH (VT), 7 (8, 9, 11, 15) (15, 15, 15, 12) LM für die zweite Achsel, 49 (50, 51, 53, 57) (64, 71, 78, 82) M auslassen (zweiter Ärmel), SMH bis Rundenende, mit KM in die erste M schließen. 140 (154, 168, 182, 196) (224, 238, 252, 280) M inkl. LM für Achsel.

### NUR GRÖSSEN 1 UND 2

Wenn Häkelschrift 1 in der Teilungsrunde nicht abgeschlossen ist, VT und RT weiter nach der Häkelschrift arbeiten und die LM-Kette für die Achseln aus C häkeln. B mitführen, um sie danach weiter zu nutzen. In den folgenden 2 Runden, oder bis Häkelschrift 1 abgeschlossen ist, wird diese 10 (11) x rundum wiederholt, inkl. Maschen für die Achsel. Dann B abschneiden und nur noch C benutzen.

## LEGENDE

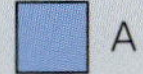 A 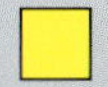 B 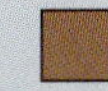 C  2 SMH in die gleiche M (1 zun)

Häkelschrift von unten nach oben, von re nach li lesen. Jedes Kästchen = 1 M in SMH.

1 LM am Rundenanfang und durchgehend die Runden unsichtbar schließen (s. Allgemeine Techniken: Runden unsichtbar schließen).

Jede Reihe insgesamt 16 (17, 18, 19, 21) (23, 25, 27, 30) x rundum wdh, Reihen, die der gewählten Größe nicht entsprechen, weglassen.

Maschenanzahlen gesamt:

R 1 bis 5: 160 (170, 180, 190, 210) (230, 250, 270, 300)

R 6 bis 9: 176 (187, 198, 209, 231) (253, 275, 297, 330)

R 10 bis 12: 192 (204, 216, 228, 252) (276, 300, 324, 360)

R 13 bis 15: 208 (221, 234, 247, 273) (299, 325, 351, 390)

Ab R 16: 224 (238, 252, 266, 294) (322, 350, 378, 420)

## VORDER- UND RÜCKENTEIL

Maschenanzahl durchgehend gleich.

In der nächsten Runde SMH bei VT und RT, FM in die LM unter der Achsel.

VT und RT weiter in SMH in C, bis sie 24,5 (25,5, 24, 23,5, 21,5) (20, 18,5, 17,5, 15) cm ab der Achsel oder bis die gewünschte Länge ab der Achsel minus die 8,5 cm von Häkelschrift 2 und Bündchen unten erreicht sind.

Rundum Häkelschrift 2, jede R 10 (11, 12, 13, 14) (16, 17, 18, 20) x wdh.

Im Anschluss an Häkelschrift 2 das untere Bündchen häkeln.

## UNTERES BÜNDCHEN

Mit 5 mm Häkelnadel arbeiten für engere/ elastischere Rippen, 11 LM.

**R 1:** In der zweiten LM beginnen, KM bis Ende der LM-Kette. Am Anfang des VT/ RT die erste M der Rde auslassen und KM in die nächste M häkeln. 10 M Rippen

**R 2:** KM in die nächste M, wenden, 2 KM am VT/RT überspr, KM HMG bis zum Ende der R, wenden. 10 M

**R 3:** 1 LM, KM HMG bis zum Ende der R, KM in die nächste offene M am VT/RT. 10 M

R 2 und 3 rund um den unteren Rand von VT/RT wdh. Auf der RS die VMG jeder M der letzten R der Rippen mit jeder Anfangs-LM der Rippen mit KM zusammenschließen.

Faden verknoten und abschn.

# Ärmel

(je einen in jedes Armloch)

Mit der 5 mm Häkelnadel in C ab der Mitte der Achsel, an der VS der bisher nicht genutzten LM in der Anfangs-LM-Kette arbeiten.

**Grund-Rde:** FM bis zum Ende der Achsel, SHM um die Ärmelpartie der Schulterpasse, FM bis Rundenende, Rde mit KM in die erste M schließen. Etwa 56 (58, 60, 64, 72) (79, 86, 93, 94) M

**Anm:** In den Ecken, in denen die Achsel auf die Passe trifft, bei Bedarf 2 SHM zus, um etwaige Lücken zu schließen.

Wenn in Größen 1 und 2 die Häkelschrift 1 vor der Teilungsrunde noch nicht beendet war, an den M der Schulterpasse weiter nach der Häkelschrift arbeiten (ab der entsprechenden Stelle, damit es zum bisher Gehäkelten passt) in der Grund-Rde und den folgenden Runden bis zum Ende von Häkelschrift 1.

Über die folgenden 7 cm einfache SMH.

**Abn-Rde:** 1 LM, 2 SMH zus, SMH rundum bis zu den letzten 2 M, 2 SMH zus, Runde mit KM in die erste M schließen. 2 M abgen.

12 (7, 6, 5, 4) (3, 3, 2, 2) Runden einfache SMH.

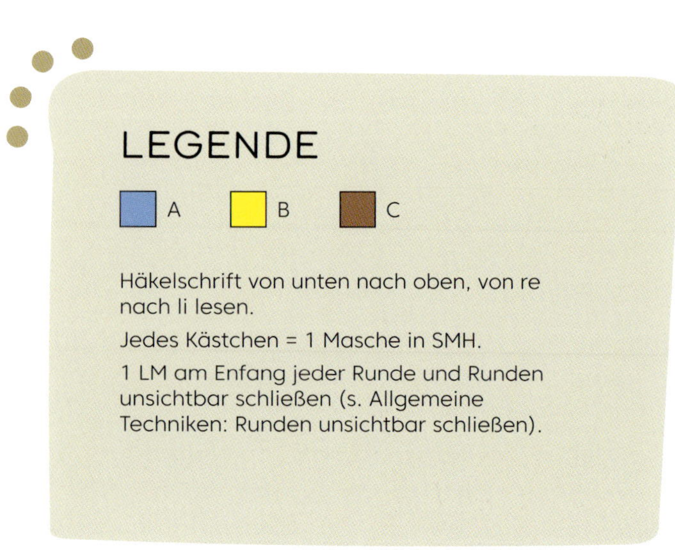

## LEGENDE

A B C

Häkelschrift von unten nach oben, von re nach li lesen.

Jedes Kästchen = 1 Masche in SMH.

1 LM am Anfang jeder Runde und Runden unsichtbar schließen (s. Allgemeine Techniken: Runden unsichtbar schließen).

## Häkelschrift 2

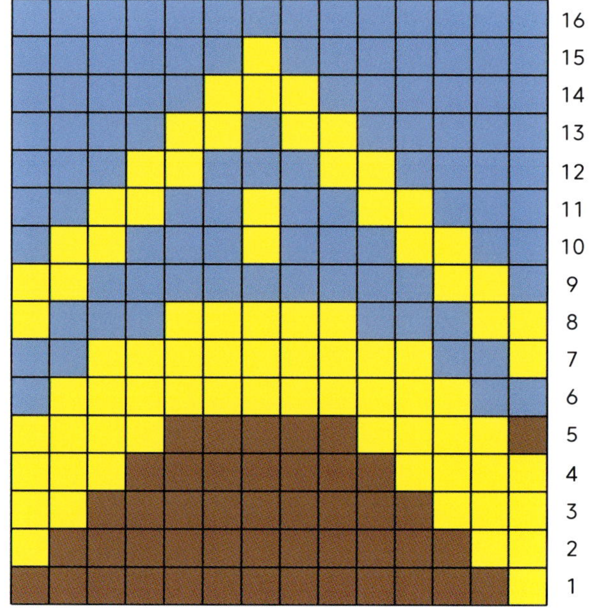

Abn-Runde wdh.

Die Ärmel formen, indem ihr einfache SMH und als 13. (8., 7., 6., 5.) (4., 3., 3.) Rde eine Abnehm-Rde häkelt, bis die Ärmel den gewünschten Umfang haben oder bis ihr etwa 10 (11, 12, 14, 17) (20, 23, 26, 26) Abnehm-Rden gehäkelt habt. Etwa 20 (22, 24, 28, 34) (40, 46, 52, 52) Abn-M.

Einfache SMH, bis die Ärmel 37,5 (38,5, 38,5, 40, 40) (41, 41, 42,5, 42,5) cm messen, ab der Achsel, oder die gewünschte Ärmellänge minus 4,5 cm Rippenbündchen erreicht sind.

## ARMBÜNDCHEN

Rippen so häkeln wie unten am Körper. Arbeitsfaden verknoten und abschn.

# Fertigstellen

Alle Fäden vernähen und Pulli zu den gewünschten Maßen dämpfen.

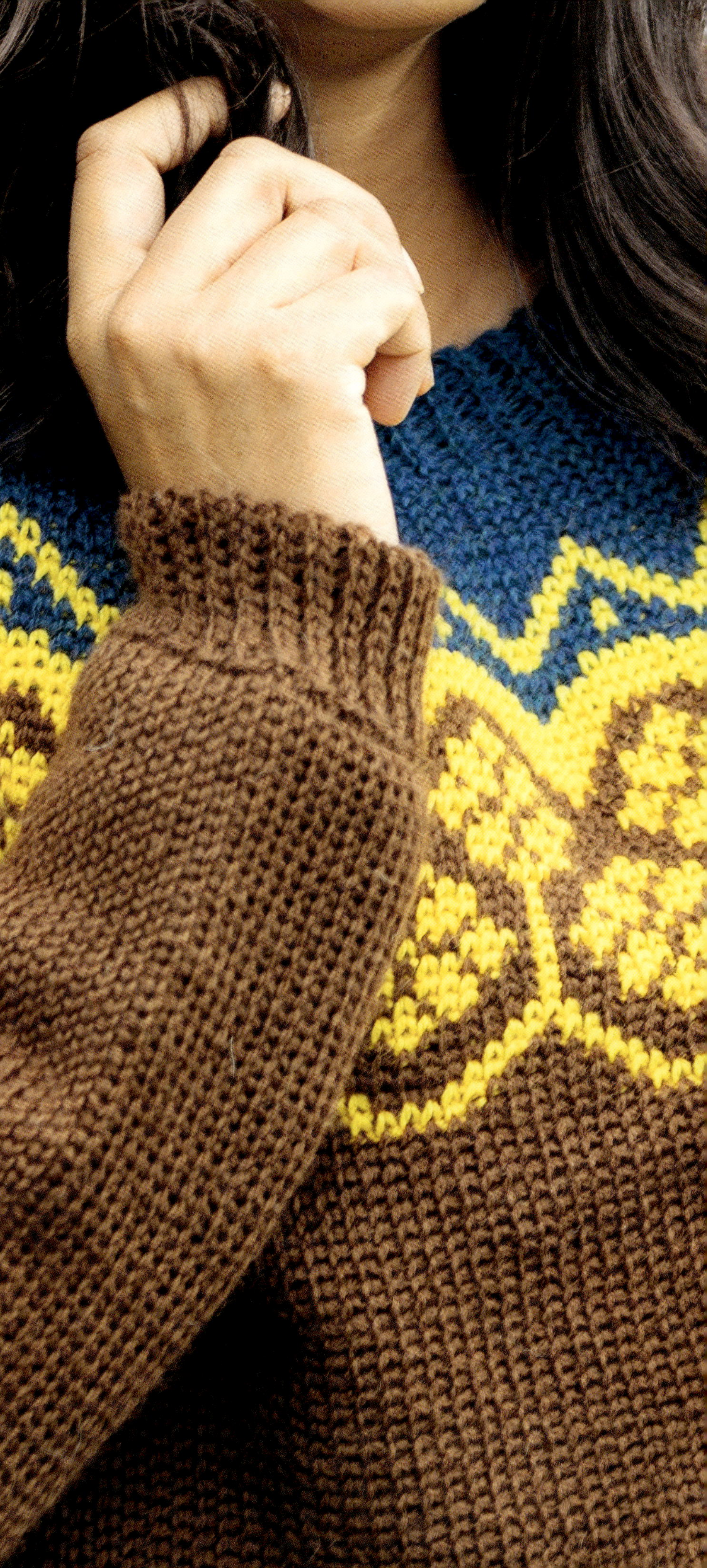

# Iktsuarpok-Tanktop

*Iktsuarpok (Inuit) – die freudige Erwartung kurz vor der Ankunft eines Besuchs, die einen wiederholt veranlasst, draußen nach ihnen Ausschau zu halten.*

Fertig-Maße befinden sich im Kapitel Projekt-Details.

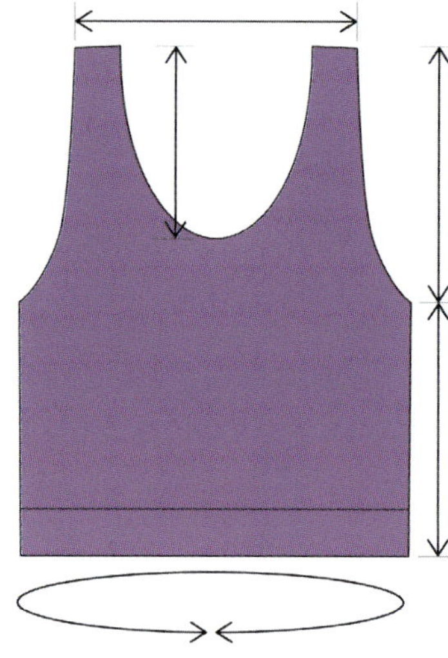

## GRÖSSEN

9 Größen (1 bis 9)

## GARN

Knit Pick Swish DK (100% Fine Superwash Merino), Light Worsted (DK), 50 g (112 m), in folgenden Farben:

**A:** Nutmeg Heather; 1¼ (1¼, 1¼, 1½, 1¾) (1¾, 2, 2, 2¼) Stränge

**B:** Moss; ½ (¾, ¾, ¾, 1) (1, 1, 1, 1¼) Stränge

**C:** Amethyst Heather; 2¼ (2¼, 2½, 2¾, 3) (3¼, 3½, 3¾, 3¾) Stränge

## UTENSILIEN

5 mm Häkelnadel

## MASCHENPROBE

16 M x 18 Reihen ergeben 10 x 10 cm in FM, offen gearbeitet, mit einer 5 mm Häkelnadel.

16 M x 15 Reihen ergeben 10 x 10 cm in festen Maschen ins hintere Maschenglied in der Runde mit einer 5 mm Häkelnadel.

Das Gefühl Iktsuarpok kenne ich gut vom Warten auf den Frühling, besonders wenn der Winter hart oder ziemlich schneereich war. Dann verbringe ich die meisten Morgen damit, aus dem Fenster nach den ersten Knospen zu schauen. Das Iktsuarpok-Top ist ein Vorgeschmack auf das wunderbare Gefühl, wenn die Blumen anfangen zu blühen, die Tage wieder länger werden und die Sonne die Erde erwärmt. Es ist ein einfaches Einstiegsprojekt ins Tapestry-Häkeln, und es erlaubt euch, mit den Farben zu spielen.

## ANMERKUNGEN

*Das Top wird von unten nach oben in Runden nach einer Häkelschrift gearbeitet (s. Farbmustertechniken: Tapestry-Häkeln). Dann werden Vorder- und Rückenteil an den Achseln aufgeteilt, und die einfarbigen Flächen werden offen gehäkelt. Die Achseln werden gleichzeitig mit dem Ausschnitt am VT und RT geformt und enden mit Trägern, die oben an der Schulter zusammengenäht werden. Ausschnitt und Armausschnitte bekommen eine Bordüre.*

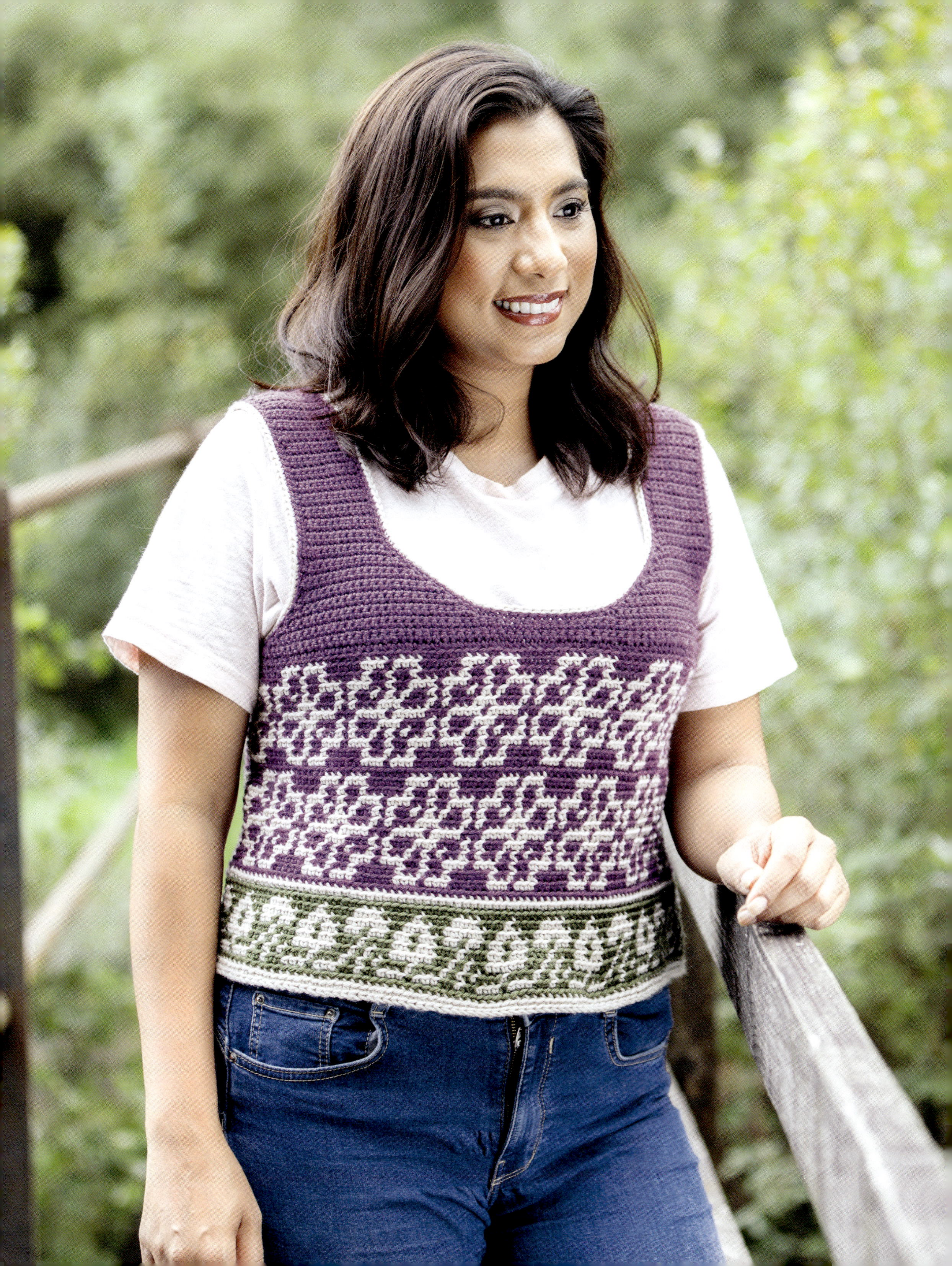

# Körper

In A eine LM-Kette von 132 (144, 156, 180, 192) (204, 228, 240, 252) M häkeln. Diese mit KM in erste M zur Rde schließen.

Ab jetzt an VS in die HMG arbeiten (auch in der ersten R in die HMG der LM), bis es anders in der Anleitung steht.

Häkelschrift rundum in jeder R 11 (12, 13, 15, 16) (17, 19, 20, 21) x wdh.

Für zusätzliche Länge R 13 bis 24 oder 13 bis 36 wdh.

A und B abschn.

**Nächste Rde (VS):** In C 1 LM, rundum FM HMG, Rde mit KM schließen, wenden.

**Nächste Rde (RS):** 1 LM, rundum FM, Rde mit KM schließen.

## VORDERTEIL

Um das Top länger zu machen, vor der Teilung bis zur Wunschlänge weitere Runden FM in C häkeln. Achtet darauf, am Rde-Ende zu wenden und mit einer RS-Rde zu enden.

Arbeitsfaden abtrennen.

An der VS an der Stelle, an der ihr abgetrennt habt, 4 (5, 5, 5, 5) (6, 6, 7, 7) M nach li zählen und dort in der nächsten M C wieder aufn. Die 4 (5, 5, 5, 5) (6, 6, 7, 7) M überspr.

**R 1:** 1 LM, erste M überspr, 55 (59, 65, 77, 83) (87, 99, 103, 109) FM, 2 FM zus, wenden. 56 (60, 66, 78, 84) (88, 100, 104, 110) M

**Abnahme-R Achsel:** 1 LM, erste M überspr, FM bis zu den letzten 2 M, 2 FM zus, wenden. 54 (58, 64, 76, 82) (86, 98, 102, 108) M – 2 M abg

Abnahme-R Achsel noch 3 (4, 4, 8, 10) (11, 17, 18, 21) x wdh. 48 (50, 56, 60, 62) (64, 64, 66, 66) M. Noch 4 (3, 5, 2, 2) (3, 0, 0, 0) R FM ohne Abn, dann Halsausschnitt häkeln.

## AUSSCHNITT VT 1. SEITE

**R 1:** 1 LM, 16 (17, 19, 21, 21) (22, 22, 21 23, 23) FM, 2 FM zus, wenden. 17 (18, 20, 22, 22) (23, 23, 24, 24) M

**R 2:** 1 LM, erste M aus, FM bis R-Ende, wenden. 16 (17, 19, 21, 21) (22, 22, 23, 23) M – 1 M abg

**R 3:** 1 LM, FM bis zu den letzten 2 M, 2 FM zus, wenden. 15 (16, 18, 20, 20) (21, 21, 22, 22) M – 1 M abg

Die letzten 2 R noch 2 (3, 4, 4, 4) (4, 4, 4, 4) x wdh. 11 (10, 10, 12, 12) (13, 13, 14, 14) M

### NUR GRÖSSEN 1 (4) (6, 7, 8, 9) 8

R 2 noch 1 x wdh. 10 (11) (12, 12, 13, 13) M

## Häkelschrift 1

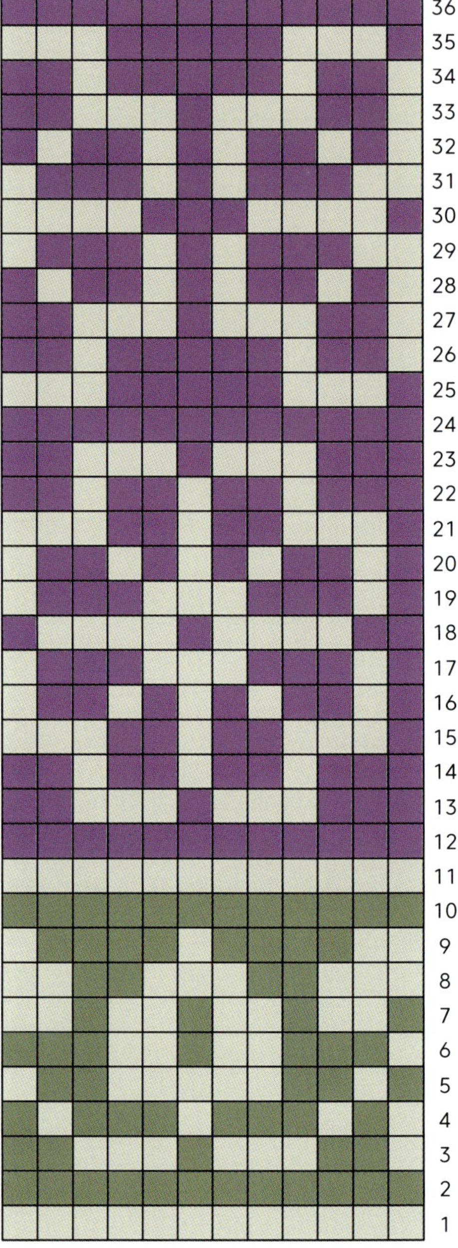


## LEGENDE

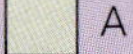
 A
 B
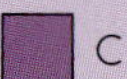 C

Von unten nach oben, von re nach li arbeiten. Jedes Kästchen = 1 FM HMG.

Denkt daran, am Rundenanfang 1 LM zu häkeln und die Runden unsichtbar zu schließen (s. Allgemeine Techniken: Runden unsichtbar schließen). Immer von der VS arbeiten.

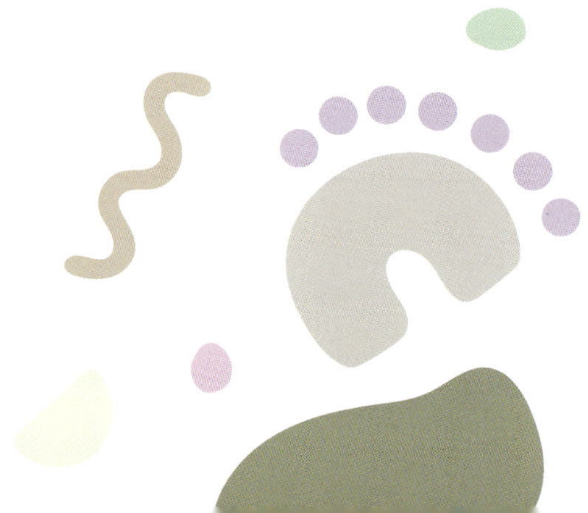

## TRÄGER

FM in Reihen häkeln, bis die Träger etwa 22,5 (23,5, 25, 26,5, 27,5) (29, 30, 31,5, 32,5) cm ab der Achsel messen oder die gewünschte Länge haben. (Denkt daran, dass sich die Träger stärker dehnen als VT und RT.)

Arbeitsfaden verknoten und abschn.

## AUSSCHNITT VT 2. SEITE

An der gleichen VS oder RS beginnen wie bei der ersten Seite.

12 (12, 14, 14, 16) (16, 16, 16, 16) M ab der letzten gehäkelten M am Halsausschnitt vorne abzählen. Diese M überspr. Ab der nächsten M in C weiter.

**R 1:** 1 LM, erste M überspr (wo der Faden aufgenommen wurde), FM bis R-Ende, wenden. 17 (18, 20, 22, 22) (23, 23, 24, 24) M – 1 M abg

**R 2:** 1 LM, FM bis zu den letzten 2 M, 2 FM zus, wenden. 16 (17, 19, 21, 21) (22, 22, 23, 23) M – 1 M abg

Die letzten 2 R noch 3 (3, 4, 5, 4) (5, 5, 5, 5) x wdh. 10 (11, 11, 11, 13) (12, 12, 13, 13) M

### NUR GRÖSSEN 2 (3, 5)

R 1 noch 1 x wdh. 10 (10,12) M

### ALLE GRÖSSEN

Träger an dieser Seite wdh.

## RÜCKENTEIL

An der VS 8 (10, 10, 10, 10) (12, 12, 14, 14) M ab Ende des VT abzählen und überspr für den Armausschnitt. Ab der nächsten M weiter in C.

### NUR GRÖSSEN 1 UND 2

Weiter bei Nackenausschnitt 1. Seite.

### GRÖSSEN 3 (4, 5) (6, 7, 8, 9)

**R 1:** 1 LM, M überspr, ab der M, wo der Arbeitsfaden aufgenommen wurde, 65 (77, 83) (87, 99, 103, 109)F M, 2 FM zus, wenden. 66 (78, 84) (88, 100, 104, 110) M

Abn-R Achsel: 1 LM, erste M überspr, FM bis zu den letzten 2 M, 2 FM zus, wenden. 64 (76, 82) (86, 98, 102, 108) M – 2 M abg

Abn-R Achsel noch 0 (1, 3) (5, 5, 8, 10) x wdh. 64, (74, 76) (76, 88, 86, 86) M

## **NACKEN 1. SEITE

**R 1:** 1 LM, erste M überspr, 20 (22, 22, 27, 27) (27, 33, 32, 33) FM, 2 FM zus, wenden. 21 (23, 23, 28, 28) (28, 34, 33, 34) M

**Formungs-R Nacken und Achsel:** LM, erste M überspr, FM bis zu den letzten 2 M der R, 2 FM zus, wenden. 19 (21, 21, 26, 26) (26, 32, 31, 32) M – 2 M abg

Formungs-R Nacken und Achsel noch 3 (4, 2, 5, 5) (4, 10, 8, 9) x wdh. 13 (13, 17, 16, 16) (18, 12, 15, 14) M

### NUR GRÖSSEN 1 (2, 3, 4, 5) (6, 8, 9)

Abn an der Achsel aufhören und 1 M abn im Nacken an der Seite über die nächsten 3 (3, 7, 5, 4) (6, 2, 1) Reihen. Dafür erste M in den Reihen überspr, die im Nacken beginnen oder 2 FM zus in den Reihen, die am Ende der Achsel beginnen. 10 (10, 10, 11, 12) (12, 12, 13, 13) M

## TRÄGER

FM, bis der Träger etwa 22,5 (23,5, 25, 26,5, 27,5) (29, 30, 31,5, 32,5) cm ab Achsel misst oder die gewünschte Länge hat.

Arbeitsfaden verknoten und abschn.**

## NACKEN UND ACHSEL FORMEN 2. SEITE

An der gleichen VS oder RS beginnen wie Nacken 1. Seite.

12 (12, 14, 14, 16) (16, 16, 16, 16) M ab der letzten M am Halsausschnitt abzählen. Diese M überspr und weiter in C.

Von ** bis ** wdh.

Die Träger an der Schulter zusammenfügen, indem ihr die letzte R von li zusammennäht. Darauf achten, dass ihr die richtigen Träger zusammensetzt und sie nicht verdreht.

## BORDÜRE AM AUSSCHNITT

**Anm:** Beim Arbeiten entlang der Kante könnt ihr die Anzahl der M so anpassen, dass diese nicht zu locker werden.

An der VS an der Schulternaht C aufnehmen.

**Rde 1:** 1 LM, FM rund um den Ausschnitt, an den Ecken, wo die Mitte des Ausschnitts am Hals und im Nacken aufeinandertreffen, 2 FM zus, Runde mit KM schließen und Farbwechsel zu A.

Arbeitsfaden C verknoten und abschn.

**Rde 2:** 1 LM, FM HMG rundum, Runde mit KM schließen.

Arbeitsfaden A verknoten und abschn.

## BORDÜRE ARMAUSSCHNITT

C in der Mitte der Achsel an der RS aufnehm.

**Rde 1:** 1 LM, FM rund um den Armausschnitt, 2 FM zus an den Ecken, wo die Mitte des Armausschnitts auf die Form-R der Achsel treffen. Rde mit KM schließen und Farbwechsel zu A.

Arbeitsfaden C verknoten und abschn.

**Runde 2:** 1 LM, FM HMG rundum, Runde mit KM schließen.

Arbeitsfaden A verknoten und abschn.

Beim anderen Armausschnitt wdh.

# Fertigstellen

Alle Fäden vernähen und das Stück in den passenden Maßen dämpfen.

# Ailyak-Pullover

*Ailyak (bulgarisch) – die Kunst, alles langsam und ohne Eile zu tun und dabei den Prozess und das Leben allgemein zu genießen; wie das suahelische >hakuna matata<.*

Fertig-Maße befinden sich im Kapitel Projekt-Details.

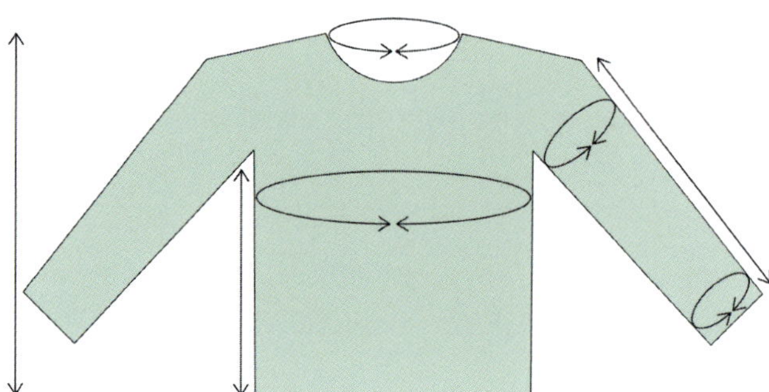

## GRÖSSEN

9 Größen (1 bis 9)

## GARN

Less Traveled Yarn Tweed Me Sock (85% Merinowolle, 15% Donegal Nep), Fingering (2-fädig), 100 g (400 m), in folgenden Farben:
**A:** Jack Pine; 3 ¼ (3 ½, 4, 4 ¼, 4 ¾) (5 ¼, 5 ½, 6, 6 ½) Stränge
Less Traveled Yarn Coupe (80% Merinowolle, 10% Kaschmir, 10% Nylon) Sport (3-fädig), 100 g (349 m), in dieser Farbe:
**B:** Vice; 2 ¼ (2 ½, 2 ¾, 3, 3 ¼) (3 ½, 3 ¾, 4, 4 ½) Stränge

## UTENSILIEN

3 mm Häkelnadel
3,5 mm Häkelnadel
5 Maschenmarkierer

## MASCHENPROBE

24 M x 19 Reihen = 10 x 10 cm bei Farbmuster aus erweiterten FM in der Runde mit 3 mm Häkelnadel.

## BESONDERE ABKÜRZUNGEN

**EFM,** erweiterte feste Maschen: Nadel in M einst, U, durch M durchz, U, durch 1 Schl auf der Nadel durchz, U, durch die restlichen Schl auf der Nadel durchz

Dieser Pulli ist ein Symbol dafür, wie schön Entschleunigen und Lebensfreude sind. Er erinnert uns daran, den Blumen beim Wachsen zuzusehen und innezuhalten, um daran zu schnuppern. Das Stück wird von oben nach unten gehäkelt, lässt sich also flexibel an verschiedene Größen anpassen. Es gibt keine Nähte, und das Material legt sich bequem um Nacken und Schultern. Das Farbmuster in Tapestry-Technik lässt bei der Arbeit keine Langeweile aufkommen, und der fertige Pulli ist ein Stück, das jede Garderobe aufwertet.

## ANMERKUNGEN

*Der Pullover wird von oben nach unten gehäkelt und beginnt mit einem aus KM gearbeiteten Rippenbündchen – die Maschen locker häkeln, sodass man einfach hineinstechen kann und die Rippen elastisch werden. Im Nacken werden verkürzte Reihen gehäkelt, damit Ausschnitt und Passe optimal sitzen. Die Schulterpasse wird nach Häkelschrift und Anleitung in der Runde gehäkelt, mit ständigen Zunahmen. Wenn sie beendet ist, werden die Ärmel abgeteilt, in der gewünschten Länge gehäkelt und mit einem gerippten Bündchen abgeschlossen.*

*Außer den verkürzten Reihen und den Rippenbündchen ist das gesamte Stück aus erweiterten FM gehäkelt. Es gibt eine Häkelschrift für die Schulterpasse mit VT, RT und Ärmel (s. Farbmuster-Techniken: Tapestry-Häkeln).*

*Runden immer unsichtbar schließen (s. Allgemeine Techniken: Runden unsichtbar schließen).*

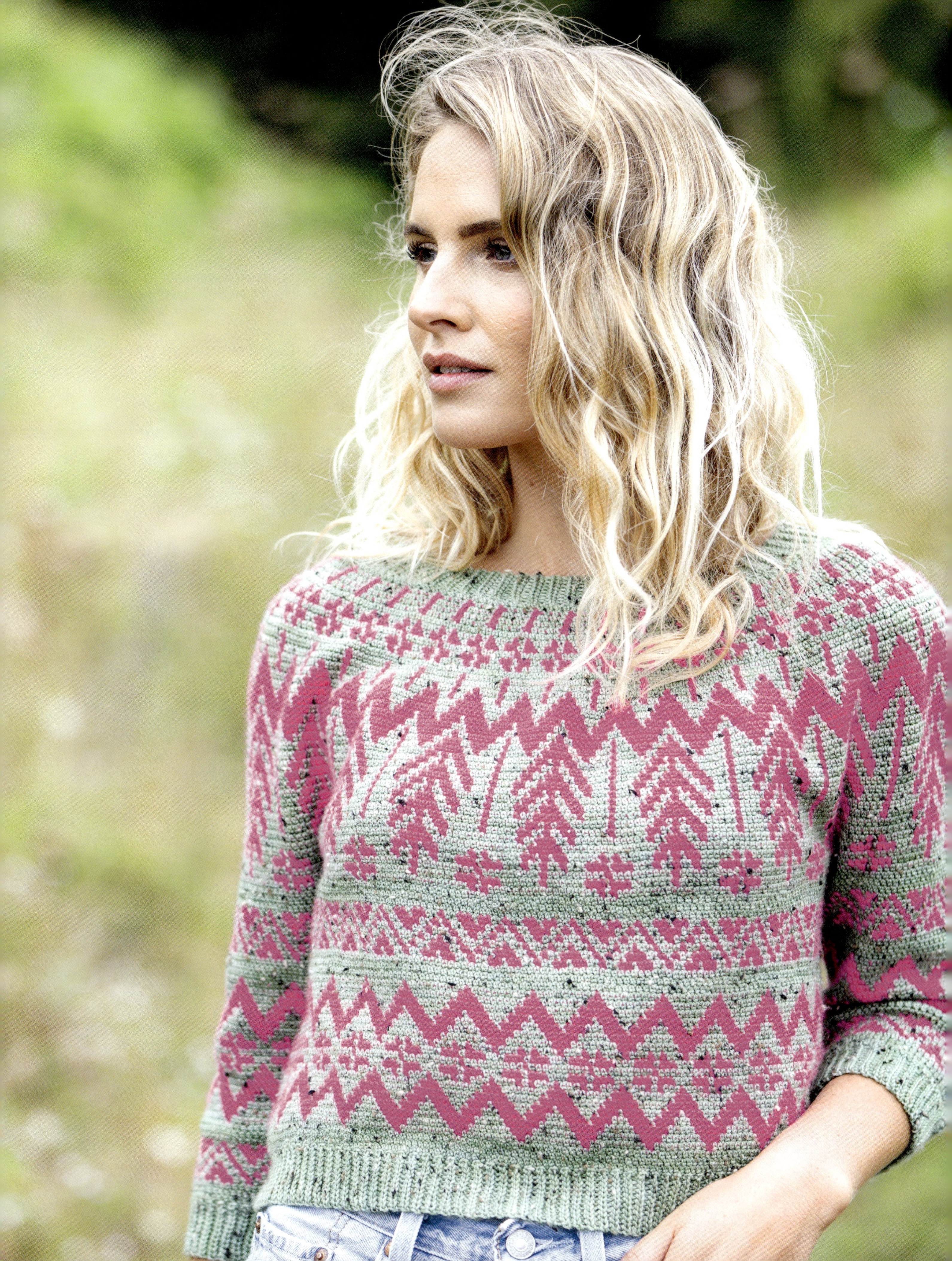

# Körper

## AUSSCHNITT

Mit der 3,5 mm Häkelnadel in A 11 LM (oder die gewünschte Anzahl Rippen) häkeln.

**R 1:** Erste M überspr, KM in alle LM, wenden. 10 M

**R 2:** 1 LM, KM HMG bis R-Ende, wenden. 10 M

R 2 noch 130 (132, 132, 136, 144) (144, 144, 144, 148) x wdh oder bis die Rippen etwa 48 (49, 49, 50,5, 54) (54, 54, 54, 55,5) cm messen, OHNE das Material zu dehnen; es muss aber über den Kopf passen.

An der RS die VMG der letzten R und die LM-Kette mit KM zusammenhäkeln. Auf li drehen, um an der Seitenkante der Rippen auf der VS zu häkeln.

**Grund-Rde:** Mit der 3 mm Häkelnadel rundum FM entlang der Seitenkante des Rippenbündchens häkeln. Es sollen 130 (132, 132, 136, 144) (144, 144, 144, 148) M sein. Rde mit KM in die erste M schließen.

**Anm.:** Wenn ihr mehr R gehäkelt habt als vorgesehen, kann es sein, dass ihr stellenweise 1 M pro 2 Rippen-R häkeln müsst.

### VERKÜRZTE REIHEN

R 1 geht zu einer Seite, 2 x zun, wenden; R 2 kehrt zur Mitte des RT zurück ohne Zun, dann weiter auf der anderen Seite, 2 x zun und wenden. R 3 kehrt zurück zur Mitte des RT und schließt die Rde. Die Runden mit den verkürzten R unsichtbar schließen; die Runden in der Mitte des RT schließen.

Es sind 2 (3, 3, 3, 3) (3, 3, 3, 3) R-Gruppen insgesamt.

**R 1 (VS):** 1 LM (zählt durchgehend nicht als M), 1 FM in die erste M, MM zum Rundenanfang, 12 (11, 11, 12, 13) (13, 13, 13, 12) FM, 2 FM in die nächste M, MM in die erste M der Zun, 26 (24, 24, 24, 27) (27, 27, 27, 29) FM, 2 FM in die nächste M, MM in die zweite M der Zun, 4 (4, 4, 4, 3) (3, 3, 3, 4) FM, wenden. 47 (44, 44, 45, 48) (48, 48, 48, 50) M

**R 2 (RS):** 1 LM, erste M überspr, FM bis Rde-Anfang, alle MM nach oben, FM in Rde-Anfang und MM, 1 LM (zählt nicht als M), 12 (11, 11, 12, 13) (13, 13, 13, 12) FM, 2 FM in die nächste M, MM in die erste M der Zun, 26 (24, 24, 24, 27) (27, 27, 27, 29) FM, 2 FM in die nächste M, MM in die zweite M der Zun, 4 (4, 4, 4, 3) (3, 3, 3, 4) FM, wenden. 92 (86, 86, 88, 94) (94, 94, 94, 98) M

**R 3 (VS):** 1 LM, erste M überspr, FM bis Rde-Anfang, alle MM nach oben, Rde mit KM in Rde-Anfang schließen. 45 (42, 42, 43, 46) (46, 46, 46, 48) M

Erste Gruppe verkürzte Reihen beendet.

**R 4 (VS):** 1 LM, FM in die erste M (Rde-Anfang) und MM, *FM bis zum MM, 2 FM in die markierte M* und MM in die erste M der Zun; von * bis * wdh und MM in zweite M der Zun, FM bis zur »Stufe« am Ende der vorigen verkürzten R, FM in die »Stufe«, FM in die nächsten 4 M des Halsausschnitts, wenden. 53 (50, 50, 51, 54) (54, 54, 54, 56) M

**R 5 (RS):** 1 LM, erste M überspr, FM bis Rde-Anfang, alle MM nach oben, FM in Rde-Anfang und MM, 1 LM (zählt nicht als M), *FM bis zu MM, 2 FM in die markierte M * und MM in die erste M der Zun; von * bis * wdh und MM in die zweite M der Zun, FM bis zur »Stufe« verkürzten R-Ende davor, FM in die »Stufe«, FM in die nächsten 4 M des Halsausschnitts, wenden. 104 (98, 98, 100, 106) (106, 106, 106, 110) M

**R 6 (VS):** 1 LM, erste M überspr, FM bis Rde-Anfang, alle MM nach oben, Rde mit KM in Rde-Anfang schließen. 51 (48, 48, 49, 52) (52, 52, 52, 54) M

Zweite Gruppe verkürzte R beendet.

### NUR GRÖSSE 1

Weiter bei Schulterpasse.

### NUR GRÖSSEN 2 BIS 9

Reihen 4 bis 6 noch 1 x wdh.

Jetzt sind es zu beiden Seiten der Anfangs-M je 51 (54, 54, 55, 58) (58, 58, 58, 60) M; insgesamt 138 (144, 144, 148, 156) (156, 156, 156, 160) M rundum, inkl: 103 (109, 109, 111, 117) (117, 117, 117, 121) M am RT, 2 verkürzte R-Stufen, und 33 (33, 33, 35, 37) (37, 37, 37, 37) nicht gehäkelte M am Halsausschnitt im VT.

## SCHULTERPASSE

MM entfernen. Nur in EFM auf der VS in Rde arbeiten. Nach der Zun-Rde 1 Häkelschrift wie angegeben. Zun-Rde 1 ist die erste Rde, die rund um den Nackenbereich geht. Zun (1 zun) wie angegeben. Die »Stufen« der verkürzten R wie normale M behandeln.

### NUR GRÖSSEN 1 (3, 4) (8, 9)

**Zun-Rde 1:** 1 LM, 6 (0, 4) (0, 0) EFM, 12 (8, 12) (12, 20) x wdh: [1 zun, 10 (17, 11) (12, 7) EFM], Rde mit KM in die erste M schließen. 150 (152, 160) (168, 180) M

### NUR GRÖSSEN 2 (7)

**Zun-Rde 1:** 1 LM, 1 (2) EFM, 13 (22) x wdh: [4 (2) EFM, 1 zun, 5 (3) EFM, 1 zun], Rde mit KM in die erste M schließen. 170 (200) M

### NUR GRÖSSE 5

**Zun-Rde 1:** 1 LM, 1 zun, 3 EFM, 19 x rundum wdh: [1 zun, 7 EFM], Rde mit KM in die erste M schließen. 176 M

### NUR GRÖSSE 6

**Zun-Rde 1:** 1 LM, 12 x wdh: [1 zun, 3 EFM, 1 zun, 3 EFM, 1 zun, 4 EFM], Rde mit KM in die erste M schließen. 192 M

### ALLE GRÖSSEN

Nach Häkelschrift 1 und 2 arbeiten.

### NUR GRÖSSEN 1 BIS 7

Weiter zur Teilungs-Rde von Körper und Ärmeln nach Beenden von R 37 (38, 39, 40, 41) (44, 46) von Häkelschrift 2.

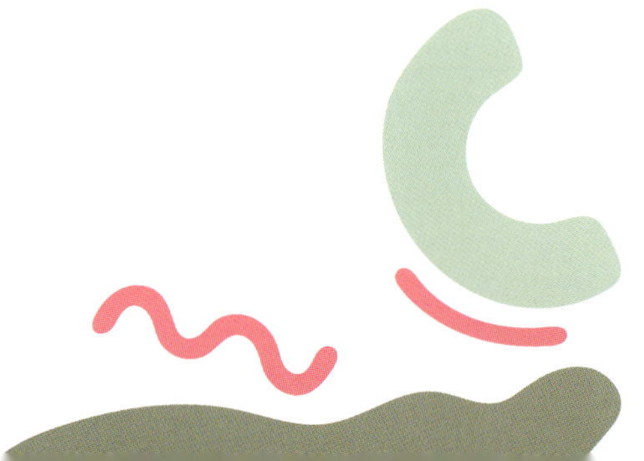

## NUR GRÖSSEN 8 UND 9

2 R EFM nach Häkelschrift 2 in A, dann weiter mit Teilungs-Rde.

## ALLE GRÖSSEN

**Anm.:** Vor der Teilungs-Rde die Passe anprobieren und die Länge optimal anpassen. Dazu jeweils mehr oder weniger Rde nach Häkelschrift 2, falls diese noch nicht beendet ist. Sonst einfache Rde EFM in A häkeln.

**Teilungs-Rde:**

1 LM, 45 (50, 54, 59, 66) (72, 75, 83, 90) EFM (RT), 5 (5, 7, 7, 9) (7, 11, 9, 11) LM Für erste Achsel, 60 (70, 82, 82, 89) (97, 101, 114, 121) M überspr (erster Ärmel), 91 (101, 109, 119, 131) (143, 149, 167, 179) EFM (VT), 5 (5, 7, 7, 9) (7, 11, 9, 11) LM für zweite Achsel, 60 (70, 82, 82, 89) (97, 101, 114, 121) M überspr (zweiter Ärmel), EFM bis Rde-Ende, Rde mit KM in die erste M schließen. 190 (210, 230, 250, 280) (300, 320, 350, 380) M inkl. LM-Kette für Achsel

**Anm.:** Falls Häkelschrift 2 vor der Teilungs-Rde noch nicht beendet ist, VT und RT weiter danach arbeiten. LM-Ketten für die Achseln in A. B für später unter der Achsel mitführen.

In den Folgerunden beim VT und RT weiter nach Häkelschrift 2 arbeiten, bis diese beendet ist – aber NICHT unter den Achseln. Dort einfache EFM in A häkeln und B mitführen.

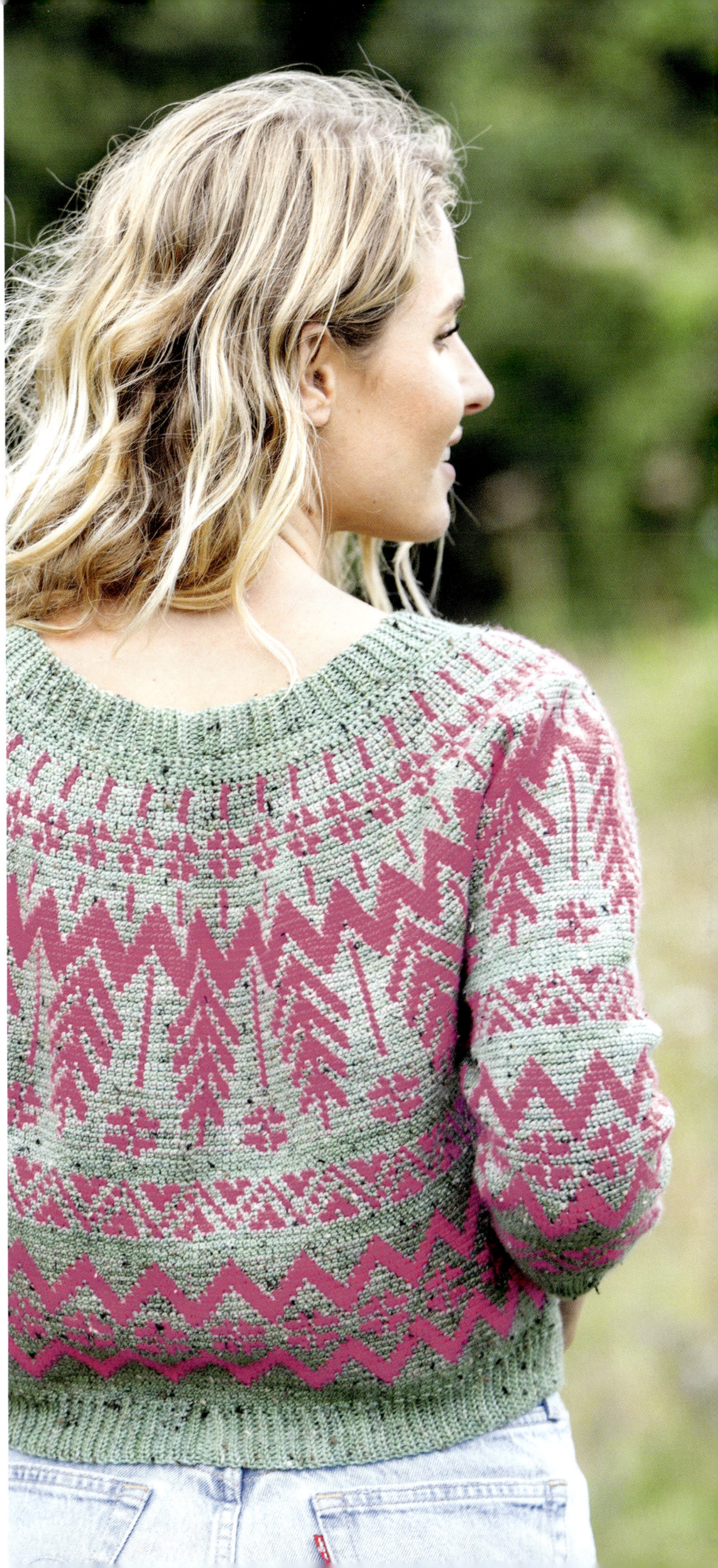

## HS Schulterpasse 1

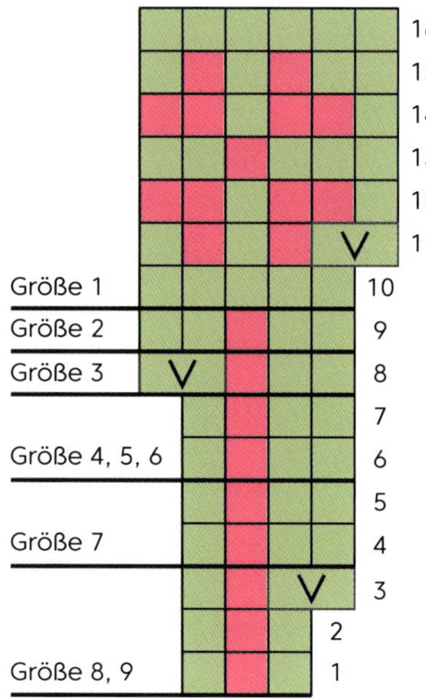


### LEGENDE

 A 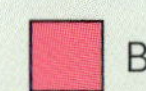 B **V** 2 EFM in eine M (1 zug)

Häkelschrift von unten nach oben, von re nach li lesen. Jedes Kästchen = 1 erweiterte feste Masche, EFM.

Jede Reihe 30 (34, 38, 40, 44) (48, 50, 56, 60) x rundum wdh. Die Reihen, die nicht eurer Größe entsprechen, weglassen.

1 LM am Rundenanfang und die Runden unsichtbar schließen.

Maschenanzahl insgesamt:

R 1 und 3: - (-, -, -, -,) (-, -, 168, 180)

R 4 bis 7: - (-, -, 160, 176) (192, 200, 224, 240)

R 8 bis 10: 150 (170, 190, 200, 220) (240, 250, 280, 300)

R 11 bis 16: 180 (204, 228, 240, 264) (288, 300, 336, 360)

R 17 und 18: 210 (238, 266, 280, 308) (336, 350, 393, 420)

R 19 bis 22: 240 (272, 304, 320, 352) (384, 400, 448, 480)

R 23: 270 (306, 342, 360, 396) (432, 450, 504, 540)

R 24 bis 27: 270 (306, 342, 360, 396) (432, 450, 504, 540)

Ab R 28: 300 (340, 380, 400, 440) (480, 500, 560, 600)

## HS Schulterpasse 2 (Größen 1 bis 5)

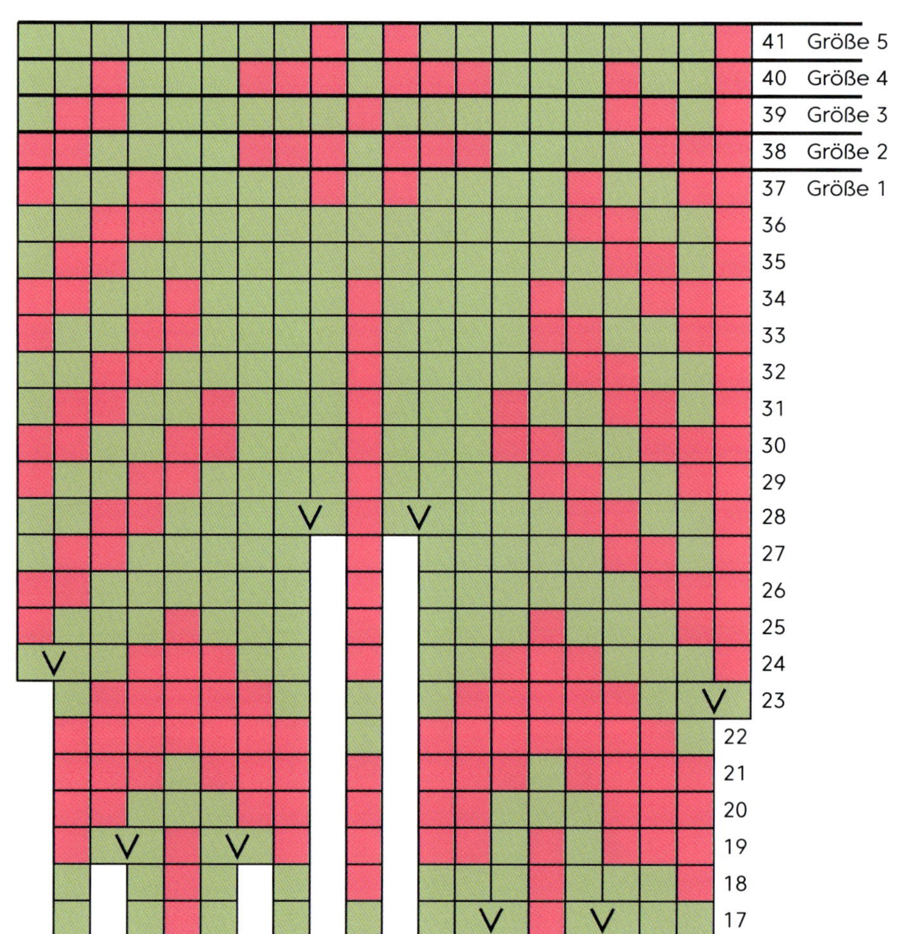

# HS Schulterpasse 2 (Größen 6 bis 9)

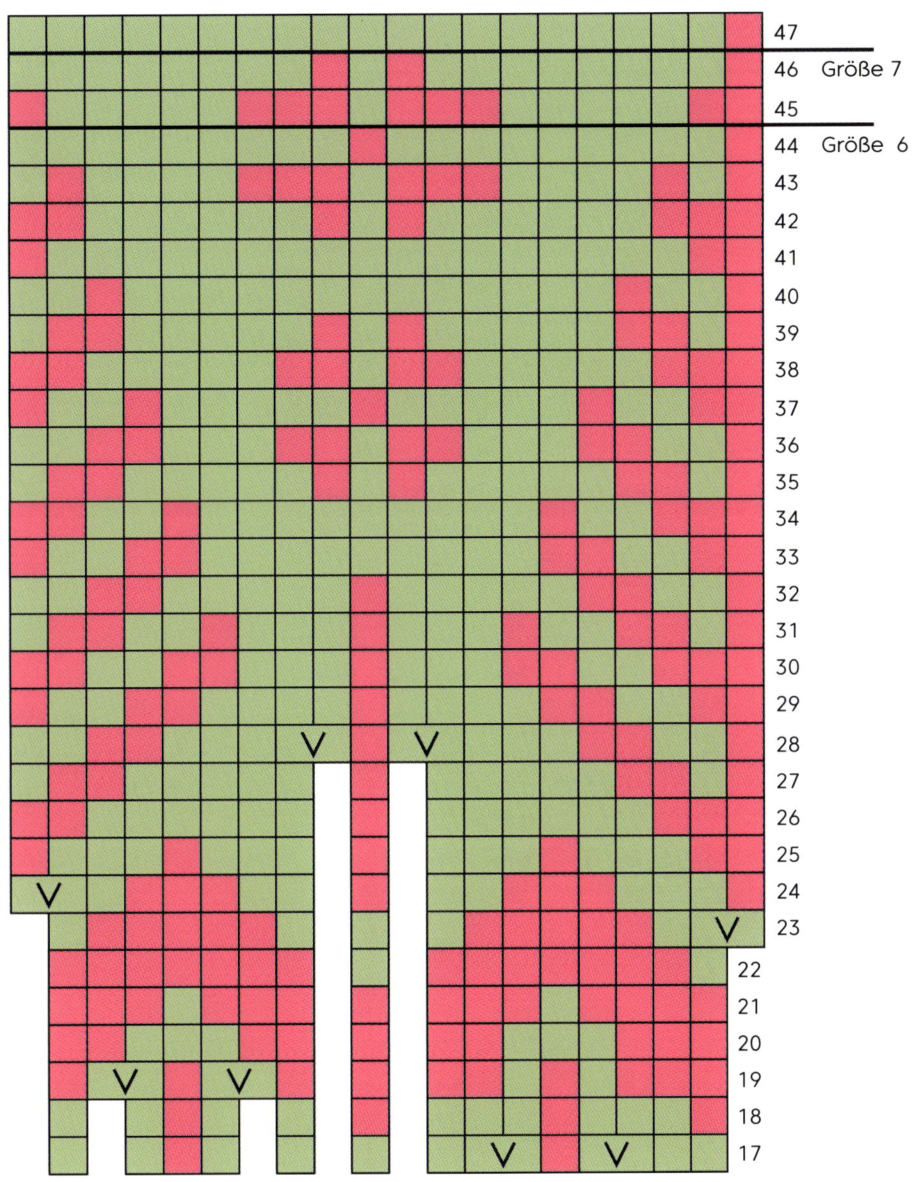


## LEGENDE

 A 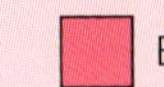 B **V** 2 EFM in 1 M (1 zug)

Häkelschrift von unten nach oben, von re nach li lesen. Jedes Kästchen = 1 erweiterte feste Masche (EFM).

Größen 1 bis 5: Jede R 15 (17, 19, 20, 22) x rundum wdh.

Größen 6 bis 9: Jede R (24, 25, 28, 30) x rundum wdh.

## HS Körper 1

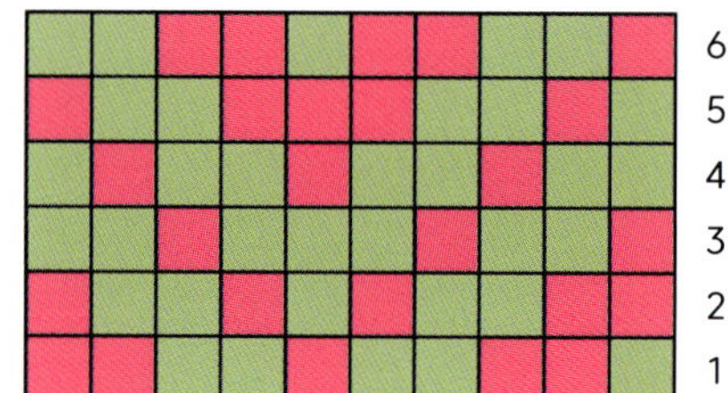

## HS Körper 2

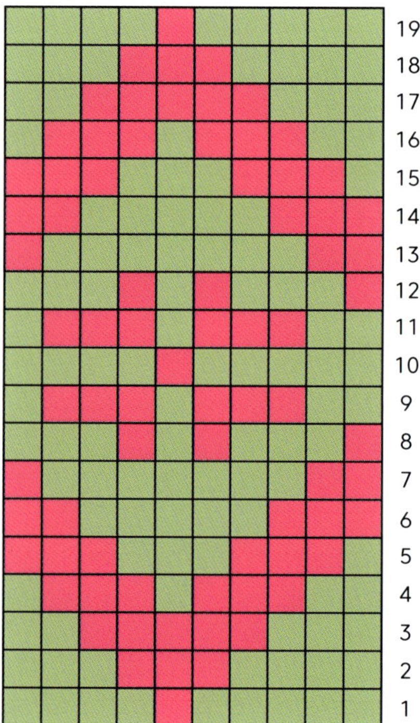

## KÖRPER

Die M-Anzahl bleibt unverändert. In Runden arbeiten, immer 1 LM am Rundenanfang und Runden unsichtbar schließen.

Nach Häkelschrift Körper 2 bei den M für Körper (außer den Achseln) arbeiten, falls noch nicht beendet.

In A 3 R einfache EFM (wenn ihr schon R ohne Muster in der Schulterpasse oder der Teilungs-Rde gehäkelt habt, zählt ihr diese mit).

Häkelschrift Körper 1, dann 3 R einfache EFM in A.

Häkelschrift Körper 2, dann 3 R einfache EFM in A.

Für einen Pulli in Cropped-Länge gleich mit dem Rippenbündchen fortfahren. Für einen Pulli in normaler Länge HS Körper 1 und 2 noch 1 x wdh, dazwischen 3 R einfache EFM in A, dann noch 3 R einfache EFM.

Um die Länge anzupassen, die Häkelschriften beliebig oft wdh und bei der gewünschten Länge ab Achsel aufhören, minus 4 cm Bündchen.

## RIPPENBÜNDCHEN

In A mit 3,5 mm Nadel 13 LM häkeln.

**R 1:** Ab der zweiten LM KM bis Ende der LM-Kette. Am Körper die erste M überspr und KM in die nächste M 12 M Rippenmuster

**R 2:** KM in die nächste M, wenden, 2 KM am Körper überspr, KM HMG bis R-Ende, wenden. 12 M

**R 3:** 1 LM, KM HMG bis R-Ende, KM in die nächste freie M am Körper. 12 M

R 2 und 3 an der unteren Kante des Körpers entlang wdh. An der RS die VMG der letzten R der Rippe und die Anfangs-LM der Rippe mit KM verbinden.

Arbeitsfaden verknoten und abschn.

## LEGENDE

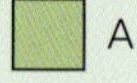 A 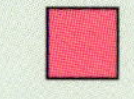 B

Häkelschriften von unten nach oben von re nach li lesen. Jedes Kästchen = 1 erweiterte feste Masche (EFM).

Jede Reihe rundum 19 (21, 23, 25, 28) (30, 32, 35, 38) x wdh.

# Ärmel

(je einen pro Armausschnitt)

Mit 3 mm Nadel A in der Mitte der Achsel aufnehmen und auf der VS in die Anfangs-LM-Kette arbeiten.

**Grund-Rde:** EFM bis zum Ende der Achsel, EFM um die Ärmelmaschen der Schulterpasse, EFM bis Rde-Ende, Rde mit KM in die erste M schließen. Etwa 65 (75, 89, 89, 98) (104, 112, 123, 132) M

**Anm.:** 2 EFM zus in den Ecken, wo Achsel und Schulterpasse zusammentreffen, ggf. Lücken schließen.

Falls HS Schulterpasse 2 vor der Teilungs-Rde nicht beendet war, Ärmel-M weiter nach Häkelschrift (nicht die Achsel-M), sodass das Muster weiter passt. HS Schulterpasse 2 bis zum Ende.

Anleitung im Voraus lesen, um Farbmuster und Form-Anleitung zu verstehen.

## FARBMUSTER

HS Schulterpasse 2 beenden (nicht unter der Achsel), falls noch nicht der Fall.

3 R einfache EFM in A; wenn bereits einfache R nach der Schulterpasse gehäkelt wurden, zählt ihr diese mit.

Häkelschrift S Körper 1, dann 3 R einfache EFM in A.

HS Körper 2, dann 3 R einfache EFM in A.

Der Absatz oben etabliert das Farbmuster.

**Anm.:** Die letzte Wdh passt vielleicht nicht ganz auf das Ärmelstück, wenn die M-Anzahl nicht durch 10 teilbar ist. Die Ungenauigkeit liegt unter der Achsel, wird also nicht zu sehen sein.

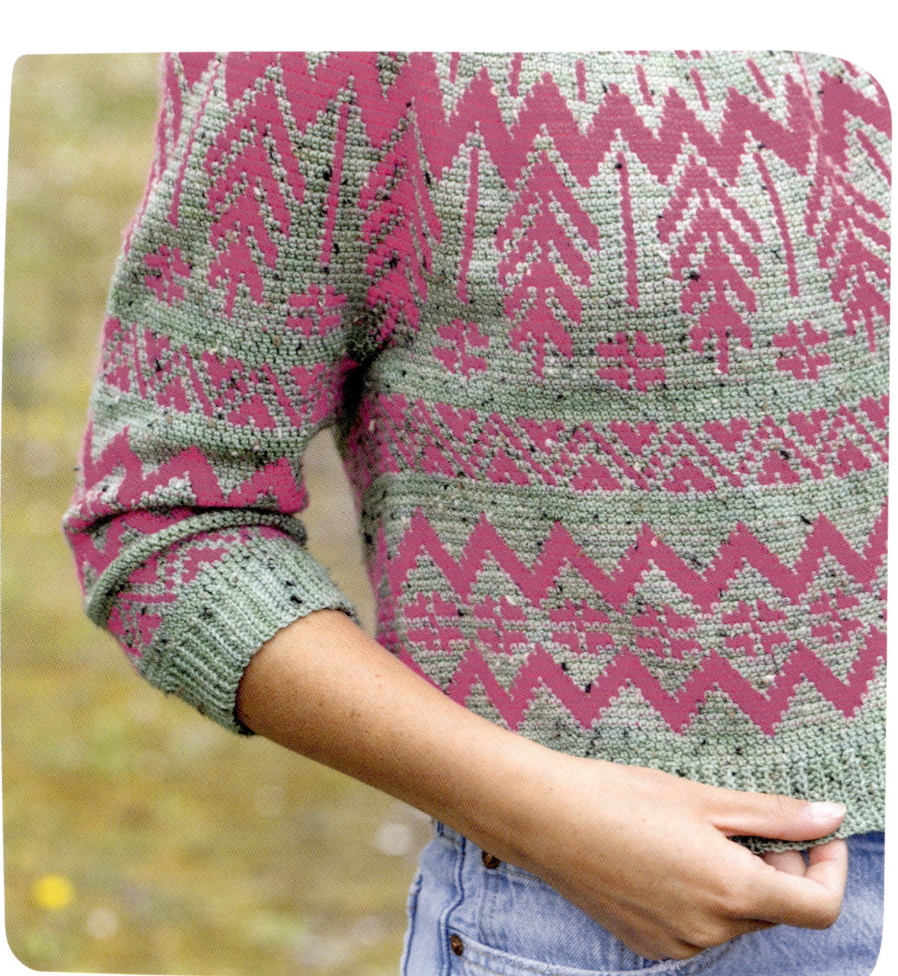

### FORM-ANLEITUNG

Mit dem Farbmuster fortfahren und GLEICHZEITIG Ärmel formen wie folgt:

6 cm Farbmuster, dann Abn-Rde.

**Abn-Rde:** 1 LM, 2 EFM zus, EFM rundum bis zu den letzten 2 M, 2 EFM zus, Rde mit KM in die erste M schließen. Darauf achten, dass das Muster zur Rde davor passt. 2 M abg

7 (4, 2, 2, 2) (1, 1, 1, 1) Rde Farbmuster wie angegeben.

Abn-Rde wdh.

Die Ärmel weiter formen, dabei dem Farbmuster folgen und Abn-Rde in jeder 8. (5., 3., 3., 3.) (2., 2., 2., 2.) Rde, bis der gewünschte Umfang erreicht ist oder bis etwa 3 (6, 9, 9, 10) (11, 13, 15, 17) Abn-Rde beendet sind, für Dreivierteärmel. Für lange Ärmel 7 (12, 18, 18, 21) (23, 26, 31, 35) Abn-Rde.

**Anm.:** Während der Wdh der Häkelschrift und den Abn-M am Anfang und der Abn-Runden wandert der Anfangspunkt der Häkelschrift: Nach der ersten Abn-Runde beginnt die Häkelschrift mit Masche 2 usw.

Farbmuster bis zur gewünschten Länge, minus 4 cm Rippenbündchen; etwa 25 cm für Dreiviertelärmel oder 37,5 (38,5, 38,5, 40, 40) (41, 41, 42,5, 42,5) cm für lange Ärmel.

## BÜNDCHEN

Rippenmuster wie unten am Körper.

# Fertigstellen

Alle Fäden vernähen und Pulli in den gewünschten Maßen dämpfen.

# Hygge-Jacke

*Hygge (dänisch) – ein Grad an Behaglichkeit und wohltuender Gastfreundlichkeit, der Zufriedenheit und Wohlbefinden verbreitet (und als zentrale Eigenschaft der dänischen Kultur gilt).*

Fertig-Maße befinden sich im Kapitel Projekt-Details

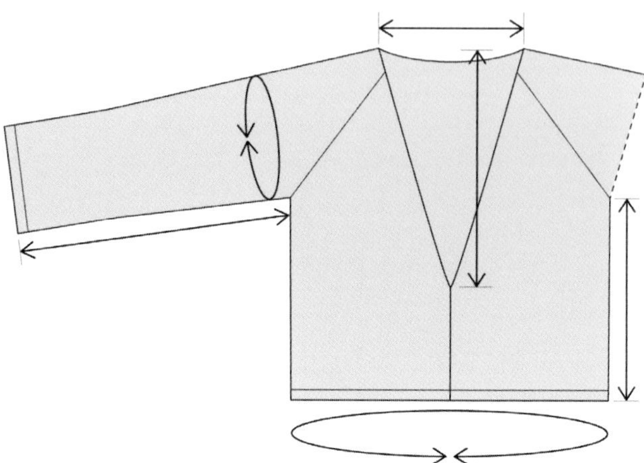

## GRÖSSEN

9 Größen (1 bis 9)

## GARN

Knit Picks Wool of Andes Tweed (80% Peruanische Wolle, 20% Donegal Tweed), Worsted (Aran), 50 g (100 m) in folgenden Farben:

**A:** Down Hear; 6 ¾ (7 ½, 8 ½, 9 ¾, 11 ½) (13, 14 ¼, 16, 17 ¾) Stränge

**B:** Flagstone Hear; 2 ½ (2 ¾, 3, 3, 3 ½) (3 ¾, 4, 4 ¼, 4 ½) Stränge

Knit Picks Wool of Andes (100% peruanische Wolle), Worsted (Aran), 50 g (100 m) in dieser Farbe:

**C:** Sapphire Hear; 2 (2¼, 2¼, 2½, 2¾) (3, 3½, 3½, 3½) Stränge

## UTENSILIEN

5 mm Häkelnadel

4 Maschenmarkierer

## MASCHENPROBE

15 M x 18 Reihen = 10 x 10 cm in FM mit 5 mm Häkelnadel.

## BESONDERE ABKÜRZUNGEN

**MSt,** Mosaikstäbchen: St in gleichfarbige M 3 R tiefer einst, vor den 2 R LM in der anderen Farbe

**KRM,** Krebsmasche: 1 LM, *Nadel in die nächste M zur re Seite einst, U, durch die M durchz, dabei die neue Schl li auf der Nadel behalten (näher an der Spitze, nicht am Griff), U mit Arbeitsfaden, durch 2 Schl auf der Nadel durchz; ab * bis zur letzten M der R wdh, KM in die letzte M der R

Diese Jacke verkörpert Gemütlichkeit und Bequemlichkeit; so etwas trägt man an einem kühlen Sommerabend mit Freunden oder wenn man an einem kühlen Morgen seine Familie knuddelt. Durch die einfache Raglanform und das Worsted- bzw. Aran-Garn kommt ihr schnell voran und bleibt motiviert; das Musterband an der unteren Kante und den Ärmeln ist ein perfekter Einstieg ins Mosaik-Häkeln. Das abgebildete Modell hat Cropped-Länge und Dreiviertelärmel, aber die Jacke funktioniert genauso gut in Tunika-Länge. Die Krebsmaschen-Bordüre hat eine sehr schöne, kordelartige Optik.

## ANMERKUNGEN

*Die Jacke wird von oben nach unten mit Raglanschultern gehäkelt. Die Passe hat 5 Teile: 2 VT, ein RT und 2 Ärmel. Zunahmen werden an den 4 Raglan-Ecken zwischen den Teilen vorgenommen sowie am Revers. Ist die Passe fertig, teilt man Körper und Ärmel ab und fügt unten ein Mosaikmuster an (s. Farbmuster-Techniken: Mosaik-Häkeln, Standard-Mosaik-Häkeln). Eine Bordüre aus KRM bildet den Abschluss. Die weiten Ärmel werden ohne Ab- oder Zunahmen in Runden in die Öffnungen nach der Passe gehäkelt. Für ein einheitliches Maschenbild wird die Arbeit nach jeder Runde gewendet. Auch an den Ärmeln das Mosaikmuster häkeln. Das Revers bekommt ein geripptes Bündchen.*

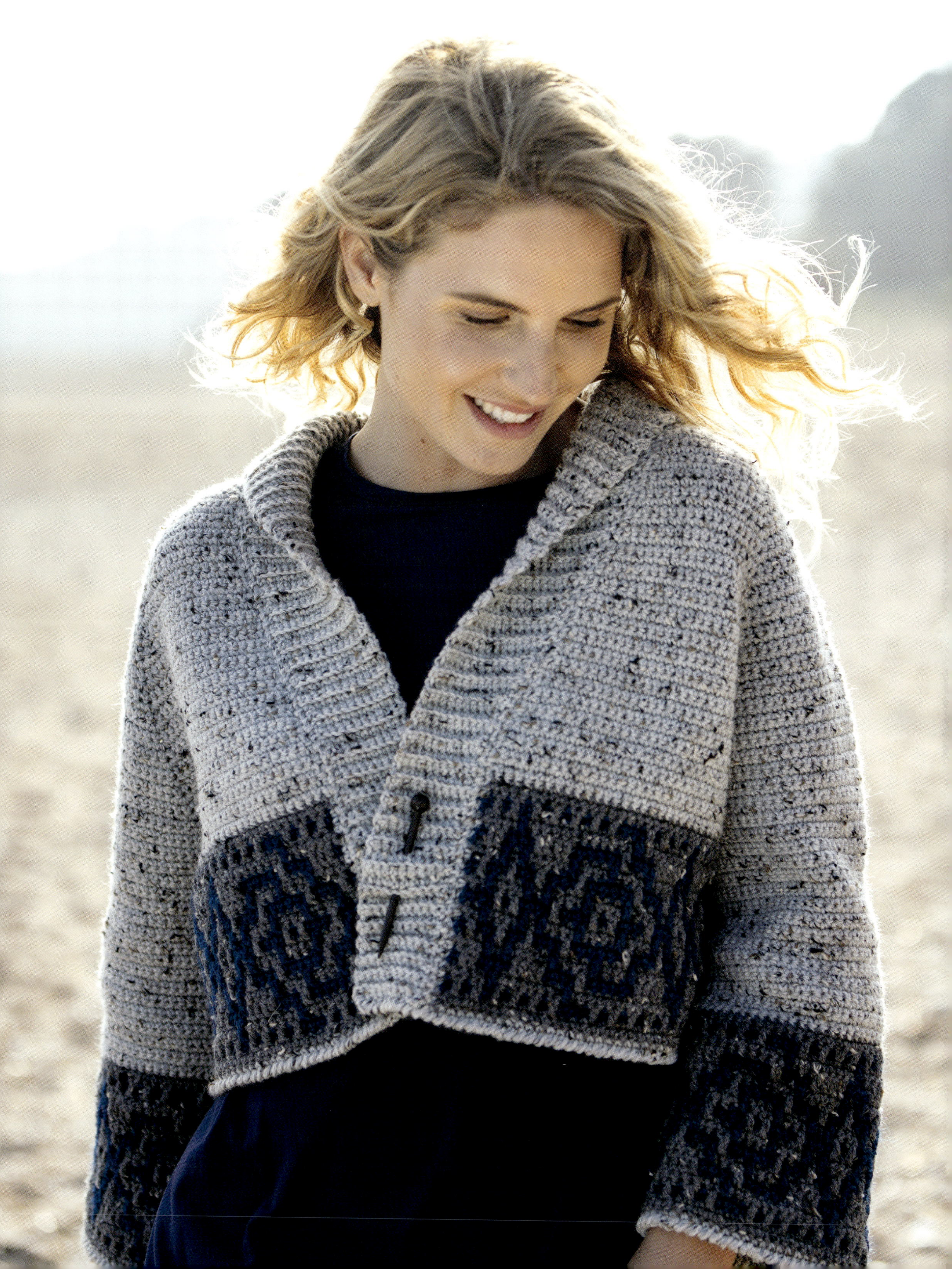

# Passe

In A 44 (40, 36, 40, 44) (50, 54, 60, 54) LM häkeln.

**R 1:** 3 FM in die zweite LM, MM in die mittlere Zun (Raglan-MM 1), 11 (6, 4, 4, 4) (6, 8, 9, 4) FM, 3 FM in die nächste LM, MM in die mittlere Zun (Raglan-MM 2), 17 (23, 23, 27, 31) (33, 33, 37, 41) FM, 2 FM in die nächste LM, MM in die mittlere Zun (Raglan-MM 3), 11 (6, 4, 4, 4) (6, 8, 9, 4) FM, 3 FM in die nächste LM, MM in die mittlere Zun (Raglan-MM 4), wenden. 51 (47, 43, 47, 51) (57, 61, 67, 61) M = 1 M an beiden VT, 19 (25, 25, 29, 33) (35, 35, 39, 43) M am RT, 13 (8, 6, 6, 6) (8, 10, 11, 6) M an beiden Ärmeln, 4 Raglan-M

Ab jetzt gibt es 4 Arten von R in der Passe. Nach der Tabelle und der Anleitung für die einzelnen R arbeiten.

**Raglan Zun-R (R):** 1 LM (zählt durchgehend nicht als M), *FM bis MM, 2 zun in die markierte M, MM in die mittlere Zun; ab * noch 3 x wdh, FM bis R-Ende, wenden. 8 M zug

**Raglan und Hals Zun-R (R+H):** 1 LM (zählt durchgehend nicht als M), 1 zun in die erste M, *FM bis MM, 2 zun in die markierte M, MM in die mittlere Zun; ab * noch 3 x wdh, FM bis zur letzten M, 1 zun in die letzte M der R, wenden. 10 M zug

**Hals Zun-R (H):** 1 LM, 1 zun in die erste M, FM bis zur letzten M, alle MM nach oben, 1 Zun in der letzten M der R, wenden. 2 M zug

**R ohne Zun (O/Z):** 1 LM, FM in alle M der R, alle MM nach oben, wenden.

## PASSE NACH DIESER TABELLE

Arbeitet entsprechend eurer Größe nach der Tabelle und den Anleitungen für die verschiedenen Reihen. Die Zahlen rechts von jeder Reihe bezeichnen die Maschenanzahl. Reihe 1 der Tabelle = Reihe 1 der Anleitung.

| | GRÖSSE 1 | GRÖSSE 2 | GRÖSSE 3 | GRÖSSE 4 | GRÖSSE 5 | GRÖSSE 6 | GRÖSSE 7 | GRÖSSE 8 | GRÖSSE 9 |
|---|---|---|---|---|---|---|---|---|---|
| Reihe 1 | R 51 | R 47 | R 43 | R 47 | R 51 | R 57 | R 61 | R 67 | R 61 |
| Reihe 2 | R 59 | R 55 | R 51 | R 55 | R+H 61 | R+H 67 | R 69 | R 75 | R 69 |
| Reihe 3 | R 67 | R 63 | R+H 61 | R 63 | R 69 | R 75 | R 77 | R 83 | R 77 |
| Reihe 4 | O/Z 67 | O/Z 63 | O/Z 61 | R+H 73 | O/Z 69 | O/Z 75 | O/Z 77 | H 85 | H 79 |
| Reihe 5 | R+H 77 | R+H 73 | R 69 | R 81 | R 77 | R 83 | R+H 87 | R 93 | R 87 |
| Reihe 6 | R 85 | R 81 | R+H 79 | O/Z 81 | R+H 87 | R+H 93 | R 95 | R 101 | R 95 |
| Reihe 7 | R 93 | R 89 | R 87 | R 89 | R 95 | R 101 | R 103 | R+H 111 | R+H 105 |
| Reihe 8 | O/Z 93 | O/Z 89 | O/Z 87 | R+H 99 | O/Z 95 | O/Z 101 | H 105 | O/Z 111 | O/Z 105 |
| Reihe 9 | R 101 | R 97 | R+H 97 | R 107 | R 103 | R 109 | R 113 | R 119 | R 113 |
| Reihe 10 | R 109 | R+H 107 | R 105 | O/Z 107 | R+H 113 | R+H 119 | R 121 | R+H 129 | R+H 123 |
| Reihe 11 | R 117 | R 115 | R 113 | R 115 | R 121 | R 127 | R 129 | R 137 | R 131 |
| Reihe 12 | H 119 | O/Z 115 | H 115 | R+H 125 | O/Z 121 | O/Z 127 | H 131 | O/Z 137 | O/Z 131 |
| Reihe 13 | R 127 | R 123 | R 123 | R 133 | R 129 | R 135 | R 139 | R+H 147 | R+H 141 |
| Reihe 14 | O/Z 127 | R 131 | O/Z 123 | O/Z 133 | R+H 139 | R+H 145 | R 147 | R 155 | R 149 |
| Reihe 15 | R 135 | R+H 141 | R+H 133 | R 141 | R 147 | R 153 | R+H 157 | R 163 | R 157 |
| Reihe 16 | O/Z 135 | O/Z 141 | O/Z 133 | H 143 | O/Z 147 | O/Z 153 | O/Z 157 | H 165 | H 159 |
| Reihe 17 | R 143 | R 149 | R 141 | R 151 | R 155 | R 161 | R 165 | R 173 | R 167 |
| Reihe 18 | O/Z 143 | O/Z 149 | H 143 | O/Z 151 | R+H 165 | R+H 171 | R+H 175 | R 181 | R 175 |
| Reihe 19 | R 151 | R 157 | R 151 | R 159 | R 173 | R 179 | R 183 | R+H 191 | R+H 185 |
| Reihe 20 | R+H 161 | H 159 | O/Z 151 | H 161 | O/Z 173 | O/Z 179 | O/Z 183 | O/Z 191 | O/Z 185 |

| | GRÖSSE 1 | GRÖSSE 2 | GRÖSSE 3 | GRÖSSE 4 | GRÖSSE 5 | GRÖSSE 6 | GRÖSSE 7 | GRÖSSE 8 | GRÖSSE 9 |
|---|---|---|---|---|---|---|---|---|---|
| Reihe 21 | R 169 | R 167 | R+H 161 | R 169 | R 181 | R 187 | R+H 193 | R 199 | R 193 |
| Reihe 22 | O/Z 169 | O/Z 167 | O/Z 161 | O/Z 169 | R+H 191 | R+H 197 | R 201 | R+H 209 | R+H 203 |
| Reihe 23 | R 177 | R 175 | R 169 | R 177 | R 199 | R 205 | R 209 | R 217 | R 211 |
| Reihe 24 | O/Z 177 | O/Z 175 | H 171 | H 179 | O/Z 199 | O/Z 205 | H 211 | O/Z 217 | O/Z 211 |
| Reihe 25 | R 185 | R+H 185 | R 179 | R 187 | R 207 | R 213 | R 219 | R+H 227 | R+H 221 |
| Reihe 26 | H 187 | O/Z 185 | O/Z 179 | O/Z 187 | H 209 | H 215 | R 227 | R 235 | R 229 |
| Reihe 27 | R 195 | R 193 | R+H 189 | R 195 | R 217 | R 223 | R+H 237 | R 243 | R 237 |
| Reihe 28 | O/Z 195 | O/Z 193 | O/Z 189 | H 197 | O/Z 217 | O/Z 223 | O/Z 237 | H 245 | H 239 |
| Reihe 29 | R 203 | R 201 | R 197 | R 205 | R 225 | R 231 | R 245 | R 253 | R 247 |
| Reihe 30 | O/Z 203 | H 203 | H 199 | O/Z 205 | H 227 | H 233 | H 247 | R 261 | R 255 |
| Reihe 31 | R 211 | R 211 | R 207 | R 213 | R 235 | R 241 | R 255 | R+H 271 | R+H 265 |
| Reihe 32 | H 213 | O/Z 211 | O/Z 207 | H 215 | O/Z 235 | O/Z 241 | O/Z 255 | O/Z 271 | O/Z 265 |
| Reihe 33 | O/Z 213 | R 219 | R+H 217 | R 223 | R 243 | R 249 | R+H 265 | R 279 | R 273 |
| Reihe 34 | | O/Z 219 | O/Z 217 | O/Z 223 | H 245 | H 251 | O/Z 265 | H 281 | H 275 |
| Reihe 35 | | R+H 229 | R 225 | R 231 | R 253 | R 259 | R 273 | R 289 | R 283 |
| Reihe 36 | | O/Z 229 | O/Z 225 | H 233 | O/Z 253 | O/Z 259 | H 275 | O/Z 289 | O/Z 283 |
| Reihe 37 | | | R 233 | R 241 | R 261 | R 267 | R 283 | R+H 299 | R+H 293 |
| Reihe 38 | | | O/Z 233 | O/Z 241 | H 263 | H 269 | O/Z 283 | O/Z 299 | O/Z 293 |
| Reihe 39 | | | R 241 | R 249 | R 271 | R 277 | R+H 293 | R 307 | R 301 |
| Reihe 40 | | | O/Z 241 | H 251 | O/Z 271 | O/Z 277 | O/Z 293 | H 309 | H 303 |
| Reihe 41 | | | | R 259 | R+H 281 | R 285 | R 301 | R 317 | R 311 |
| Reihe 42 | | | | R 267 | O/Z 281 | H 287 | H 303 | O/Z 317 | O/Z 311 |
| Reihe 43 | | | | O/Z 267 | R 289 | R 295 | R 311 | R+H 327 | R+H 321 |
| Reihe 44 | | | | | H 291 | O/Z 295 | O/Z 311 | O/Z 327 | O/Z 321 |
| Reihe 45 | | | | | R 299 | R 303 | R+H 321 | R 335 | R 329 |
| Reihe 46 | | | | | O/Z 299 | H 305 | O/Z 321 | O/Z 335 | H 331 |
| Reihe 47 | | | | | | R 313 | R 329 | R 343 | R 339 |
| Reihe 48 | | | | | | O/Z 313 | O/Z 329 | O/Z 343 | O/Z 339 |
| Reihe 49 | | | | | | R 321 | R 337 | R 351 | R+H 349 |
| Reihe 50 | | | | | | O/Z 321 | O/Z 337 | O/Z 351 | O/Z 349 |
| Reihe 51 | | | | | | | R 345 | R 359 | R 357 |
| Reihe 52 | | | | | | | O/Z 345 | O/Z 359 | H 359 |
| Reihe 53 | | | | | | | O/Z 345 | R 367 | R 367 |
| Reihe 54 | | | | | | | | O/Z 367 | O/Z 367 |
| Reihe 55 | | | | | | | | O/Z 367 | R 375 |
| Reihe 56 | | | | | | | | | O/Z 375 |
| Reihe 57 | | | | | | | | | R 383 |
| Reihe 58 | | | | | | | | | O/Z 383 |
| Reihe 59 | | | | | | | | | O/Z 383 |

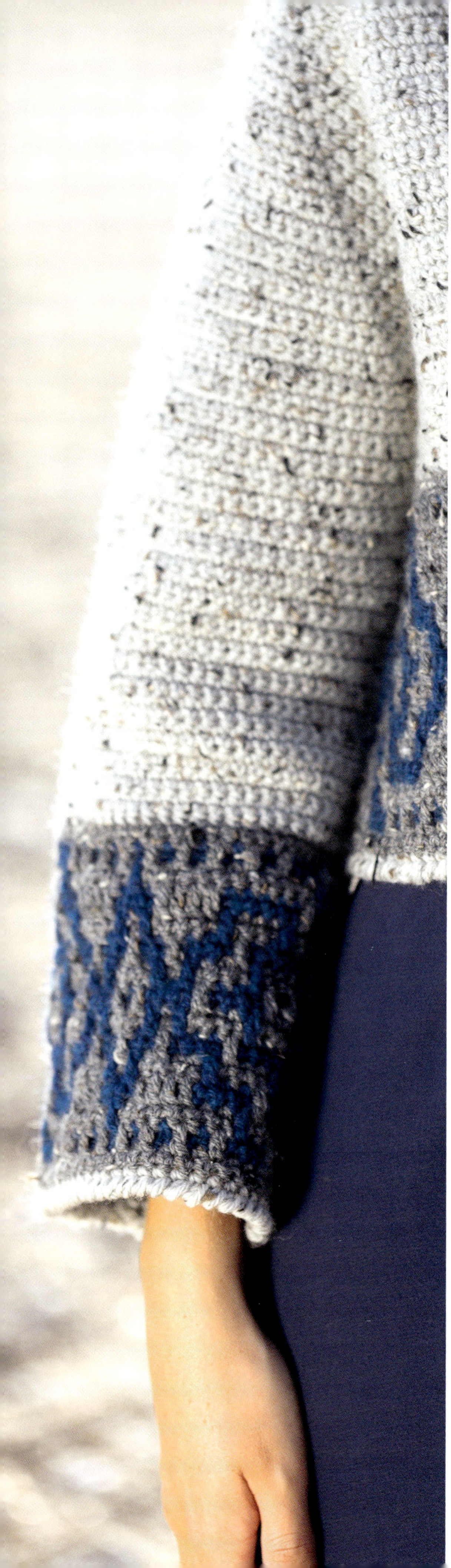

# Häkelschrift 1

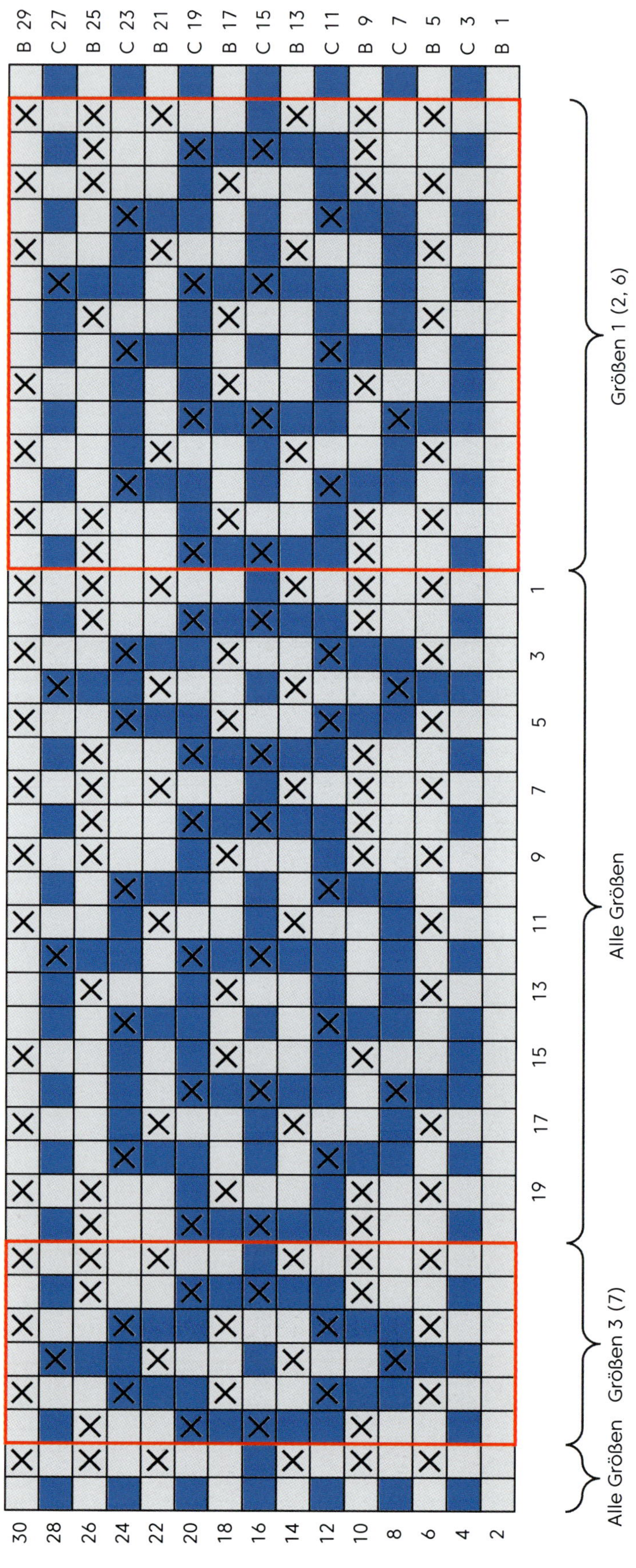

B 29 C 27 B 25 C 23 B 21 C 19 B 17 C 15 B 13 C 11 B 9 C 7 B 5 C 3 B 1

Größen 1 (2, 6)

1 3 5 7 9 11 13 15 17 19

Alle Größen

Größen 3 (7)

Alle Größen

30 28 26 24 22 20 18 16 14 12 10 8 6 4 2

# Häkelschrift 2

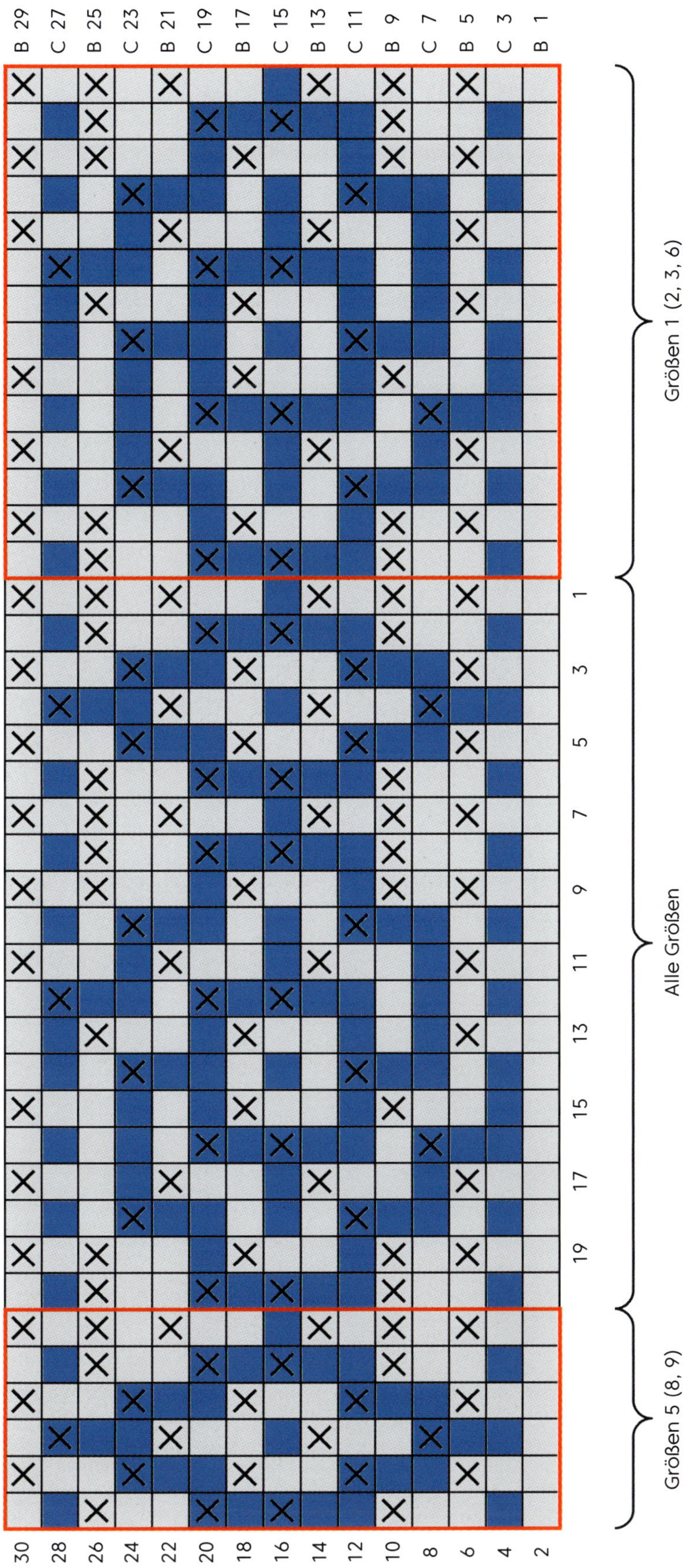

B 29 · C 27 · B 25 · C 23 · B 21 · C 19 · B 17 · C 15 · B 13 · C 11 · B 9 · C 7 · B 5 · C 3 · B 1

Größen 1 (2, 3, 6)

Alle Größen

Größen 5 (8, 9)

1 · 3 · 5 · 7 · 9 · 11 · 13 · 15 · 17 · 19

30 · 28 · 26 · 24 · 22 · 20 · 18 · 16 · 14 · 12 · 10 · 8 · 6 · 4 · 2

## LEGENDE

B 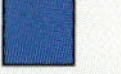 C

X Mosaikstäbchen (MSt)

Diese Häkelschriften werden um 90 ° im Uhrzeigersinn gedreht.

Von unten nach oben, von re nach li in den VS-Reihen von li nach re in den RS-Reihen. Jedes Kästchen = 1 M und jede Reihe in der Häkelschrift = 2 gehäkelte Reihen, 1 LM an jedem Reihenanfang.

Häkelschrift 2: Runden unsichtbar schließen und am Rundenende wenden.

Häkelschriften nach allen Regeln des Standard-Mosaik-Häkelns (s. Farbmuster-Techniken: Mosaik-Häkeln).

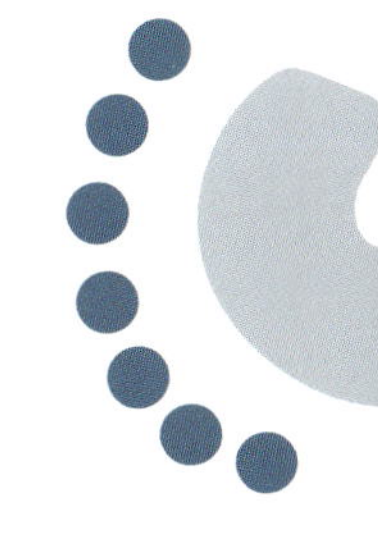

## KÖRPER

Die Passe hat jetzt 213 (229, 241, 267, 299) (321, 345, 367, 383) M; je 26 (30, 35, 37, 42) (44, 48, 50, 55) M an beiden VT, inkl der markierten Raglan-M 1 und 4; je 51 (50, 50, 56, 62) (68, 74, 79, 78) M an den Ärmeln zwischen den MM; und 59 (69, 71, 81, 91) (97, 101, 109, 117) M am RT, inkl der markierten Raglan-M 2 und 3.

**Anm.:** Vor der Teilungs-R die Passe anprobieren und die Länge ggf ändern, bis sie optimal sitzt. Je nach Wunsch mehr oder weniger O/Z-Reihen häkeln.

Teilungs-Rde Körper und Ärmel: 1 LM, FM bis einschl MM, 3 (4, 4, 4, 4) (6, 6, 7, 8) LM für die Achsel, die Ärmel-M zwischen den MM überspr, FM ab dem nächsten MM bis zum nächsten MM für das RT, inkl der markierten M, 3 (4, 4, 4, 4) (6, 6, 7, 8) LM für die Achsel, Ärmel-M zw den MM überspr, FM ab der markierten M bis R-Ende, wenden. 117 (137, 149, 163, 183) (197, 209, 223 243) M inkl Achsel-LM-Kette. Alle MM entfernen.

**Nächste R:** 1 LM, FM rund um VT/RT, inkl. LM-Kette unter der Achsel, wenden. 117 (137, 149, 163, 183) (197, 209, 223 243) M

Noch 2 R FM um den Körper oder bis zur gewünschten Länge minus 18 cm für Musterband und Bordüre.

Bisher sehen VS und RS identisch aus; in der R davor wird die RS festgelegt, damit die nächste R an der VS ist.

An der letzten M der Vorreihe Farbwechsel zu B und Häkelschrift 1 an der Unterkante des Körpers entlang.

A verknoten und abschn.

### NUR GRÖSSEN 1 (2, 6)

Die Häkelschrift für 20 M 5 (6, 9) x wdh. Den zweiten roten Kasten weglassen.

### NUR GRÖSSEN 3 (7)

Den ersten roten Kasten weglassen, Häkelschrift für 20 M 7 (10) x wdh.

### NUR GRÖSSEN 4 (5, 8, 9)

Beide roten Kästen weglassen, Häkelschrift für 20 M 8 (9, 11, 12) x wdh.

### ALLE GRÖSSEN

Wenn die Häkelschrift beendet ist, Farbwechsel zu A. B und C verknoten und abschn.

## BORDÜRE

R 1 (VS): 1 LM, FM bis R-Ende.

Arbeitsfaden verknoten und abschn.

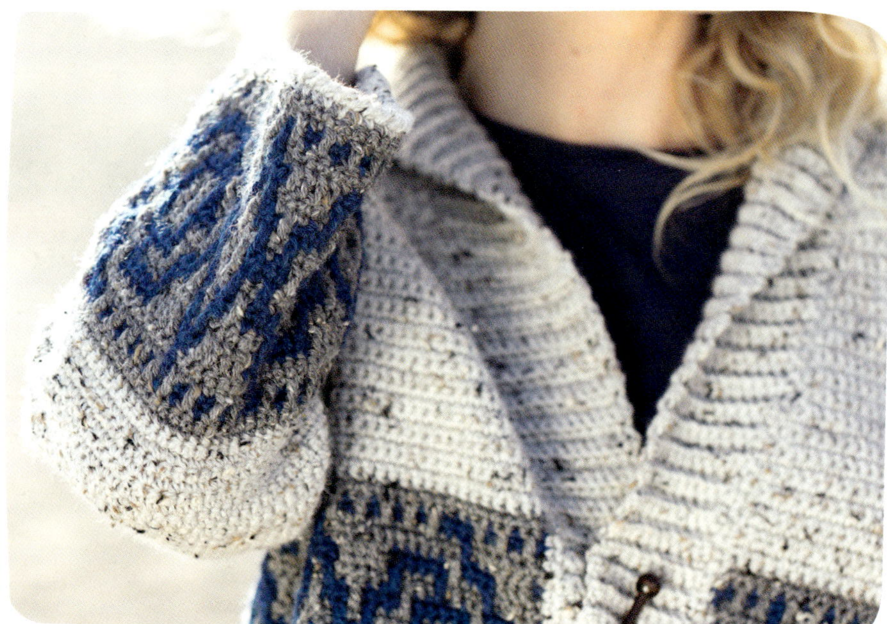

# Ärmel

(je einen pro Armausschnitt)

Weiter in A in der Mitte der Achsel.

Wenn die letzte R der Passe an der VS war, die nächste R an der RS arbeiten und umgekehrt.

**Grund-Rde:** FM bis zum Ende der Achsel, rund um das Stück Ärmel an der Passe und bis zum Rde-Ende, Rde mit KM in die erste M schließen, wenden. 54 (54, 54, 60, 66) (74, 80, 86, 86) M

**Anm.:** 2 FM zus in den Ecken, wo Achsel und Passe zusammentreffen, um ggf Lücken zu schließen – M-Anzahl prüfen.

Ab jetzt immer am Rde-Ende wenden. Rde unsichtbar schließen (s. Allgemeine Techniken: Runden unsichtbar schließen).

Über die nächsten 16 cm oder bis zur Wunschlänge FM-Runde, minus 18 cm für Musterband und Bordüre. An der RS aufhören. Häkelschrift in der nächsten R an der VS beginnen.

A verknoten und abschn, bei der letzten M der Vorreihe Farbwechsel zu B. Ärmel nach Häkelschrift 2.

### NUR GRÖSSEN 1 (2, 3, 6)

Häkelschrift über 20 M 2 (2, 2, 3) x wdh, den zweiten roten Kasten weglassen.

### NUR GRÖSSEN 4 (7)

Beide roten Kästen weglassen, Häkelschrift über 20 M 3 (4) x wdh.

### NUR GRÖSSEN 5 (8, 9)

Den ersten roten Kasten weglassen, Häkelschrift über 20 M 3 (4, 4) x wdh.

### ALLE GRÖSSEN

Wenn Häkelschrift 2 beendet ist, Farbwechsel zu A. B und C verknoten und abschn.

## BORDÜRE

**R 1 (VS):** 1 LM, FM bis Rde-Ende, Rde mit KM in die erste M schließen, nicht wenden.

**R 2:** 1 LM, KRM bis Rde-Ende.

Faden abschn, dabei das Ende zum Vernähen hängen lassen.

## REVERS BÜNDCHEN

Die Raglan-Zun am RT zu beiden Seiten der Anfangs-LM suchen (Raglan-MM 2 und 3 in R 1), MM in beide LM. In der re unteren Ecke in A an der VS des VT anfangen, senkrecht an der Kante des VT entlang arbeiten. 1 LM, FM entlang des VT, etwa 2 M alle 4 R bis zum ersten MM des RT, 2 FM zus an der markierten M und der nächsten M, FM an der Kante des Ausschnitts entlang bis 1 M vor dem nächsten MM am RT, 2 FM zus, FM bis zur unteren Ecke am VT. Alle MM entfernen.

**Anm.:** Die genaue M-Anzahl ist in dieser R unwichtig. Das Material soll nicht zu eng und nicht zu locker sein, damit sich das Rippenmuster nicht verzieht. Die VT sollen nicht länger werden als der Rest der Jacke.

MM am Anfang und Ende der LM-Kette (wo Raglan-MM 1 und 4 in R 1 waren) und etwa an der Stelle, wo der geformte Teil des Ausschnitts an beiden Seiten endet (tiefster Punkt am Revers). Gleiche M-Anzahl zwischen den MM an beiden VT.

## RIPPENMUSTER REVERS

An der Stelle der Kante in der li unteren Ecke des VT weiterarbeiten, an der ihr aufgehört habt, 11 LM.

**R 1:** In der zweiten LM beginnen, FM bis Ende der LM-Kette. Am VT die erste M der R überspr und KM in die nächste M. 10 Rippen-M

**R 2:** KM in die nächste M, wenden, 2 KM am VT überspr, FM HMG bis R-Ende, wenden. 10 M

**R 3:** 1 LM, FM HMG bis R-Ende, KM in die nächste ungehäkelte M am VT. 10 M

R 2 und 3 entlang der Kante des VT bis zum ersten MM, mit R 2 beenden.

Zun bei den Rippen-M beginnen.

**R 1:** 1 LM, FM HMG bis zur vorletzten M der R, 2 FM HMG in die letzte M, KM in die nächste ungehäkelte M am VT. 11 M – 1 M zug

**R 2:** KM in die nächste M, wenden, 2 KM am VT überspr, FM HMG bis R-Ende, wenden. 11 M

**R 3:** 1 LM, FM HMG bis R-Ende, KM in die nächste ungehäkelte M am VT. 11 M

**R 4:** KM in die nächste M, wenden, 2 KM am VT überspr, FM HMG bis R-Ende, wenden. 11 M

Die letzten 4 R am Ausschnitt entlang wdh, mit R 2 oder 4 beenden, alle 4 R je 1 Rippen-M zun bis zum nächsten MM oben am Ausschnitt. Die Anzahl der Rippen-M hängt von der Anzahl der M zwischen dem 1. und 2. MM ab.

Jetzt keine weiteren Rippen-M zun, sondern die Arbeitsweise verändern. 2 R Rippen pro R am Ausschnitt wie folgt:

**R 1:** 1 LM, FM HMG bis zur letzten M der R, KM in die nächste ungehäkelte M des VT, wenden.

**R 2:** KM am VT überspr, FM HMG bis R-Ende, wenden.

Die letzten 2 R wdh bis zum nächsten MM an der anderen Seite des Ausschnitts.

Abn an den Rippen beginnen und wieder 2 R Rippen pro 2 R an der Kante.

**Reihe 1:** 1 LM, FM HMG bis zu den letzten 2 M am R-Ende, 2 FM zus in die letzten 2 M, KM in die nächste ungehäkelte M am VT. 1 M abg

**R 2:** KM in die nächste M, wenden, 2 KM am VT überspr, FM HMG bis R-Ende, wenden.

**R 3:** 1 LM, FM HMG bis R-Ende, KM in die nächste ungehäkelte M am VT.

**R 4:** KM in die nächste M, wenden, 2 KM am VT überspr, FM HMG bis R-Ende, wenden.

Die letzten 4 R am Ausschnitt wdh, 1 Rippen-M alle 4 R abn bis zum nächsten MM am unteren Ende des Revers. Mit 10 Rippen-M in R 2 oder 4 beenden.

Abn beenden und in den nächsten 2 R Rippen-M häkeln:

**R 1:** 1 LM, FM HMG bis R-Ende, KM in die nächste ungehäkelte M am VT. 10 M

**R 2:** KM in die nächste M, wenden, 2 KM am VT überspr, FM HMG bis R-Ende, wenden. 10 M

Die letzten 2 R bis zur Unterkante des VT wdh. Arbeitsfaden verknoten und abschn.

## BORDÜRE UNTEN

An der VS Farbe A am unteren re Ecke des VT aufnehmen, 1 LM, KRM bis zur vorletzten M des VT, KM in die letzte M. Arbeitsfaden verknoten und abschn.

## Fertigstellen

Alle Fäden vernähen und die Jacke in den gewünschten Maßen dämpfen.

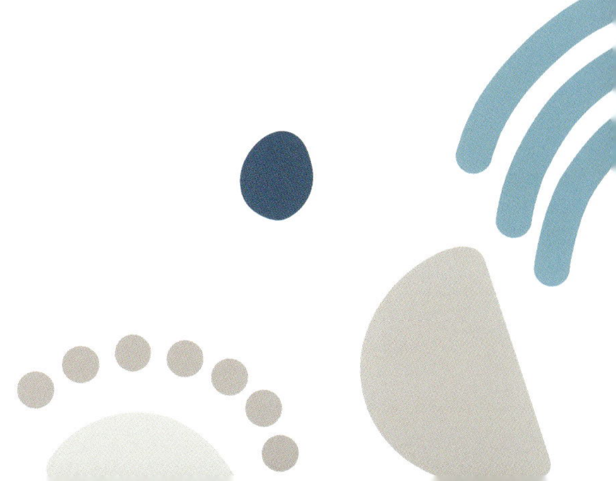

# Fernweh-Tanktop

*Fernweh (deutsch) – bezeichnet eine Sehnsucht nach der Ferne, Heimweh nach dem Reisen.*

Fertig-Maße befinden sich im Kapitel Projekt-Details

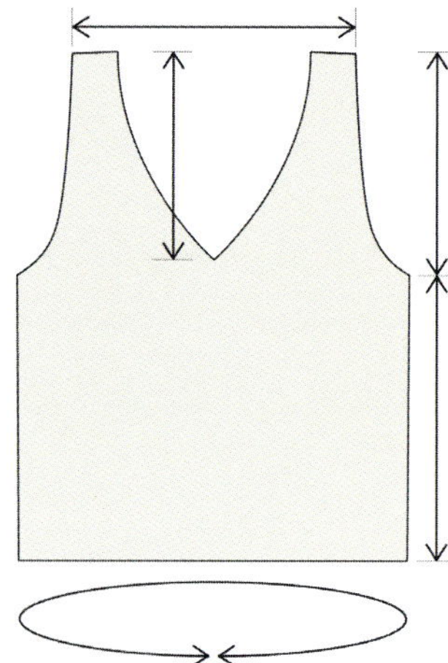

Ich liebe dieses Wort, denn seine Bedeutung ist mir allzu vertraut. Das Fernweh-Tanktop lässt uns an ferne Länder denken, die wir noch entdecken werden. Es ist eine Verbindung zu etwas Neuem, anderem; aber es dient auch als Brücke zwischen unserem Zuhause und unseren Herzen, zu den Abenteuern, die die Person erwartet, die das Stück trägt. VT und RT haben beide ein Mosaikmuster, das zwar repetitiv ist, aber den Prozess interessant hält. Die leuchtende Bordüre macht den monochromen Hintergrund fröhlicher.

## GRÖSSEN

9 Größen (1 bis 9)

## GARN

Knit Picks Lindy Chain (70% Leinen, 30% Pima-Baumwolle), Fingering (2-fädig), 50 g (164 m), in folgenden Farben:

**A:** Black; 1¼ (2, 2, ½, 3½) (3¾, 4, 5½, 5½) Knäuel

**B:** Linen; 1¼ (2, 2, 2½, 3½) (3¾, 4, 5½, 5½) Knäuel

**C:** Serrano; ¼ (¼, ¼, ¼, ¼) (¼, ¼, ¼, ¼) Knäuel

## UTENSILIEN

4 mm Häkelnadel

4,5 mm Häkelnadel

5 Maschenmarkierer

## MASCHENPROBE

18 M x 24 Reihen = 10 x 10 cm in Standard-Mosaik-Technik mit einer 4 mm Häkelnadel.

## BESONDERE ABKÜRZUNG

**MSt,** Mosaikstäbchen: St in die überspr M der gleichen Farbe 3 Reihen tiefer, in die VMG der dazw liegenden Reihen LM in der anderen Farbe

## ANMERKUNGEN

*Das Fernweh-Tanktop besteht aus zwei identischen Teilen. Sie werden von unten nach oben nach Häkelschrift gearbeitet (s. Farbmuster-Techniken: Mosaik-Häkeln, Standard-Mosaik-Häkeln).*

*Bevor ihr anfangt, entscheidet, wie lang es werden soll, und vergleicht das mit der geringsten Länge in der Tabelle in den Projekt-Details. Dann arbeitet ihr nach der entsprechenden Anleitung, je nachdem, ob ihr es länger oder kürzer haben möchtet. Wenn die Teile bis zur Achsel gehen, werden diese mit Abnahmen an beiden Seiten geformt. Der V-Ausschnitt beginnt mit Abnahmen an der Innenseite des Ausschnitts bis zur endgültigen Breite des Trägers. Eine Seite des Ausschnitts ist gestreift, die andere führt das Muster in der Häkelschrift weiter. Wenn beide Teile fertig sind, werden sie an den Seiten und an den Trägern zusammengenäht. Ausschnitt und Achseln bekommen eine farbige Bordüre*

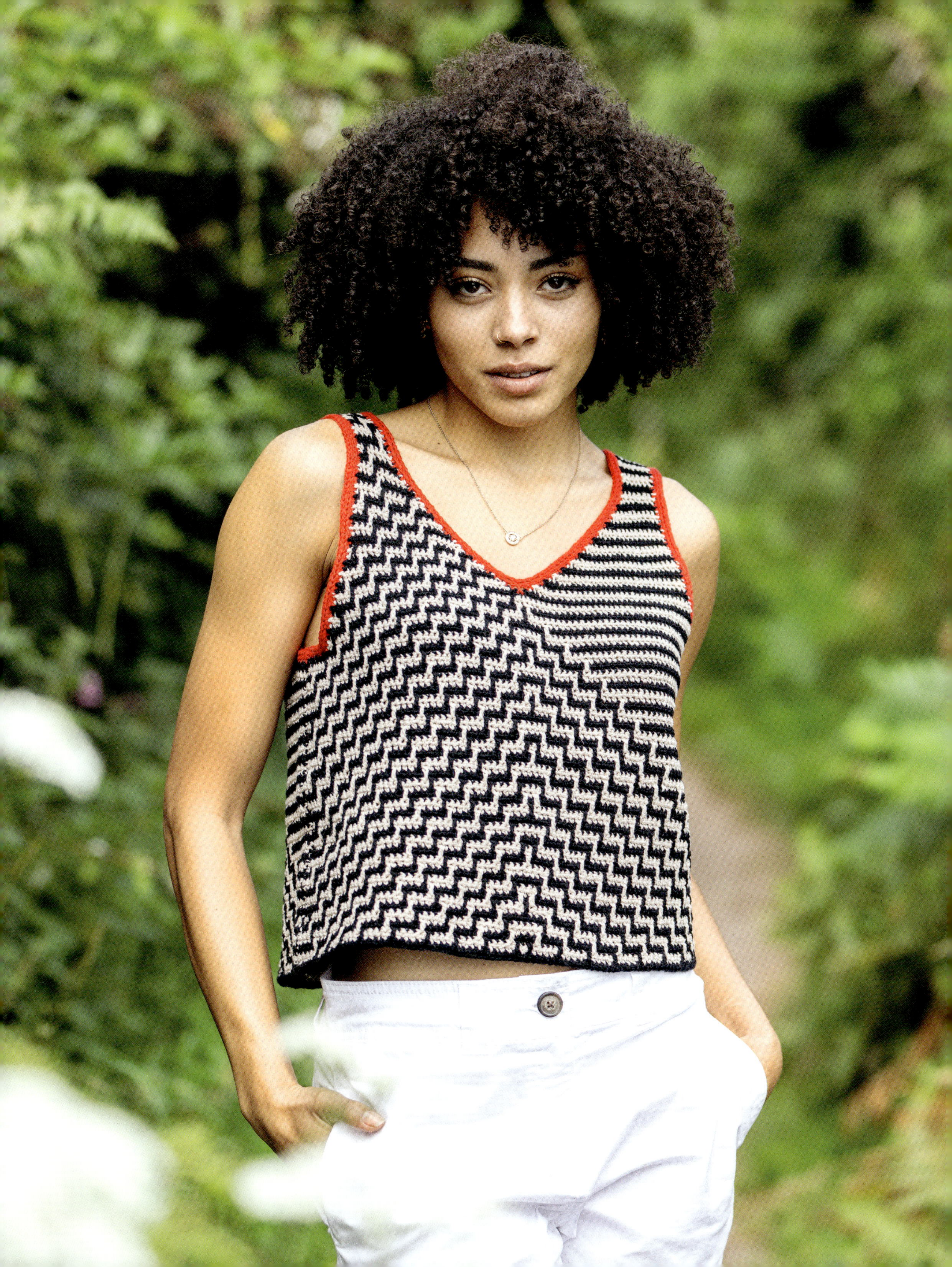

# Vorder-Rückenteil

(2 Teile anfertigen)

## KÖRPER

Mit 4 mm Nadel in A eine Kordel von 67 (75, 85, 95, 103) (113, 123, 133, 143) M häkeln (s. Allgemeine Techniken: Häkelkordel).

Wenden und in das VMG arbeiten, sodass R 1 an der RS ist.

**R 1 (RS):** 1 LM (zählt durchgehend nicht als M), FM VMG bis R-Ende, bei der letzten M Farbwechsel zu B. Die nächste R ist an der VS. 33 (37, 42, 47, 51) (56, 61, 66, 71) M ab R-Anfang zählen und MM in die nächste M, um die mittlere M zu markieren.

**Anm.:** Die ersten und letzten 3 (2, 2, 2, 1) (1, 1, 1, 1) M der R erscheinen immer in der Farbe der R – sie sind eine Wdh der ersten und letzten M in Häkelschrift 1 und 2A.

Wenn die in den Projektdetails angegebene Mindestlänge erreicht ist, fangt ihr ab der Mindestlänge an. Ist euch das zu kurz, beginnt ihr bei ›Länge hinzufügen‹.

## LÄNGE HINZUFÜGEN

Häkelschrift 1 bis zur gewünschten Länge beliebig oft wdh, minus der angegebenen Mindestlänge; mit R 10 beenden.

Weiter mit der Mindestlänge.

## AB DER MINDESTLÄNGE

Mit Häkelschrift 2A beginnen (Häkelschrift 1 nur benutzen, wenn zusätzliche Länge gewünscht ist).

Wenn Länge hinzugefügt wird, R 0 in Häkelschrift 2A auslassen und mit R 1 beginnen. Sonst mit R 0 beginnen.

Häkelschrift 2A 1 x, dann Häkelschrift 2B 0 (1, 1, 1, 2) (2, 1, 2, 2) x wdh.

### NUR GRÖSSEN 7 (8, 9)

Häkelschrift 2B noch 1 x, dann die Achsel nach Häkelschrift 2B ab R 19 (15, 13) formen. Nach der letzten R von Häkelschrift 2B FM bis MM, dann Häkelschrift 3 nach der markierten M. Weiter Achsel formen.

### NUR GRÖSSEN 1 (2, 3, 4, 5) (6)

Nach der letzten R von Häkelschrift 2B FM bis MM und dann Häkelschrift 3 nach der markierten M. Gleichzeitig ab R 9 (9, 9, 9, 3) (1) Achsel formen nach Häkelschrift 3.

## Häkelschrift 1

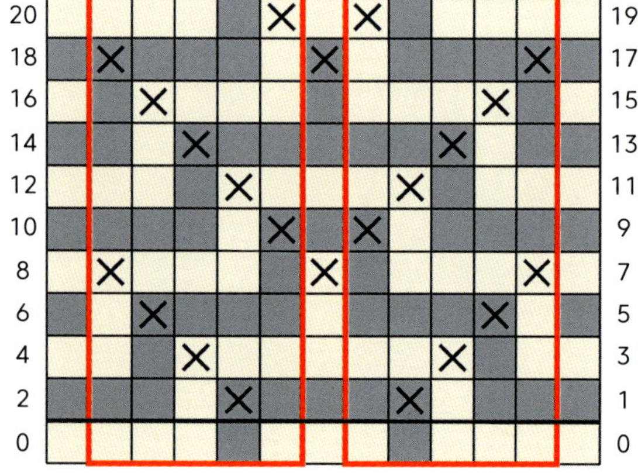


## LEGENDE

A
B
X Mosaikstäbchen (MSt)

Diese Häkelschrift nur verwenden, wenn das Stück länger werden soll als die in den Projekt-Details angegebene Mindestlänge.

Von unten nach oben, von re nach li auf der VS (ungerade), li nach re an der VS (gerade). Jedes Kästchen = 1 M und jede Reihe = 2 gehäkelte Reihen.

Die Häkelschrift wird nach den Regeln für Standard-Mosaik-Häkeln gearbeitet (s: Farbmuster-Techniken: Mosaik-Häkeln).

Erste und letzte M der Häkelschrift 3 (2, 2, 2, 1) (1, 1, 1, 1) x wdh, an den ersten und letzten M der Reihe.

Den ersten rot markierten Bereich wdh bis zur mittleren M. Dann den zweiten rot markierten Bereich bis zu 3 (2, 2, 2, 1) (1, 1, 1, 1) M vor R-Ende wdh.

Reihe 0 wird nur einmal gehäkelt und nicht wdh.

# Häkelschrift 2A

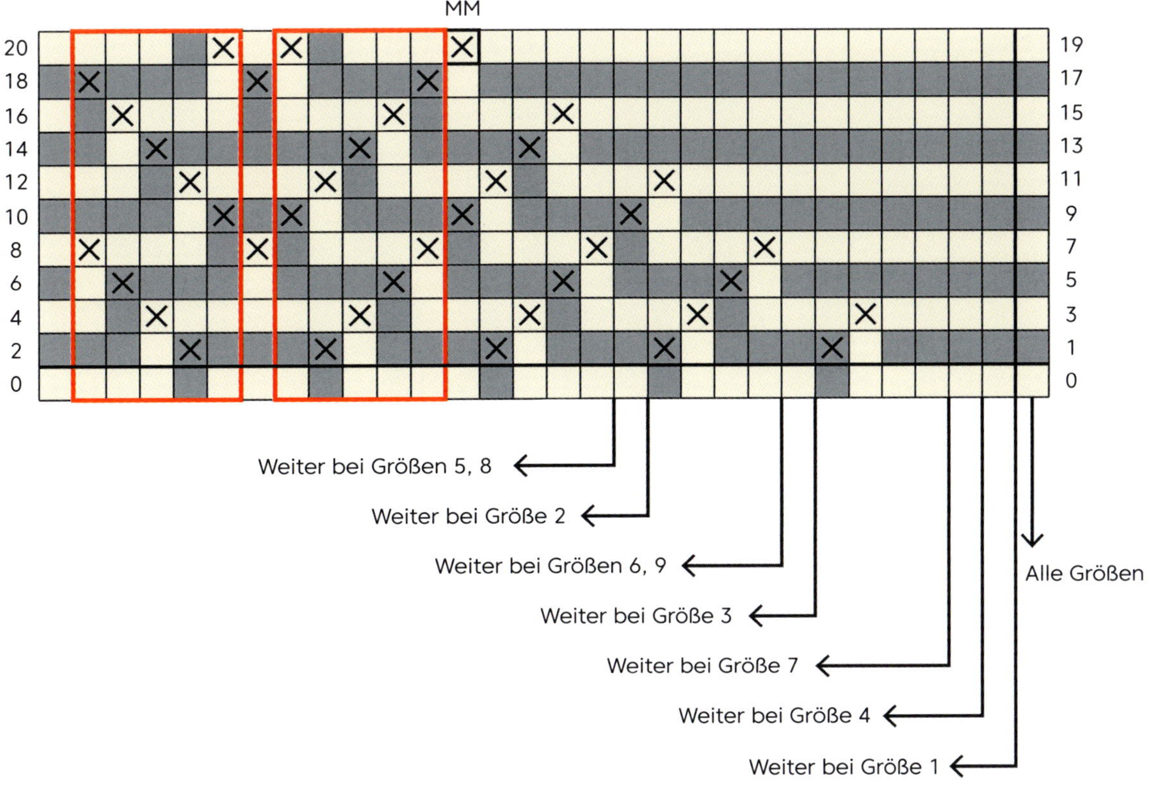


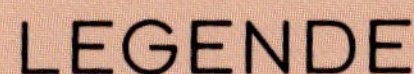

## LEGENDE

A B **X** Mosaikstäbchen (MSt)

An der passenden M Häkelschrift 2A beginnen.

Von unten nach oben, von re nach li in VS-Reihen (ungerade), von li nach re in RS-Reihen (gerade). Jedes Kästchen = 1 M und jede Reihe = 2 gehäkelte Reihen.

Die Häkelschrift befolgt alle Regeln der Technik für Standard-Mosaik-Häkeln (s: Farbmuster-Techniken: Mosaik-Häkeln).

In der letzten Reihe aller Häkelschrift-Wdh MM in die markierte M am Ende von Reihe 20. Bei den folgenden Wiederholungen FM bis MM und in die markierte M, dann nach Häkelschrift arbeiten.

Reihe 0 weglassen, wenn Häkelschrift 1 schon gehäkelt wurde. Reihe 0 wird nur 1 x gehäkelt und nicht wdh.

Jede Reihe dort beginnen, wo es bei Häkelschrift 2A angegeben ist und 1 x bis zum rot markierten Kasten, dann den rot markierten Bereich bis zur mittleren M wdh, danach den zweiten rot markierten Bereich nach der mittleren M bis zu den letzten 3 (2, 2, 2, 1) (1, 1, 1, 1) M der Reihe. Dann die letzte M auf der Häkelschrift an den letzten 3 (2, 2, 2, 1) (1, 1, 1, 1) M der Reihe.

MM in die letzte M vor dem ersten roten Kasten in Reihe 19 und 20.

Beim Wdh von Häkelschrift 2B FM in der Farbe der Reihe häkeln.

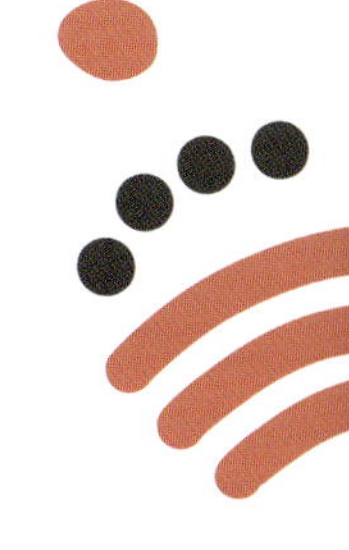

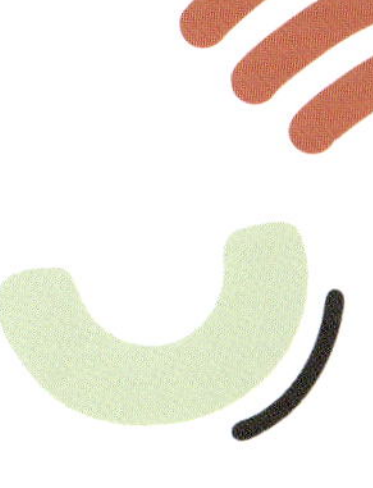

# Häkelschrift 2B

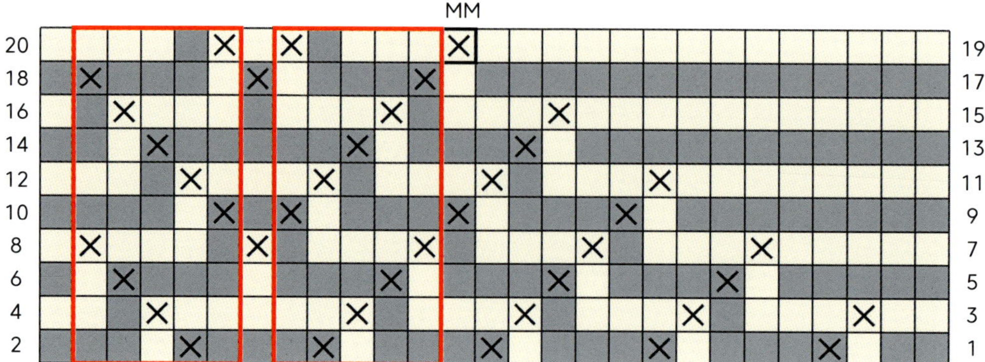


# Häkelschrift 3

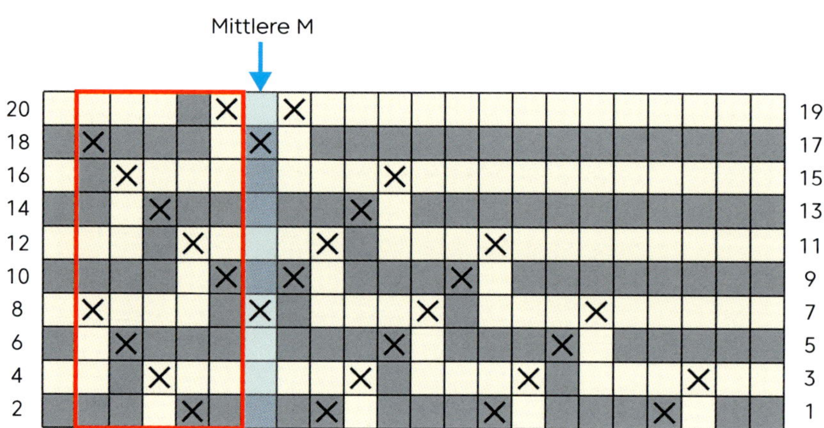

## LEGENDE

A B **X** Mosaikstäbchen (MSt)

Von unten nach oben, von re nach li bei den VS-Reihen (ungerade), von li nach re in den RS-Reihen (gerade). Jedes Kästchen = 1 M und jede Reihe = 2 gehäkelte Reihen.

Die Häkelschrift befolgt alle Regeln der Technik für Standard-Mosaik-Häkeln (s. Farbmuster-Techniken: Mosaik-Häkeln).

**Häkelschrift 3:** FM in der Farbe der Reihe bis MM am Ende der letzten Wdh von Häkelschrift 2, dann jede Reihe von Häkelschrift 3 vom Anfang bis zur mittleren M, danach rot markierter Bereich nach der mittleren M wdh. Die letzte M der Häkelschrift an den letzten 3 (2, 2, 2, 1) (1, 1, 1, 1) M der Reihe wdh.

## ACHSEL FORMEN

**R 9 (9, 9, 9, 3) (1, 19, 15, 13) von Häkelschrift 3 (3, 3, 3, 3) (3, 2B, 2B, 2B):**

Erste und letzte 6 (7, 8, 9, 10) (12, 15, 17, 19) M »schließen«, alle LM-Lücken-M vermeiden und stattdessen FM häkeln, den Rest der R nach Häkelschrift.

Beide Arbeitsfäden am Ende der RS verknoten und abschn.

**Anm.:** Jede R in der Häkelschrift entspricht 2 gehäkelten R. Ab jetzt ist, wenn VS oder RS neben einer R steht, eine R in der Arbeit gemeint, nicht in der Häkelschrift.

Nur bei Größen 7, 8, 9 mit Häkelschrift 3 fortfahren, nach Beenden von Häkelschrift 2.

**Grund-R (VS):** Erste 4 (5, 6, 7, 8) (10, 13, 15, 17) M überspr, bei der nächsten M die Farbe der nächsten R aufnehmen.

Nach der Häkelschrift bis zu den letzten 6 (7, 8, 9, 10) (12, 15, 17, 19) M, FM in die nächsten 2 M, wenden, die letzten 4 (5, 6, 7, 8) (10, 13, 15, 17) M nicht häkeln. 59 (65, 73, 81, 87) (93, 97, 103, 109) M

**Grund-R (RS):** 1 LM, 2 FM zus, Häkelschrift bis zu letzten 2 M der R, 2 FM zus, Farbwechsel bei letzter M. 57 (63, 71, 79, 85) (91, 95, 101, 107) M – 2 M abg

**Nächste VS-R:** Häkelschrift bis zu den letzten 2 M der R, die letzten 2 M »schließen« (LM-Lücken vermeiden und stattdessen FM häkeln), wenden.

**Nächste RS-R:** 1 LM, 2 FM zus, Häkelschrift bis zu letzten 2 M der R, 2 FM zus, Farbwechsel bei letzter M. 55 (61, 69, 77, 83) (89, 93, 99, 105) M – 2 M abg

Die VS- und RS-R davor noch 1 (3, 3, 3, 6) (7, 8, 10, 11) x wdh. 53 (55, 63, 71, 71) (75, 77, 79, 83) M

### NUR GRÖSSE 1

Häkelschrift 3 weiter bis Ende von R 20 ohne Abn unter der Achsel. Dann mit dem Ausschnitt beginnen.

## RECHTE SEITE AUSSCHNITT

Weiter Farbwechsel am Ende jeder RS-R.

**R 1 (VS):** 1 LM, FM bis 1 M vor der mittleren M, 2 FM zus, wenden. 26 (27, 31, 35, 35) (37, 38, 39, 41) M

### NUR GRÖSSEN 1 (2)

**R 2 (RS):** 1 LM, 2 FM zus, FM bis R-Ende, Farbwechsel bei der letzten M, wenden. 25 (26) M – 1 M abg

### NUR GRÖSSEN 3 (4, 5) (6, 7, 8, 9)

**R 2 (RS):** 1 LM, 2 FM zus, FM bis zu den letzten 2 M, 2 FM zus, Farbwechsel bei der letzten M, wenden. 29 (33, 33) (35, 36, 37, 39) M – 2 M abg

### NUR GRÖSSEN 1 (2, 3)

Weiter zu Abn nur für den Ausschnitt.

### NUR GRÖSSEN 4 (5) (6, 7, 8, 9)

Weiter mit Abn für Ausschnitt und Achsel. Die nächsten VS- und RS-R noch 4 (2) (4, 6, 4, 8) x wdh, dann weiter zu Abn nur für den Ausschnitt. 27 (30) (29, 27, 31, 27) M

## ABN AN AUSSCHNITT UND ACHSEL

**Nächste VS-R:** 1 LM, FM bis zu letzten 2 M, 2 FM zus, wenden. 1 M abg

**Nächste RS-R:** 1 LM, 2 FM zus, FM bis zu letzten 2 M der R, 2 FM zus, Farbwechsel bei letzter M, wenden. 2 M abg

## ABN NUR AM AUSSCHNITT

**Nächste VS-R:** 1 LM, FM bis zu den letzten 2 M, 2 FM zus, wenden. 1 M abn

**Nächste RS-R:** 1 LM, 2 FM zus, FM bis R-Ende, Farbwechsel bei der letzten M, wenden. 1 M abg

Abn nur am Ausschnitt wdh, bis noch 7 M übrig sind.

## TRÄGER

*1 LM, FM bis R-Ende, wenden; wdh ab * bis zur gewünschten Länge – etwa 19 (20, 22, 22, 24) (25, 27, 29, 29) cm ab Achsel.

Arbeitsfaden verknoten und abschn.

## AUSSCHNITT LINKE SEITE FORMEN

Weiter in A an der mittleren M.

### NUR GRÖSSEN 3 (4, 5) (6, 7, 8, 9)

Mit Häkelschrift 4 nächste 2 (6, 4) (6, 8, 6, 10) R, abn am Ausschnitt in jeder R und abn an der Achsel in jeder RS-R wie am Körper. Weiter bei Abn nur am Ausschnitt.

## ABN NUR AM AUSSCHNITT

Häkelschrift 4, abn nur am Ausschnitt, bis noch 7 M übrig sind. 1. und letzte M sind immer FM, 5 M dazwischen je nach Muster in der Häkelschrift.

## TRÄGER

7 M wie beim anderen Träger.

Arbeitsfaden verknoten und abschn.

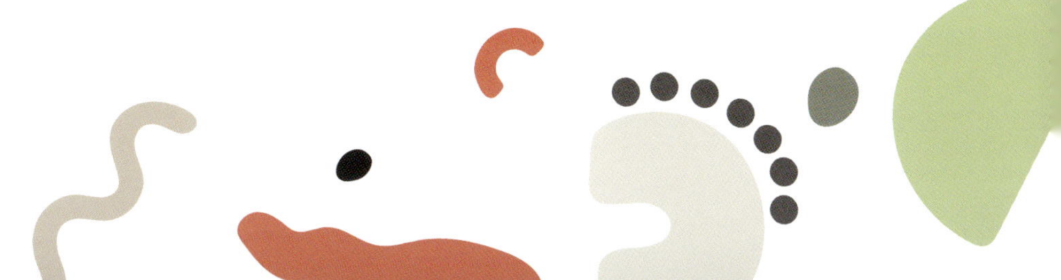

# Häkelschrift 4

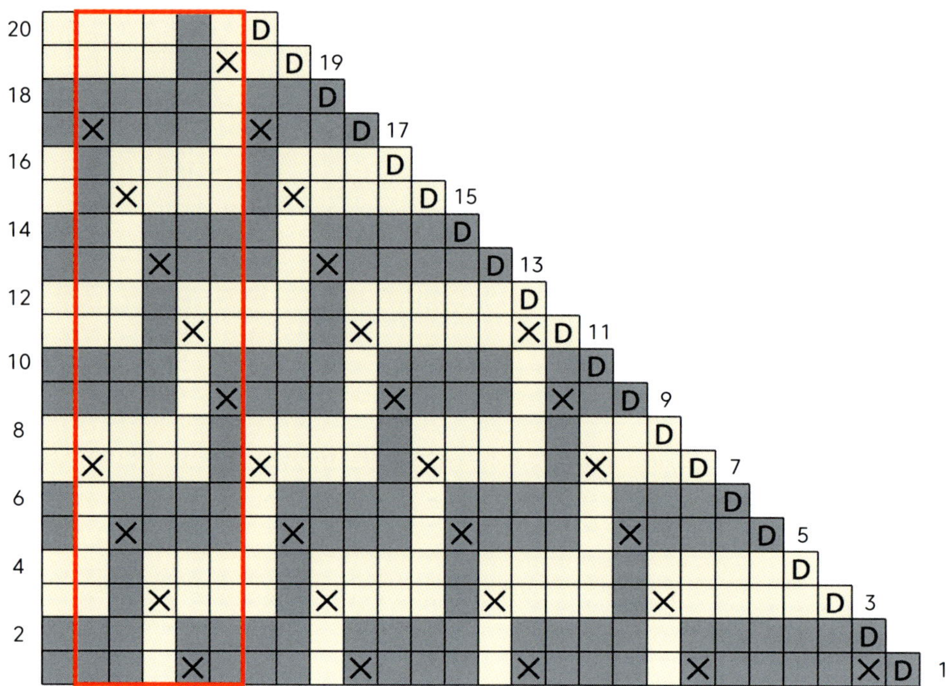

## LEGENDE

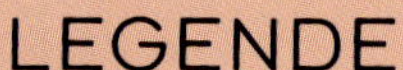
A B

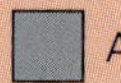
X Mosaikstäbchen (MSt)

D Abnahme /

Jede Reihe in Häkelschrift 4 entspricht einer gehäkelten Reihe, also jede Reihe nur 1x häkeln. Von unten nach oben, von re nach li auf den VS-Reihen (ungerade), li nach re auf den RS-Reihen (gerade). Jedes Kästchen entspricht 1 M.

Die Häkelschrift befolgt alle Regeln der Technik für Standard-Mosaik-Häkeln (s. Farbmuster-Techniken: Mosaik-Häkeln).

Bei den Abn unter der Achsel den roten Bereich wdh bis zu den letzten 2 M in der Reihe. In den VS-Reihen die letzten 2 M schließen. Dafür LM-Lücken auslassen und stattdessen FM häkeln. In den RS-Reihen 1 FM in den ersten 2 M.

Wenn die Abn beendet sind, weiter nach Häkelschrift 4 am Ausschnitt abn, bis nur noch 7 M übrig sind. Bis zur gewünschten Länge weiter im Mosaikmuster der Häkelschrift.

# Fertigstellen

Beide Teile mit den VS aneinanderlegen. Seitennähte und Träger mit Stopfnadel und Fadenresten zu-sam-mennähen.

## BORDÜRE AUSSCHNITT

Mit 4,5 mm Häkelnadel in C an einer Schulternaht am Rand des Ausschnitts beginnen, FM entlang des Ausschnitts bis 1 M vor der Mitte des V-Ausschnitts, 2 FM zus, um beide Seiten des Ausschnitts zu verbinden, Lücke in der Mitte überspr. Weiter mit FM rundum zum R-Anfang an der Schulter, am V-Ausschnitt am Rücken 2 FM zus wdh, Rde nicht schließen, sondern spiralförmig weiterhäkeln.

Falsche I-Cord-Bordüre: MM in die erste M, um Rde-Anfang zu markieren, 2 Rde FM HMH, Rde mit KM in die erste M schließen.

Arbeitsfaden verknoten und abschn.

## BORDÜRE ACHSEL

Mit 4,5 mm Häkelnadel C in der Mitte der Achsel aufn, FM rund um den Armausschnitt bis Rde-Anfang, nicht schließen, sondern spiralförmig weiterhäkeln.

Falsche I-Cord-Bordüre wie beim Ausschnitt.

An der anderen Seite wdh.

Alle Fäden vernähen und das Top in den gewünschten Maßen dämpfen.

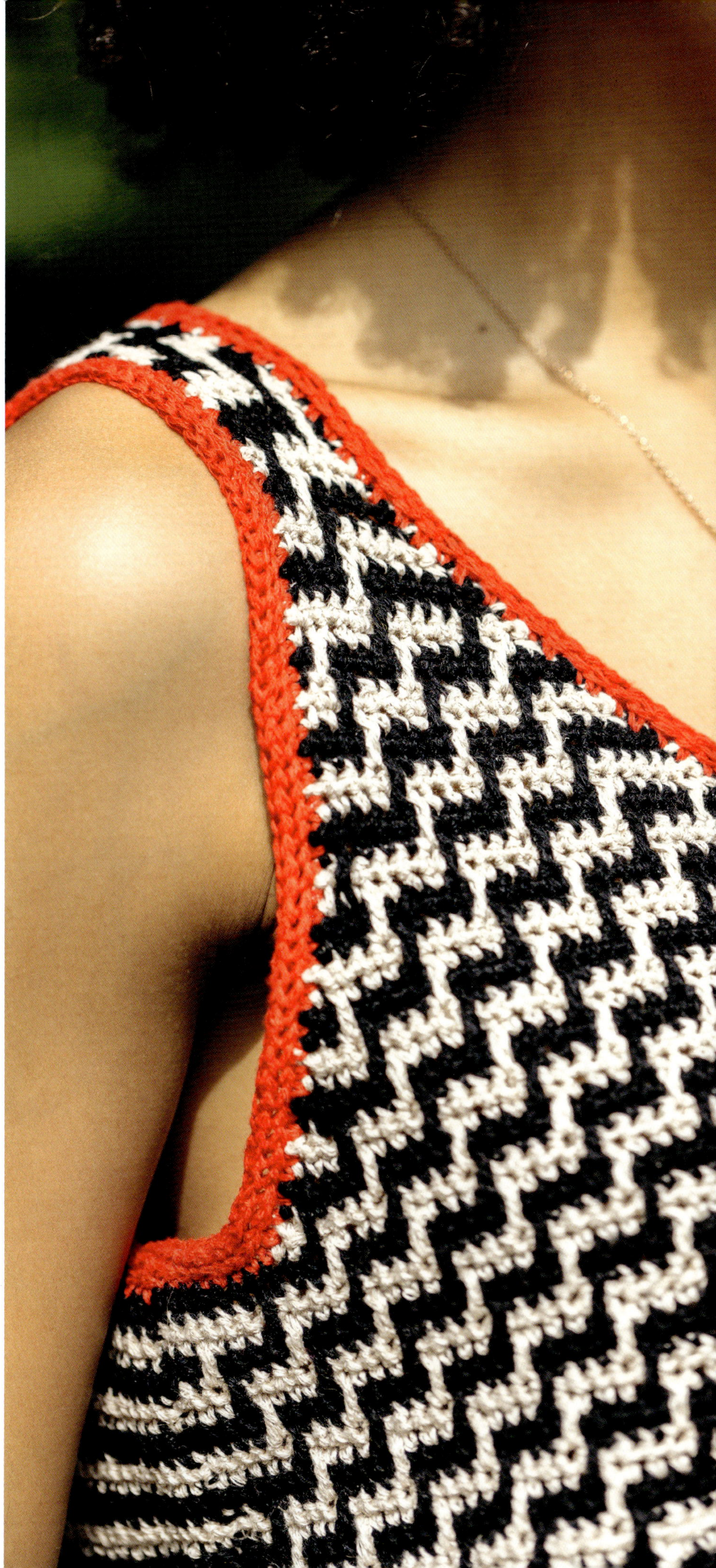

# Lagom-Pullover

*Lagom (schwedisch) – etwas, das genau das richtige Maß hat. In Schweden steht das Wort auch für das Prinzip, ausgeglichen zu leben.*

Fertig-Maße befinden sich im Kapitel Projekt-Details.

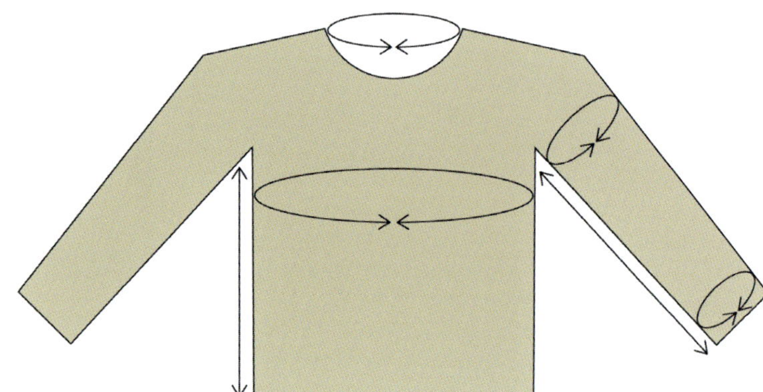

## GRÖSSEN

9 Größen (1 bis 9)

## GARN

The Fiber Co Canopy Fingering (50% Alpaka, 30% Merinowolle, 20% Bambus), Fingering (2-fädig), 50 g (183 m), in folgenden Farben:

**A:** Macaw; 1 (1, 1¼, 1¼, 1½) (1½, 1¾, 1¾, 2) Stränge

**B:** Fern; 1 (1, 1, 1, 1¼) (1¼, 1¼, 1½, 1½) Stränge

**C:** Sarsaparilla; 1 (1, 1, 1, 1) (1¼, 1¼, 1½, 1½) Stränge

**D:** Dragonfruit; 1 (1, 1¼, 1¼, 1½) (1½, 1¾, 1¾, 2) Stränge

**E:** Wild Ginger; 5½ (6¼, 7, 7¾, 8½) (9¼, 10, 11, 11½) Stränge

## UTENSILIEN

3,5 mm Häkelnadel

4 mm Häkelnadel

## MASCHENPROBE

21 M x 24 Runden = 10 x 10 cm nach Häkelschrift mit 3,5 mm Häkelnadel.

21 M x 16 Runden = 10 x 10 cm in dem Muster des Körpers (1 Reihe FM, 1 Reihe St HMG in Runden) mit 3,5 mm Häkelnadel.

Der Lagom-Pullover ist mit seinen quer und längs verlaufenden Streifen so designt, dass er das Prinzip der Ausgeglichenheit verkörpert. Er hat eine runde Schulterpasse und wird aus Streifen und Mosaikmuster aus festen Maschen gearbeitet. Das Muster hat fünf verschiedene Farben, aber ihr könnt so viele verwenden, wie ihr möchtet.

## ANMERKUNGEN

*Der Pullover wird oben mit einer falschen I-Cord-Bordüre um den Halsausschnitt angefangen, dann werden am RT verkürzte R für eine optimale Passform an Nacken und Schultern gehäkelt. Die Schulterpasse wird in Rde nach Häkelschrift und Anleitung gearbeitet, gleichzeitig werden 3 Zun-R eingearbeitet. Wenn die Schulterpasse fertig ist, wird der Körper von den Ärmeln abgeteilt und in der gewünschten Länge gehäkelt. Dann kommen die Ärmel. An den unteren Kanten von Körper und Ärmeln wird der falsche I-Cord-Abschluss wieder aufgegriffen.*

*Der Körper hat Cropped-Länge. Mit zusätzlichen 15 cm wird ein Pulli in normaler Länge daraus.*

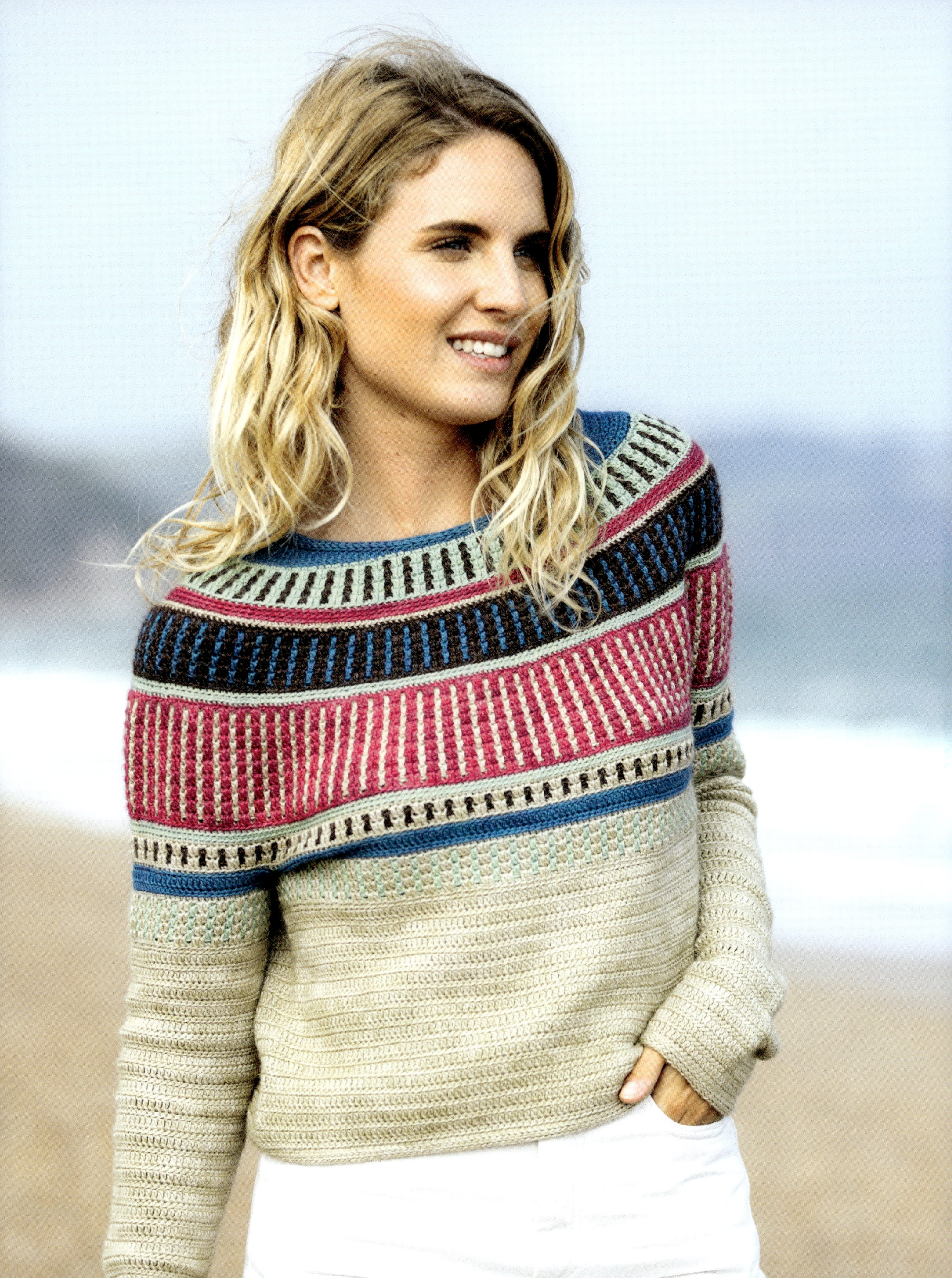

# Körper

## AUSSCHNITT

Mit einer 4 mm Häkelnadel in A 89 (95, 107, 113, 125) (131, 137, 140, 146) LM, mit KM zur Rde schließen.

Eine 5-reihige falsche I-Cord-Bordüre häkeln:

**Rde 1:** 1 LM (zählt nicht als M), 1 FM in jede LM rundum. Rde nicht schließen, sondern spiralförmig weiter.

**Rde 2:** FM HMH rundum, Rde-Anfang mit MM in die erste M markieren.

Die letzte Rde noch 3 x wdh.

Mit 3,5 mm Häkelnadel weiter.

**Abschluss-Rde (VS):** Die letzte Rde schließen in die Anfangs-LM-Kette. Dafür FM HMG der M der letzten Rde und das nicht genutzte MG an der LM-Kette zus, mit KM in die erste M schließen. 89 (95, 107, 113, 125) (131, 137, 140, 146) M

### VERKÜRZTE REIHEN

R 1 geht nach einer Seite, 2 x zun, wenden; R 2 führt zur Mitte des RT zurück, ohne zuzun, dann weiter zur anderen Seite, 2 x zun und wenden. R 3 führt wieder zur Mitte des RT zurück. Rde schließen. Die Rde mit verkürzten R immer unsichtbar schließen.

**R 1 (VS):** 1 LM (zählt durchgehend nicht als M), 12 (13, 15, 16, 18) (19, 20, 21, 22) FM, MM in die erste M, um den Rde-Beginn zu markieren, 2 FM in die nächste M, MM in die erste M der Zun, 11 (12, 14, 15, 17) (18, 19, 19, 20)

FM, 2 FM in die nächste M, MM in die zweite M der Zun, 5 FM, wenden. 32 (34, 38, 40, 44) (46, 48, 49, 51) M

**R 2 (RS):** 1 LM, erste M überspr, FM bis Rde-Anfang, über alle MM, 1 FM in den Rde-Anfang, MM, 1 LM (zählt nicht als M), 12 (13, 15, 16, 18) (19, 20, 21, 22) FM, 2 FM in die nächste M, MM in die erste M der Zun, 11 (12, 14, 15, 17) (18, 19, 19, 20) FM, 2 FM in die nächste M, MM in die zweite M der Zun, 5 FM, wenden. 63 (67, 75, 79, 87) (91, 95, 97, 101) M

**Reihe 3 (VS):** 1 LM, erste M überspr, FM bis Rde-Anfang über alle MM, mit KM in Rde-Anfang schließen. 31 (33, 37, 39, 43) (45, 47, 48, 50) M

Erste Gruppe verkürzte R beendet.

**R 4 (VS):** 1 LM, 1 FM in erste M (Rde-Anfang), MM, *FM bis MM, 2 FM in markierte M*, MM in erste M der Zun, wdh von * bis *, MM in zweite M der Zun, FM bis zur »Stufe« am Ende der verkürzten R davor, 1 FM in die »Stufe«, 1 FM in die nächsten 3 M am Halsausschnitt, wenden. 37 (39, 43, 45, 49) (51, 53, 54, 56) M

**R 5 (RS):** 1 LM, erste M überspr, FM bis Rde-Anfang über alle MM, 1 FM in Rde-Anfang und MM, 1 LM (zählt nicht als M), *FM bis MM, 2 FM in markierte M*, MM in erste M der Zun, wdh von * bis *, MM in zweite M der Zun, FM bis zur »Stufe« am Ende der vorigen verkürzten R, 1 FM in die »Stufe«, 1 FM in die nächsten 3 M des Ausschnitts, wenden. 73 (77, 85, 89, 97) (101, 105, 107, 111) M

**R 6 (VS):** 1 LM, erste M überspr, FM bis Rde-Anfang über alle MM, mit KM in Rde-Anfang schließen. 36 (38, 42, 44, 48) (50, 52, 53, 55) M

Zweite Gruppe verkürzte R beendet.

R 4 bis 6 noch 2 x wdh.

Jetzt befinden sich beidseitig von der Naht in der Mitte des RT je 46 (48, 52, 54, 58) (60, 62, 63, 65) M; insgesamt 105 (111, 123, 129, 141) (147, 153, 156, 162) M

Rund um Halsausschnitt, inkl. 92 (96, 104, 108, 116) (120, 124, 126, 130) M am RT, 2 Stufen an den verkürzten R und 11 (13, 17, 19, 23) (25, 27, 28, 30) nicht gehäkelte M am VT (rundum 16 M zug).

Alle MM entfernen.

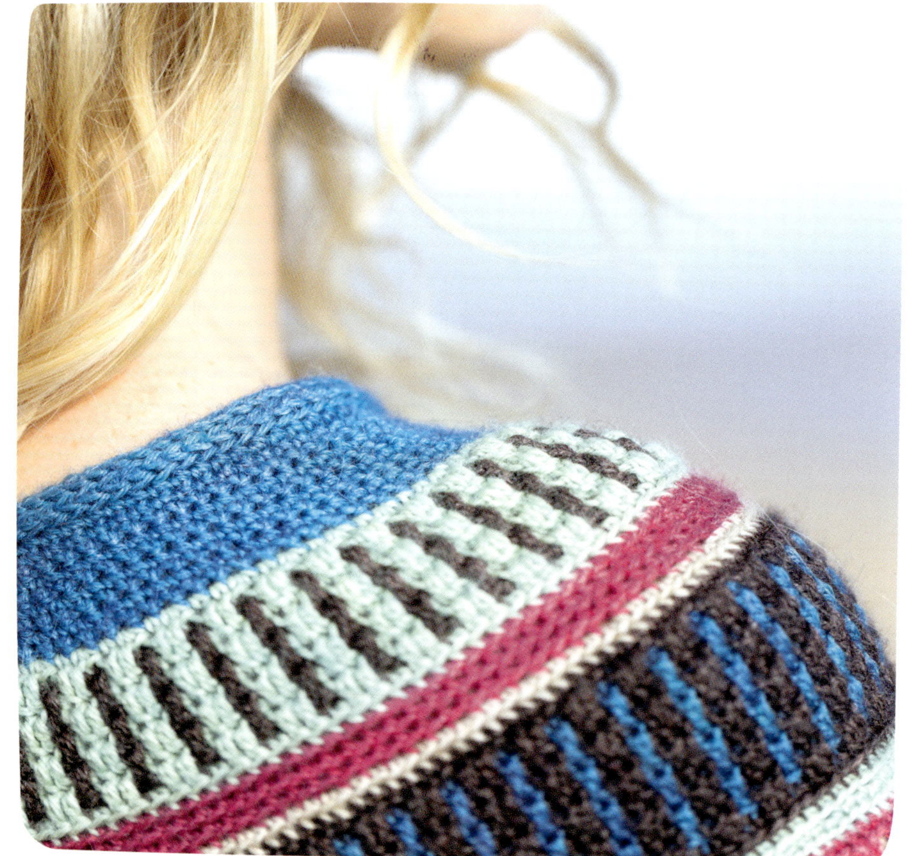

## SCHULTERPASSE

Ab jetzt in Rde von der VS arbeiten, rund um den Ausschnitt. Die Schulterpasse hat 3 Zun-Rden mit einreihigem Mosaikmuster aus FM und Streifenmotiv. In die »Stufen« der verkürzten R wie in normale M häkeln.

Farbwechsel zu B.

### NUR GRÖSSEN 1 (2, 3, 4, 5)

**Zun-Rde 1:** 1 LM (zählt durchgehend nicht als M), [2 FM, 1 zun] 5 (5, 5, 2, 2) x, [1 FM, 1 zun] noch 39 (42, 48, 60, 66) x bis zu letzten 12 (12, 12, 3, 3) M, [2 FM, 1 zun] 4 (4, 4, 1, 1) x, mit KM in erste M schließen. 153 (162, 180, 192, 210) M

### NUR GRÖSSE 6

**Zun-Rde 1:** 1 LM (zählt durchgehend nicht als M), *1 zun, [1 FM, 1 zun] noch 2 x, ab * noch 4 x, [1 FM, 1 zun] 51 x bis zu den letzten 20 M, **1 zun, [1 FM, 1 zun] 2 x, wdh ab ** noch 3 x, mit KM in die erste M schließen. 225 M

### NUR GRÖSSE 7

**Zun-Rde 1:** 1 LM (zählt durchgehend nicht als M), *1 zun, [1 FM, 1 zun] noch 4 x, wdh ab * noch 2 x, **1 zun, [1 FM, 1 zun] noch 5 x, wdh ab ** noch 8 x bis zu letzten 27 M, ***1 zun, [1 FM, 1 zun] noch 4 x, wdh ab *** noch 2 x, mit KM in erste M schließen. 237 M

### NUR GRÖSSE 8

**Zun-Rde 1:** 1 LM (zählt durchgehend nicht als M), *1 zun, [1 FM, 1 zun] noch 2 x, [1 zun, (1 FM, 1 zun) 3 x] noch 3 x, ab * noch 5 x wdh, mit KM in die erste M schließen. 246 M

### NUR GRÖSSE 9

**Zun-Rde 1:** 1 LM (zählt durchgehend nicht als M), [1 FM, 1 zun] noch 3 x, *1 zun, [1 FM, 1 zun] noch 2 x, ab * noch 29 x wdh bis zu den letzten 6 M, [1 FM, 1 zun] noch 3 x, mit KM in die erste M schließen. 258 M

### ALLE GRÖSSEN

Jetzt Mosaik-Häkelschrift in B als Farbe 1 und C als Farbe 2, in nächsten 4 (6, 6, 8, 8) (10, 10, 10, 12) Rde, mit R 1 enden.

Farbwechsel zu D.

**Nächste Rde**: 1 LM, FM HMG rundum, mit KM in die erste M schließen.

Rde davor noch 2 (2, 2, 2, 2) (2, 4, 4, 4) x wdh.

Farbwechsel zu E.

Bei allen weiteren Zun-Rden werden die Zun nur ins HMG gehäkelt.

### NUR GRÖSSEN 1 (2, 3, 4, 5)

**Zun-Rde 2:** 1 LM, [3 FM HMG, 1 zun] 5 (5, 5, 2, 6) 48, 60, 54) x bis zu letzten 16 (16, 16, 4, 24) M, [3 FM HMG, 1 zun] 4 (4, 4, 1, 6) x, mit KM in die erste M schließen. 201 (213, 237, 255, 276) M

### NUR GRÖSSE 6

**Zun-Rde 2:** 1 LM, [1 FM HMG, 1 zun] 5 x, [2 FM HMG, 1 zun] 69 x bis zu den letzten 8 M, [1 FM HMG, 1 zun] 4 x, mit KM in die erste M schließen. 303 M

### NUR GRÖSSE 7

**Zun-Rde 2**: 1 LM, *1 FM HMG, 1 zun, [2 FM HMG, 1 zun] 4 x, wdh ab * noch 5 x, **1 FM HMG, 1 zun, [2 FM HMG, 1 zun] 5 x, wdh ab ** noch 8 x, mit KM in die erste M schließen. 321 M

### NUR GRÖSSE 8

**Zun-Rde 2:** 1 LM, [1 FM HMG, 1 zun] 3 x, *1 FM HMG, 1 zun, [2 FM HMG, 1 zun] 2 x, wdh ab * noch 29 x, mit KM in die erste M schließen. 339 M

### NUR GRÖSSE 9

**Zun-Rde 2:** 1 LM, [2 FM HMG, 1 zun] 3 x, *1 FM HMG, 1 zun, [2 FM HMG, 1 zun] 2 x, ab * noch 29 x wdh bis zu den letzten 9 M, (2 FM HMG, 1 zun) 3 x, Rde mit KM in die erste M schließen. 354 M

### ALLE GRÖSSEN

**Nächste Rde:** Farbwechsel zu C, 1 LM, FM HMG rundum, mit KM in die erste M schließen.

Jetzt Mosaik-Häkelschrift in C = Farbe 1 und A = Farbe 2, über die nächsten 6 (6, 8, 10, 12) (12, 14, 16, 16) R, mit R 1 der Häkelschrift enden.

**Nächste Rde:** Farbwechsel zu B, 1 LM, FM HMG rundum, mit KM in die erste M schließen.

### NUR GRÖSSEN 1 (–, 3, 4, 5)

**Zun-Rde 3:** 1 LM, [4 FM HMG, 1 zun] 5 (–, 5, 2, 0) x, [3 FM HMG, 1 zun] 39 (–, 48, 60, 69) x bis zu letzten 20 (–, 20, 5, 0) M, [4 FM HMG, 1 zun] 4 (–, 4, 1, 0) x, mit KM in erste M schließen. 249 (–, 294, 318, 345) M

### NUR GRÖSSE 2

**Zun-Rde 3:** 1 LM, [2 FM HMG, 1 zun] 2 x, [3 FM HMG, 1 zun] 51 x bis zu letzten 3 M, 2 FM HMG, 1 zun, mit KM in erste M schließen. 267 M

### NUR GRÖSSE 6

**Zun-Rde 3:** 1 LM, [2 FM HMG, 1 zun] 5 x, [3 FM HMG, 1 zun] 69 x bis zu letzten 12 M, [2 FM HMG, 1 zun] 4 x, mit KM in erste M schließen. 381 M

### NUR GRÖSSE 7

**Zun-Rde 3:** 1 LM, *2 FM HMG, 1 zun, [3 FM HMG, 1 zun] 4 x, ab * noch 5 x wdh, **2 FM HMG, 1 zun, [3 FM HMG, 1 zun] 5 x, ab ** noch 8 x wdh, mit KM In erste M schließen. 405 M

### NUR GRÖSSE 8

**Zun-Rde 3:** 1 LM, [3 FM HMG, 1 zun] 6 x, *2 FM HMG, 1 zun [3 FM HMG, 1 zun] 3 x, ab * noch 20 x wdh, mit KM in erste M schließen. 429 M

### NUR GRÖSSE 9

**Zun-Rde 3:** 1 LM, [3 FM HMG, 1 zun] 3 x, *2 FM HMG, 1 zun, [3 FM HMG, 1 zun] 2 x, ab * noch 29 x wdh bis zu den letzten 12 M, [3 FM HMG, 1 zun] 3 x, mit KM in die erste M schließen. 450 M

### ALLE GRÖSSEN

**Nächste Rde:** Farbwechsel zu D, 1 LM, FM HMG rundum, mit KM in die erste M schließen.

Jetzt Mosaik-Häkelschrift in D = Farbe 1 und E = Farbe 2, über die nächsten 10 (14, 16, 18, 20) (22, 24, 24, 25) R, mit R 1 der Häkelschrift enden.

**Nächste Rde:** Farbwechsel zu B, 1 LM, FM HMG rundum, mit KM in die erste M schließen.

Rde davor wdh.

**Nächste Rde:** Farbwechsel zu E, 1 LM, FM HMG rundum, mit KM in die erste M schließen.

Jetzt nach Mosaik-Häkelschrift. E = Farbe 1 und C = Farbe 2, über die nächsten 4 (4, 4, 4, 6) (6, 6, 8, 10) R, mit R 1 der Häkelschrift enden.

Körper und Ärmel abteilen:

**Nächste Rde:** Farbwechsel zu A, 1 LM, 37 (41, 46, 49, 54) (59, 63, 67, 72) FM HMG (RT), 11 (12, 13, 15, 16) (17, 19, 20, 21) LM für die erste Achsel, 50 (51, 55, 60, 64) (71, 76, 80, 81) M überspr (erster Ärmel), 75 (83, 92, 100, 109) (121, 127, 135, 144) FM HMG (VT), 11 (12, 13, 15, 16) (17, 19, 20, 21) LM für die zweite Achsel, 50 (51, 55, 60, 64) (71, 76, 80, 81) M überspr (zweiter Ärmel), 1 FM HMG in jede M bis Rde-Ende, mit KM in die erste M schließen. 171 (189, 210, 228, 249) (273, 291, 309, 330) M inkl LM für Achsel

## KÖRPER

**Rde 1:** 2 LM (zählen durchgehend nicht als M), St HMG rundum, mit KM in die erste M schließen. 171 (189, 210, 228, 249) (273, 291, 309, 330) M

**Rde 2:** 1 LM, FM rundum, mit KM in die erste M schließen.

**Rde 3:** Farbwechsel zu E, 1 LM, FM HMG rundum, mit KM in erste M schließen.

Jetzt Mosaik-Häkelschrift, E = Farbe 1 und B = Farbe 2, über die nächsten 8 R, mit R 1 der Häkelschrift enden.

Den Rest des Körpers in E.

**Rde 12:** 1 LM, FM HMG rundum, mit KM in die erste M schließen.

**Rde 13:** 2 LM, St HMG rundum, mit KM in die erste M schließen.

**Rde 14:** 1 LM, FM rundum, mit KM in die erste M schließen.

**Rde 15:** 2 LM, St HMG rundum, mit KM in die erste M schließen.

**Rde 16:** 1 LM, erste M überspr, FM bis letzte M, 2 FM in die letzte M, mit KM in die erste M schließen.

Rde 13 bis 16 legen das Muster fest Rde 16 verhindert, dass die Naht sich seitlich verzieht, aber die M-Anzahl bleibt gleich. Weiter nach Muster bis zur Wunschlänge minus 1 cm, oder etwa 28 (26, 25, 23,5, 21,5) (20,5, 18, 18, 16) cm ab Achsel, mit Rde 13 oder 15 enden.

## BÜNDCHEN

Weiter mit 4 mm Häkelnadel.

5 Rde falsche I-Cord-Bordüre wie folgt:

**Rde 1:** 1 LM, FM rundum, Rde nicht schließen, sondern spiralförmig weiter.

**Rde 2:** FM HMH rundum, MM in erste M, um Rde-Anfang zu markieren.

Rde davor noch 3 x wdh.

Unsichtbar schließen, Arbeitsfaden verknoten und abschn.

# Ärmel

Weiter mit 3,5 mm Häkelnadel in A ab der Mitte der Achsel. An der VS arbeiten, in die nicht gehäkelte Anfangs-LM-Kette.

**Grund-Rde:** 1 FM in alle LM bis zum Achselende, 1 FM HMG in alle Ärmel-M der Schulterpasse, 1 FM in alle LM bis Rde-Ende, mit KM in erste M schließen. Etwa 61 (63, 68, 75, 80) (88, 95, 100, 102) M

**Anm.:** 2 FM zus in den Ecken, wo Schulterpasse und Achsel zusammentreffen, um ggf. Lücken zu schließen.

**Rde 1:** 2 LM, St HMG rundum, mit KM in die erste M schließen.

**Rde 2:** 1 LM, FM rundum, mit KM in die erste M schließen.

**Rde 3:** Weiter mit E, 1 LM, FM HMG rundum, mit KM in die erste M schließen.

Jetzt Mosaik-Häkelschrift, E = Farbe 1 und B = Farbe 2, über die nächsten 8 Reihen, mit Reihe 1 der Häkelschrift enden.

**Anm.:** Wenn der Ärmel eine nicht durch 3 teilbare M-Anzahl hat, wird die letzte Wdh nicht ganz aufgehen, aber die Ungenauigkeit wird an der Unterseite des Ärmels versteckt sein.

Rest des Ärmels weiter in E.

**Rde 12:** 1 LM, FM HMG rundum, mit KM in die erste M schließen.

## Häkelschrift Mosaik

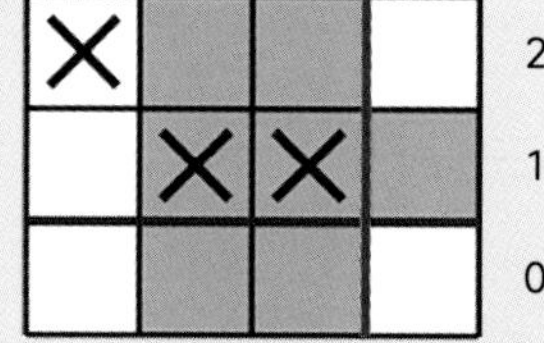


## LEGENDE

Farbe 1 Farbe 2

**X** Stäbchen ins vordere Maschenglied (St VMG), 2 Reihen tiefer eingestochen

Häkelschrift von unten nach oben lesen, von re nach li. R 0 wird nur einmal bei der ersten Wdh gehäkelt und bei den folgenden Wdh ausgelassen. Die Spalte re von roter Linie zeigt die Farbe des Arbeitsfadens in dieser Reihe an und wird nicht mitgehäkelt.

Jede Reihe rundum wdh, 1 LM am Rundenanfang, Runden unsichtbar schließen (s. Allgemeine Techniken: Runden unsichtbar schließen).

Jedes Kästchen = 1 Masche.

Die Häkelschrift befolgt alle Regeln der Technik für Standard-Mosaik-Häkeln (s. Farbmuster-Techniken: Mosaik-Häkeln).

**Rde 13:** 2 LM (zählt nicht als M), St HMG rundum, mit KM in die erste M schließen.

**Rde 14:** 1 LM, FM rundum, mit KM in die erste M schließen.

Ab hier abn, um den Ärmel zu formen:

**Rde 15:** 2 LM, St HMG rundum, mit KM in die erste M schließen.

**Rde 16 (abn):** 1 LM, erste M überspr, FM rumdum, mit KM in die erste M schließen. 1 M abg

Rde 15 und 16 legen das Abn-Muster fest. Weiter im Muster abn bis zur Hälfte des Unterarms, etwa 30 cm ab der Achsel oder bis der Ärmel den gewünschten Umfang am Bündchen erreicht hat.

Jetzt Rde 13 bis 16 des Körpers bis zur gewünschten Länge oder etwa 42 (43, 43, 44,5, 44,5) (45,5, 45,5, 47, 47) cm ab der Achsel.

## BÜNDCHEN

Weiter mit 4 mm Häkelnadel.

5 Rde falsche I-Cord-Bordüre wie folgt:

**Rde 1:** 1 LM, FM rundum, Rde nicht schließen, sondern spiralförmig weiter.

**Rde 2:** FM HMH rundum, MM in die erste M, um Rde-Anfang zu markieren.

Vorige Rde noch 3 x wdh.

Unsichtbar verbinden. Arbeitsfaden verknoten und abschn.

Beim zweiten Ärmel ebenso verfahren.

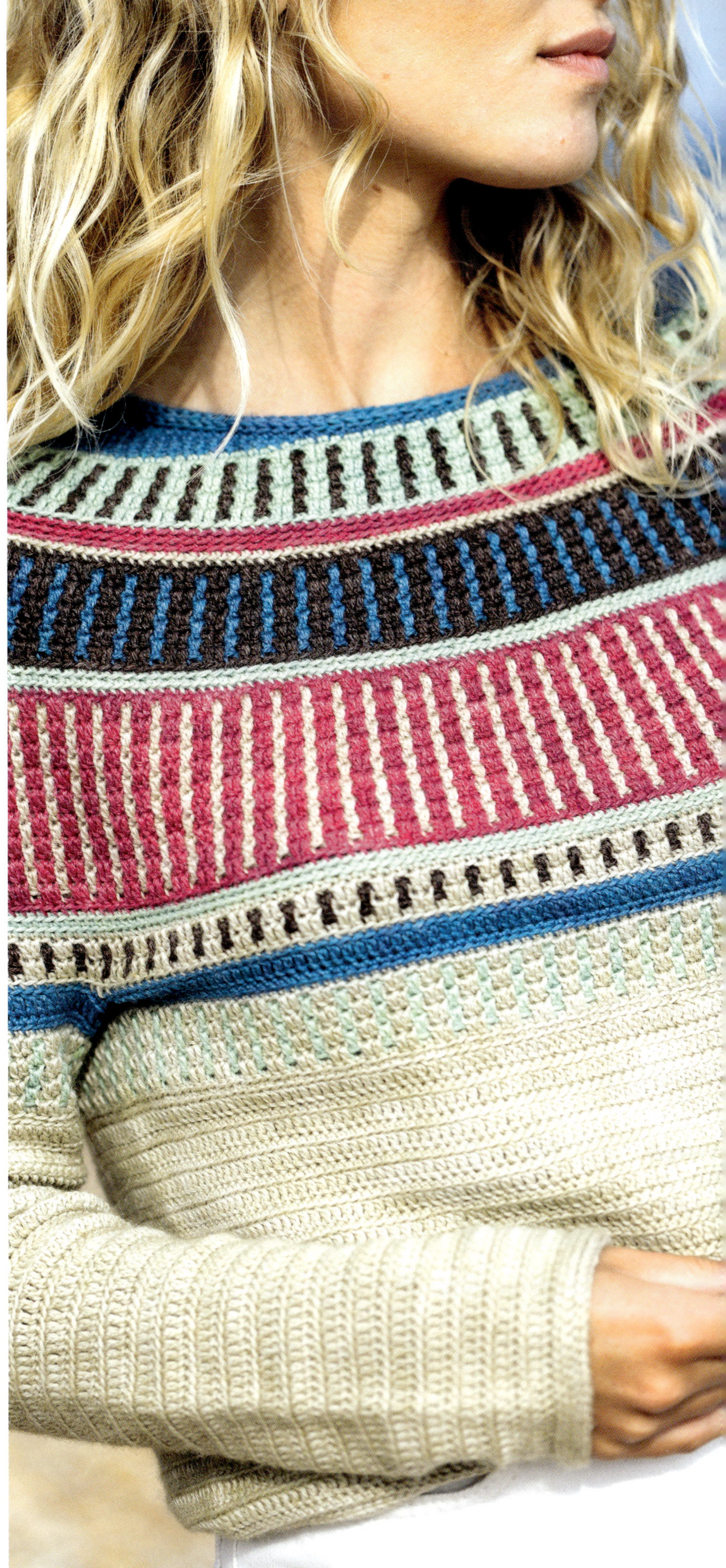

# Merak-Mütze und Loop

*Merak (serbisch) – sich kleine, alltägliche Freuden gönnen, die zu großem Glücksgefühl und Erfüllung führen.*

Fertig-Maße befinden sich im Kapitel Projekt-Details.

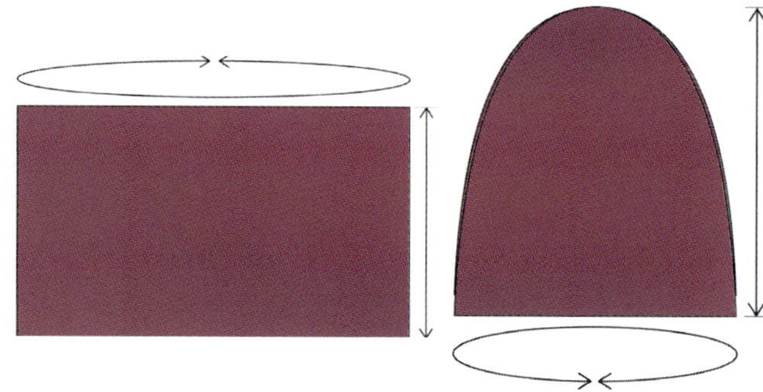

## GRÖSSEN

**Mütze:** 1 Größe

**Loop:** 2 Größen (S, L)

## GARN

### MÜTZE

Rosa Pomar Vovó (100% Wolle), Sport (3-fädig), 50 g (143m), in dieser Farbe:

**A:** Farbe 08; 1 Knäuel

Spincycle Yarns Dyed in the Wool (100% amerikanische Wolle), Sport (2-fädig), 54 g (182 m), in folgenden Farben:

**B:** Ghost Ranch; ½ Strang

**C:** Family Jewels; ½ Strang

### LOOP

Rosa Pomar Vovó (100% Wolle), Sport (3-fädig), 50 g (143 m), in dieser Farbe:

**A:** Farbe 08; 1½ (2) Knäuel

Spincycle Yarns Dyed in the Wool (100% amerikanische Wolle), Sport (2-fädig), 54 g (182 m), in folgenden Farben:

**B:** Ghost Ranch; ½ (¾) Strang

**C:** Family Jewels; ½ (¾) Strang

## UTENSILIEN

4 mm Häkelnadel

4,5 mm Häkelnadel

## MASCHENPROBE

19 M x 18 Reihen = 10 x 10 cm bei einreihigem Mosaik-Häkeln nach Häkelschrift mit 4 mm Häkelnadel.

In einfachen, alltäglichen Tätigkeiten Glück zu finden kann schwierig sein; Merak-Mütze und Loop erinnern uns daran, dass es möglich ist. Trotz des simplen Schnittes sind die Ergebnisse schön und komplex zugleich. Die Mosaikmuster sind einfach nachzuarbeiten, nur die abgerundete Spitze stellt eine gewisse Herausforderung dar. Das Set ist eine gute Einführung in einreihiges Mosaik-Häkeln und die perfekte Gelegenheit, mit Farben kreativ zu werden.

## ANMERKUNGEN

*Die Merak-Mütze wird von oben nach unten gehäkelt. Die Zun werden zwischen den Mosaikmustern vorgenommen. Sobald der gewünschte Umfang erreicht ist, wird der Rest der Mütze kreisförmig nach 2 Häkelschriften gearbeitet. Das Bündchen besteht aus einer falschen I-Cord-Bordüre.*

*Der Merak-Loop beginnt mit einem Bündchen aus falscher I-Cord-Bordüre, dann folgen Muster nach 2 Häkelschriften, und den Abschluss bildet ein weiteres Bündchen aus falscher I-Cord-Bordüre. A ist die Grundfarbe, B und C werden abwechselnd als Kontrastfarben benutzt, wie in den entsprechenden Bereichen der Häkelschriften abgebildet.*

*Weitere Informationen zu dieser Technik s. Farbmuster-Techniken: Mosaik-Häkeln, einreihiges Mosaik-Häkeln.*

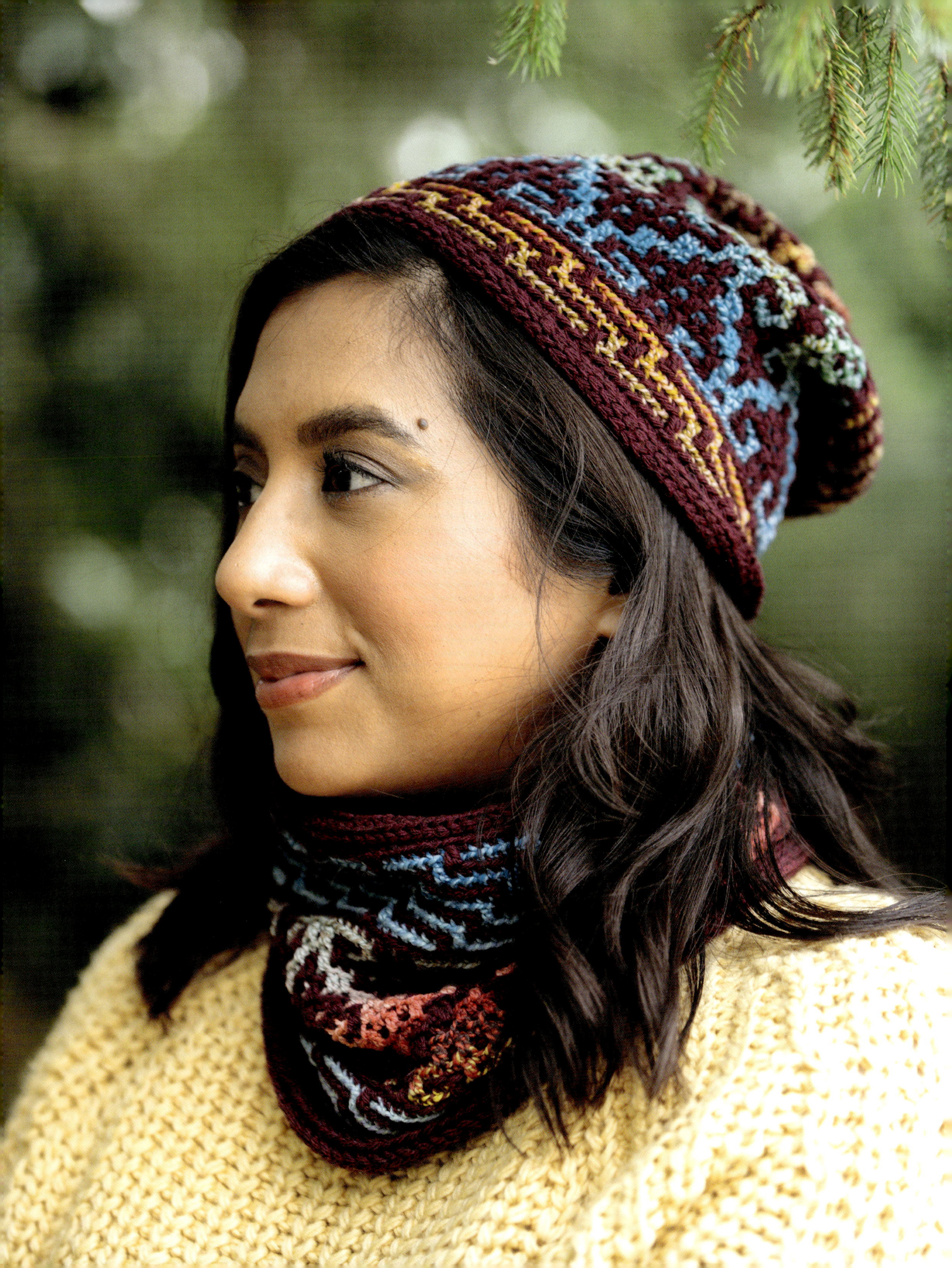

# Mütze

Fadenring in B.

**Rde 1:** Mit 4 mm Häkelnadel 7 FM in den Fadenring, das Ende festziehen, mit KM in die erste M schließen. 7 M

Häkelschrift 1 als Ergänzung zur Anleitung – jede Reihe 14 x rundum wdh.

1 LM am Rden-Anfang; Rde durchgehend unsichtbar schließen.

**Rde 2:** Farbwechsel zu A, 1 LM (zählt durchgehend nicht als M), 2 FM HMG in alle M rundum, mit KM schließen. 14 M – 7 M zug

**Rde 3:** Farbwechsel zu B, 1 LM, [1 FM HMG, 1 St VMG 2 R tiefer] rundum. 28 M – 14 M zug

**Anm.:** Nur in Rde 3 KEINE M aus der R davor überspr nach dem St VMG, um zuzunehmen. 2 St VMG in jede M aus Rde 1 häkeln.

**Rde 4:** Farbwechsel zu A, 1 LM, [1 St VMG 2 R tiefer, 1 M überspr, 1 FM HMG] rundum. 28 M

**Rde 5:** Farbwechsel zu B, 1 LM, [2 FM HMG in nächste M, 1 St VMG 2 R tiefer, 1 M überspr] rundum. 42 M – 14 M zug

**Rde 6:** Farbwechsel zu A, 1 LM, [1 FM HMG in nächste M, St VMG 2 R tiefer, 1 M überspr, 1 FM HMG] rundum. 42 M

**Rde 7:** Farbwechsel zu B, 1 LM, [1 St VMG 2 R tiefer, 1 M überspr, 2 FM HMG in nächste M, 1 FM HMG] rundum. 56 M – 14 M zug

**Rde 8:** Farbwechsel zu A, 1 LM, [3 FM HMG, St VMG 2 R tiefer, 1 M überspr] rundum. 56 M

**Rde 9:** Farbwechsel zu B, 1 LM, [2 FM HMG, 1 St VMG 2 R tiefer, 1 M überspr, 2 FM HMG in nächste M] rundum. 70 M – 14 M abg

**Rde 10:** Farbwechsel zu A, 1 LM, [1 FM HMG, 1 StVMG 2 R tiefer, 1 M überspr, 3 FM HMG] rundum. 70 M

**Rde 11:** Farbwechsel zu B, 1 LM, [1 St VMG 2 R tiefer, 1 M überspr, 2 FM HMG in die nächste M, 3 FM HMG] rundum. 84 M – 14 M zug

**Rde 12:** Farbwechsel zu A, 1 LM, [5 FM HMG, 1 ST VMG 2 R tiefer,1 M überspr] rundum. 84 M

**Rde 13:** Farbwechsel zu B, 1 LM, [4 FM HMG, 1 St VMG 2 R tiefer, 1 M überspr, 1 FM HMG] rundum. 84 M

## Häkelschrift 1

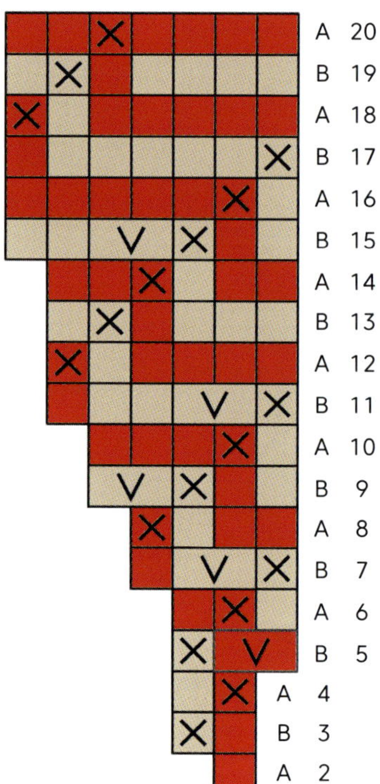


## LEGENDE

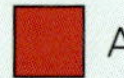 A  B

**X** Stäbchen VMG (St VMG)

**V** 2 FM VMG (FM VMG)

Die Häkelschrift befolgt alle Regeln der Technik für einreihiges Mosaik-Häkeln (siehe Farbmuster-Techniken: Mosaik-Häkeln).

Von unten nach oben arbeiten, von re nach li, jedes Kästchen = 1 M und jede Reihe in der Häkelschrift = 1

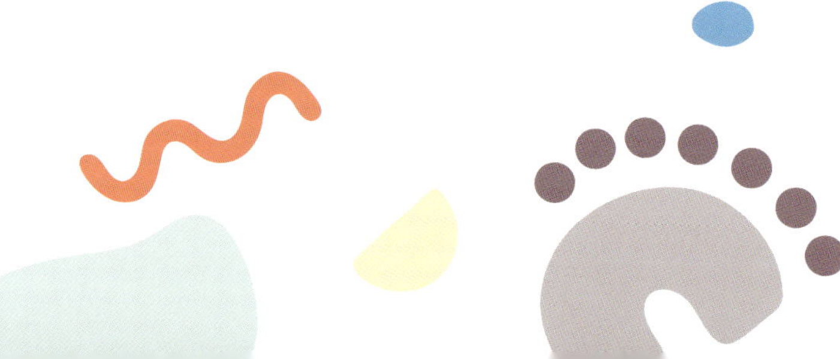

## Häkelschrift 2

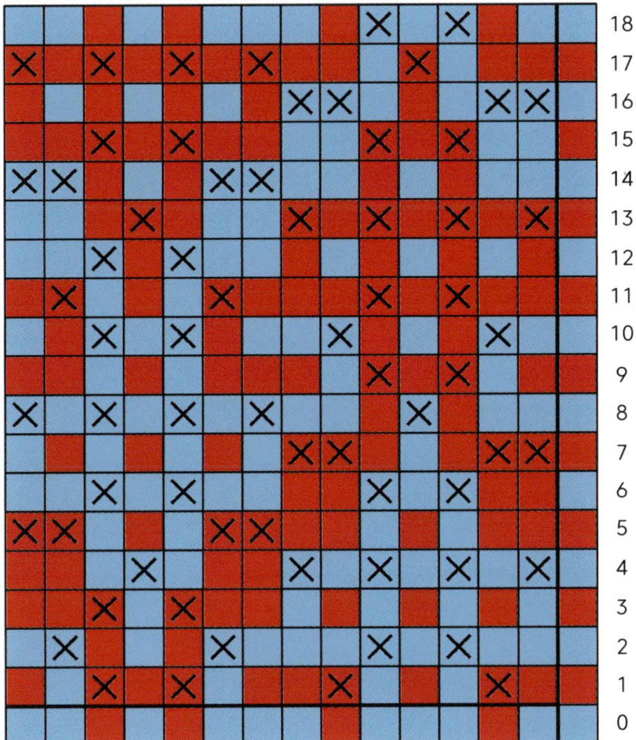


**Rde 14**: Farbwechsel zu A, 1 LM, [3 FM HMG, 1 St VMG 2 R tiefer, 1 M überspr, 2 FM HMG] rundum. 84 M

**Rde 15**: Farbwechsel zu B, 1 LM, [2 FM HMG, 1 ST VMG 2 R tiefer, 1 M überspr, 2 FM HMG in die nächste M, 2 FM HMG] rundum. 98 M – 14 M zug

**Rde 16**: Farbwechsel zu A, 1LM, [1 FM HMG, 1 St VMG 2 R tiefer, 1 M überspr, 5 FM HMG] rundum. 98 M

**Anm.:** Für eine enger sitzende Beanie-Mütze ohne Überlänge die nächsten 4 Rden weglassen. Abgebildet sind alle 20 Rden.

**Rde 17**: Farbwechsel zu B, 1 LM, [1 St VMG 2 R tiefer, 1 M überspr, 6 FM HMG] rundum. 98 M

**Rde 18**: Farbwechsel zu A, 1 LM, [6 FM HMG, 1 ST VMG 2 R tiefer, 1 M überspr] rundum. 98 M

**Rde 20:** Farbwechsel zu A, 1 LM, [4 FM HMG, ST VMG 2 R tiefer, 1 M überspr, 1 FM HMG] rundum. 98 M

Alle R in Häkelschrift 2 rundum 7 x wdh in A und C. In R 0 mit C beginnen. Häkelschrift 1 x ganz, dann noch 1 x R 1 und 3.

Häkelschrift 3 rundum in A und B. In R 0 mit B beginnen. Bei der gewünschten Länge auf einer R in A beenden (ungerade). Weiter mit falscher I-Cord-Bordüre.

## BORDÜRE

Bordüre zieht Bündchen etwas zusammen, damit die Mütze besser sitzt; wenn sie nicht enger werden soll, mit einer größeren Nadel arbeiten.

In A rundum FM HMG. Rde nicht schließen, sondern spiralförmig weiter.

**Falsche I-Cord-Bordüre:** MM in erste M, um Rden-Anfang zu markieren, FM HMH 3 x, Rde mit KM in erste M schließen.

## LEGENDE

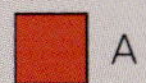 A 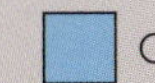 C

**X** St ins vordere Maschenglied (St VMG)

Die Häkelschrift befolgt alle Regeln der Technik für einreihiges Mosaik-Häkeln (s. Farbmuster-Techniken: Mosaik-Häkeln).

Von unten nach oben arbeiten, von re nach li, jedes Kästchen = 1 M und jede Reihe in der Häkelschrift = 1 gehäkelte Reihe

Reihe 0 nur am Anfang

Erste Spalte definiert die Farbe der Reihe und die Reihen-Nummer. Sie wird NICHT mitgehäkelt.

Durchgehend 1 LM am Rundenanfang und Runden unsichtbar schließen.

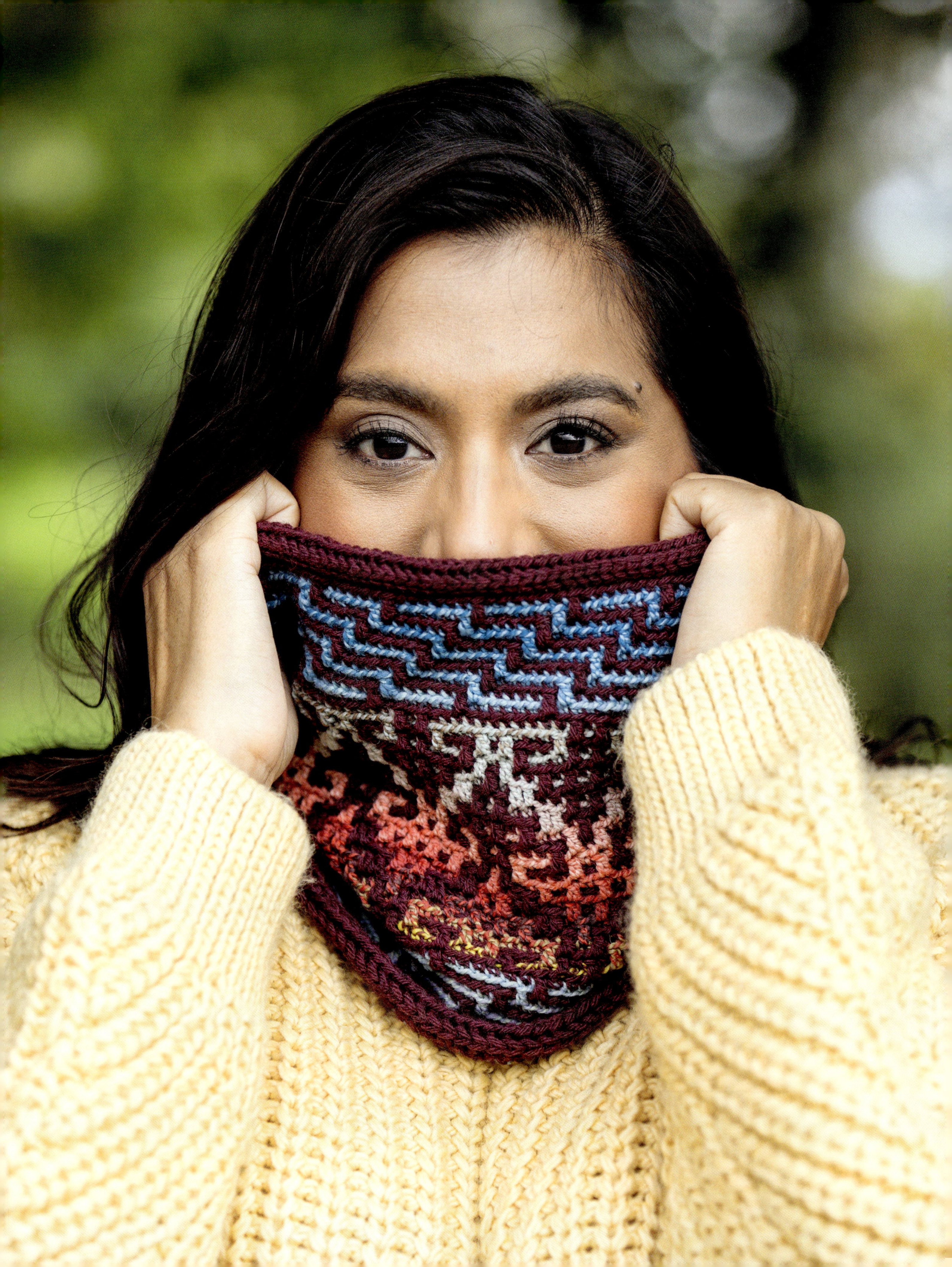

# Loop

Mit 4,5 mm Häkelnadel in A 112 (126) LM, Rde mit KM in die erste M schließen.

**Grund-Rde:** 1 LM (zählt durchgehend nicht als M), FM rundum, Rde nicht schließen, sondern spiralförmig weiter. 112 (126) M

**Falsche I-Cord-Bordüre:** MM in erste M um den Rden-Anfang zu markieren, FM HMH rundum, 3 x wdh.

**Nächste Rde:** Mit 4 mm Häkelnadel Rde davor und Anfangs-LM schließen, dazu FM HMH in die M der Rde davor und die nicht gehäkelten MG der LM rundum zusammenhäkeln, Rde mit KM in erste M schließen. 112 (126) M

R 0 bis 9 (11) der Häkelschrift 3 rundum in A und C, in R 0 mit C beginnen. Weiter nach Häkelschrift. Wenn der Loop länger werden soll, unbedingt mit einer Rde in A (ungerade) enden.

Häkelschrift 2 rundum in A und B, in R 0 mit B beginnen. Nach 1 (2) Wdh gesamter Häkelschrift noch einmal R 1 bis 3.

Häkelschrift 3 wdh, so viele R wie am Anfang.

## BORDÜRE

Mit 4,5 mm Häkelnadel in Farbe A FM HMG rundum. Rde nicht schließen, sondern spiralförmig weiter.

**Falsche I-Cord-Bordüre:** MM an die erste M, um Rden-Anfang zu markieren, FM HMH rundum 4 x wdh, mit KM in erste M schließen.

Arbeitsfaden verknoten und abschn, Ende so lang wie der Umfang des Loops.

# Fertigstellen

Mit Sticknadel letzte gehäkelte Rde und RS der ersten Bordüren-R zusammennähen, die HMG der M der letzten R und die RS, mit dem langen Ende, das nach dem Verknoten stehen gelassen wurde.

Alle Fäden vernähen und Mütze in Wunschmaß dämpfen.

Auf Wunsch einen Pompon an die Mütze nähen.

## Häkelschrift 3

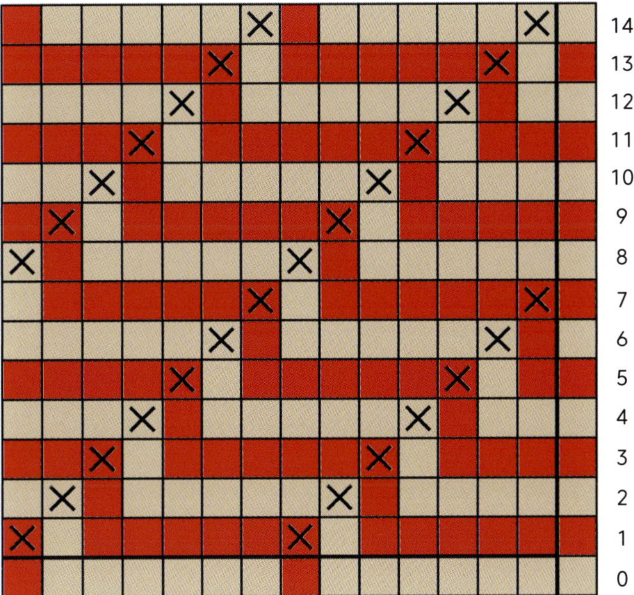


## LEGENDE

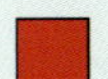 A 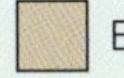 B

**X** Stäbchen VMG (St VMG)

Die Häkelschrift befolgt alle Regeln der Technik für einreihiges Mosaik-Häkeln (s. Farbmuster-Techniken: Mosaik-Häkeln).

Von unten nach oben arbeiten, von re nach li, jedes Kästchen = 1 M und jede Reihe in der Häkelschrift = 1 gehäkelte Reihe

Reihe 0 nur am Anfang

Erste Spalte zeigt die in dieser Reihe benutzte Farbe und die Reihennummer. Sie wird NICHT mitgehäkelt.

Durchgehend 1 LM am Rundenanfang und Runden unsichtbar schließen.

# Pana Po'o-Sommertop

*Pana Po'o (hawaiianisch) – sich am Kopf kratzen, um sich an etwas zu erinnern, das einem entfallen ist.*

## GRÖSSEN

9 Größen (1 bis 9)

## GARN

The Yarn Collective Bloomsbury DK (100% Merinowolle), Light worsted (DK), 100 g (240 m), in folgenden Farben:

**A:** Oz (106); 1 (1, 1, 1, 1) (1, 1, 1, 1¼) Knäuel

**B:** Russet (109); 1 (1, 1, 1, 1¼) (1¼, 1¼, 1¼, 1½) Knäuel

**C:** Indigo (104); 1 (1, 1, 1, 1) (1¼, 1¼, 1¼, 1½) Knäuel

**D:** Fuchsia (102); 1 (1, 1, 1, 1¼) (1¼, 1¼, 1¼, 1½) Knäuel

## UTENSILIEN

5 mm Häkelnadel

2 Maschenmarkierer

## MASCHENPROBE

14 M x 14 Reihen = 10 x 10 cm in Griddle-Maschen mit einer 5 mm Häkelnadel.

## BESONDERE ABKÜRZUNG

**Griddle,** Griddle-Maschen: abwechselnd (1 FM, 1 St) durchgehend, die FM immer in die St der Vorreihe und umgekehrt

Fertig-Maße befinden sich im Kapitel Projekt-Details

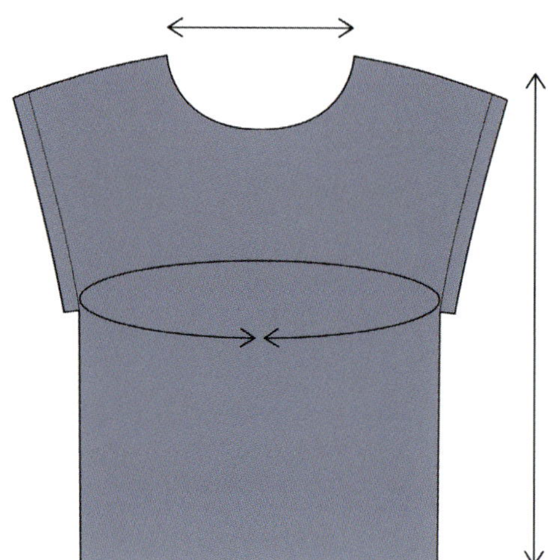

Das Pana Po'o-Sommertop symbolisiert den Scheideweg, an dem wir oft innehalten, um nachzudenken. Es steht für unendlich viele Möglichkeiten, und das Leben. Der einfache Schnitt ist optimal als Einstiegsprojekt für das Intarsien-Häkeln bei Kleidungsstücken; es werden vier Farben verarbeitet, man kann aber ohne Weiteres auch mehr benutzen.

## ANMERKUNGEN

*Das Top besteht aus zwei fast identischen Teilen, die beide von oben nach unten gearbeitet werden. Beim VT muss der Ausschnitt geformt werden, was bedeutet, dass beide Seiten nacheinander gehäkelt und dann für den Rest des VT verbunden werden. Nachdem die Teile fertig sind, werden sie an den Seiten und an den Schultern zusammengenäht, und um die Ärmel wird noch eine Kante gehäkelt. Dieses Modell ist relativ kurz geschnitten, kann aber ganz nach Wunsch verlängert werden.*

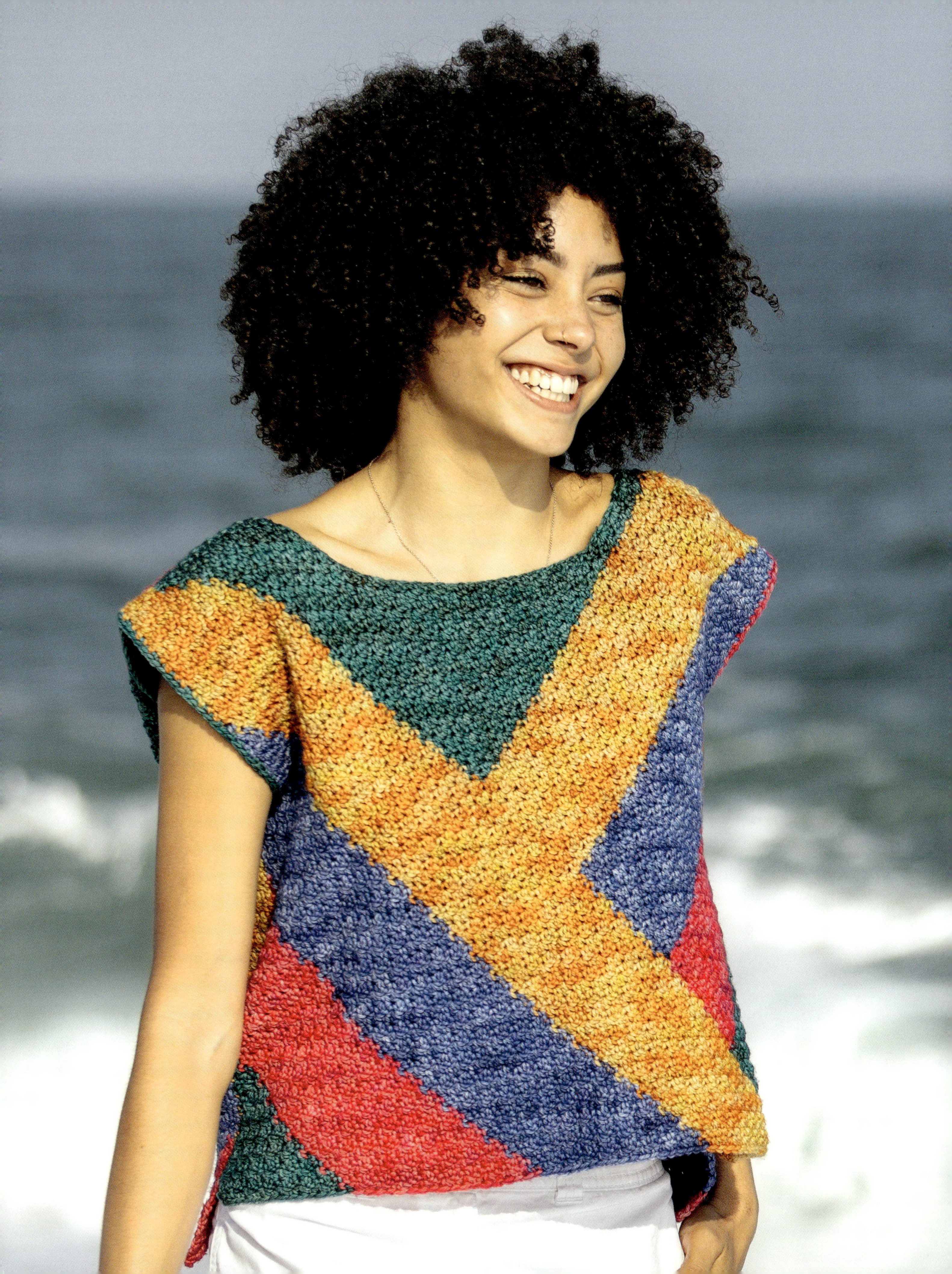

# Vorderteil

Erst Ausschnitt linke Seite, dann rechte Seite arbeiten.

## LINKE SEITE

Eine Häkelkordel aus 9 (12, 16, 19, 23) (26, 29, 33, 37) M in den Farben, die zu R 1 Ausschnitt VT passen. Ab Ausschnitt wie folgt:

**A**: 4 M, B: 5 (8, 12, 15, 18) (18, 18, 18, 18) M, C: – (–, –, –, 1) (4, 7, 11, 15) M.

Farbwechsel nach Häkelschrift VT

**Ausschnitt Griddle-Grund-R:**

### NUR GRÖSSEN 1 (4, 5) (7, 8, 9)

**R1 (RS):** 1 LM, 1 FM VMG in erste M, *1 ST VMG in nächste M, 1 FM VMG in nächste M; von * bis R-Ende wdh, wenden.

### NUR GRÖSSEN 2 (3) (6)

**R 1 (RS):** 1 LM, 1 ST VMG in erste M, 1 FM VMG in nächste M, *1 St VMG, 1 FM VMG; von * bis R-Ende wdh, wenden.

### ALLE GRÖSSEN

Weiter in Griddle.

**Anm.:** Wenn die 1 Zun am R-Ende auf eine FM fällt, (1 St, 1 FM) in die gleiche M. Wenn die 1 Zun am R-Anfang auf eine FM fällt, (1 FM, 1 St) in die gleiche M.

**R 2 (VS):** 1 LM, 1 Zun in die erste M, Griddle bis R-Ende, wenden. 10 (13, 17, 20, 24) (27, 30, 34, 38) M

**R 3 (RS):** 1 LM, Griddle bis zur letzten M, 1 Zun in die letzte M, wenden. 11 (14, 18, 21, 25) (28, 31, 35, 39) M

Die letzten 2 R 2 x wdh, dann noch 1 x R 2. 16 (19, 23, 26, 30) (33, 36, 40, 44) M

Arbeitsfaden nicht abschn.

## RECHTE SEITE

Eine Häkelkordel aus allen Farben häkeln: 9 (12, 16, 19, 23) (26, 29, 33, 37) M pro Farbe passend zu R 1 der Häkelschrift für Halsausschnitt vorne ab Ärmel, Seite wie folgt:

**C**: – (–, –, –, –) (–, –, 1, 5) M, B: – (–, 2, 5, 9) (12, 15, 18, 18) M, A: 9 (12, 14, 14, 14) (14, 14, 14, 14) M.

Farbwechsel nach Häkelschrift VT
**Ausschnitt Griddle-Grund-R:**

**R 1 (RS):** 1 LM, 1 FM VMG in erste M, *1 St VMG in nächste M, 1 FM VMG in nächste M, ab * bis R-Ende wdh, wenden.

**Anm.:** Bei Größen 2, 3 und 6 ist die letzte M ein St.

Weiter mit Griddle.

**R 2 (VS):** 1 LM, Griddle bis zur letzten M, 1 Zun in letzte M, wenden. 10 (13, 17, 20, 24) (27, 30, 34, 38) M

## HS Vorderteil Ausschnitt

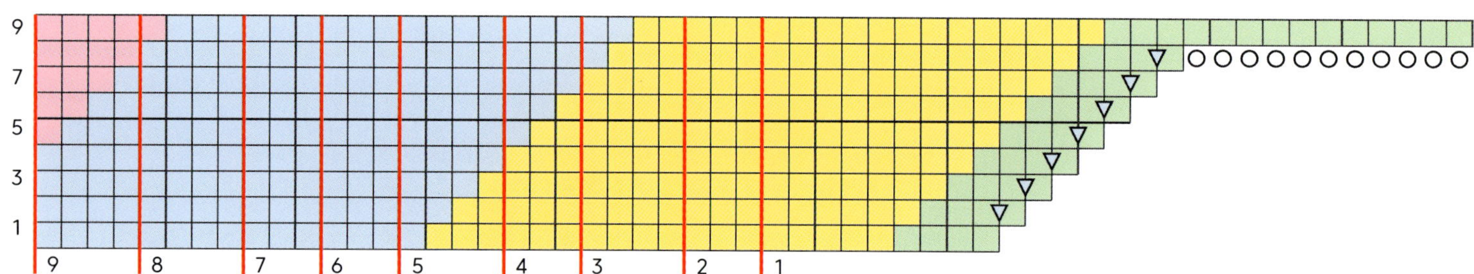


## HS Rückenteil Ausschnitt

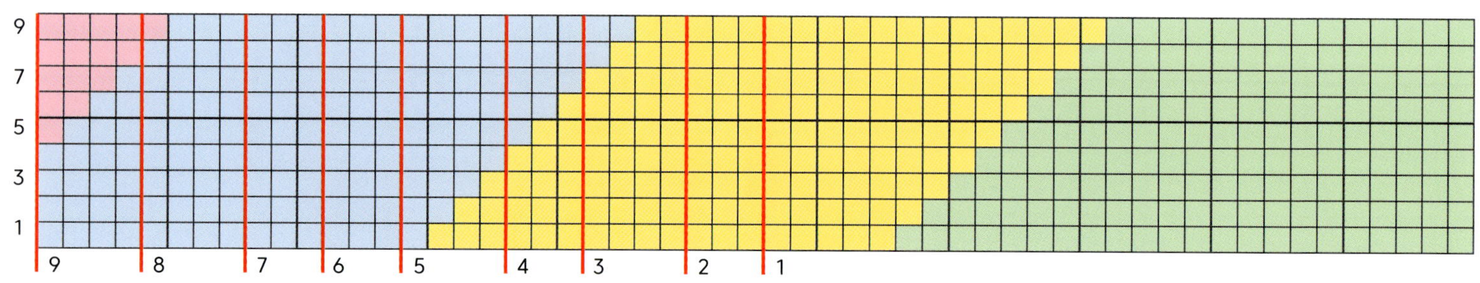

# Rückenteil



**R 3 (RS):** 1 LM, 1 Zun in erste M, Griddle bis R-Ende, wenden. 11 (14, 18, 21, 25) (28, 31, 35, 39) M

Die 2 letzten R 2 x wdh, dann R 2. 16 (19, 23, 26, 30) (33, 36, 40, 44) M

23 LM, KM in erste M von R 8 des Ausschnitts li. An der re Seite NUR A abschn. MM in die 12. LM – mittlere M markiert.

**R 9 (RS):** Am Ende der li Seite 1 LM, Griddle bis R-Ende, inkl LM, die die re und die li Seite verbindet, wenden. 55 (61, 69, 75, 83) (89, 95, 103, 111) M

## KÖRPER

Maschenanzahl bleibt durchgehend unverändert. Durchgehend Griddle gemäß Häkelschrift Körper bis zur gewünschten Länge des VT (etwa 50 cm ab Ecke an der Schulter), MM in jeder R nach oben.

Ist die gewünschte Länge erreicht, Fäden verknoten und abschn.

Eine Häkelkordel aus 55 (61, 69, 75, 83) (89, 95, 103, 111) M passend zu den Farben von Reihe 1 in der Häkelschrift RT Ausschnitt. An der RECHTEN Seite beginnen:

**C:** – (–, –, –, –) (–, –, 1, 5) M, B: – (–, 2, 5, 9) (12, 15, 18, 18) M, A: 50 (53, 55, 55, 55) (55, 55, 55, 55) M – MM in M Nummer 28 (31, 33, 33, 33) (33, 33, 33, 33) in Farbe A – mittlere M markiert;
**B:** 5 (8, 12, 15, 18) (18, 18, 18, 18) M,
**C:** – (–, –, –, 1) (4, 7, 11, 15) M.

Farbwechsel gemäß Häkelschrift

**RT Ausschnitt Griddle Grundreihe:**

## NUR GRÖSSEN 1 (4, 5) (7, 8, 9)

R 1 (RS): 1 LM, 1 FM VMG in erste M, *1 St VMG in nächste M, 1 FM VMG in nächste M, von * bis R-Ende wdh, wenden.

## NUR GRÖSSEN 2 (3) (6)

**R 1 (RS):** 1 LM, 1 St VMG in erste M, *1 FM VMG in nächste M, 1 St VMG in nächste M, von * bis R-Ende wdh, wenden.

Maschenanzahl bleibt durchgehend unverändert. Durchgehend Griddle gemäß Häkelschrift Körper bis zur Wunschlänge des RT (etwa 55 cm ab Ecke der Schulter). Den MM in jeder R nach oben. RT am abgebildeten Modell ist etwa 5 cm länger als das VT, aber das kann nach Wunsch angepasst werden.

Ist die gewünschte Länge erreicht, alle Fäden verknoten und abschn.

## LEGENDE

A B C D

Häkelschrift von unten nach oben, von li nach re an der VS, und von re nach li an der RS lesen.

Jedes Kästchen = 1 M, entweder 1 FM oder 1 St.

Entsprechend eurer Größe nur den Bereich zwischen den roten Linien häkeln.

▽ **1 Zun:** (1 St, 1 FM) in die gleiche M am Reihenende, oder (1 FM, 1 St) in die gleiche M am Reihenanfang

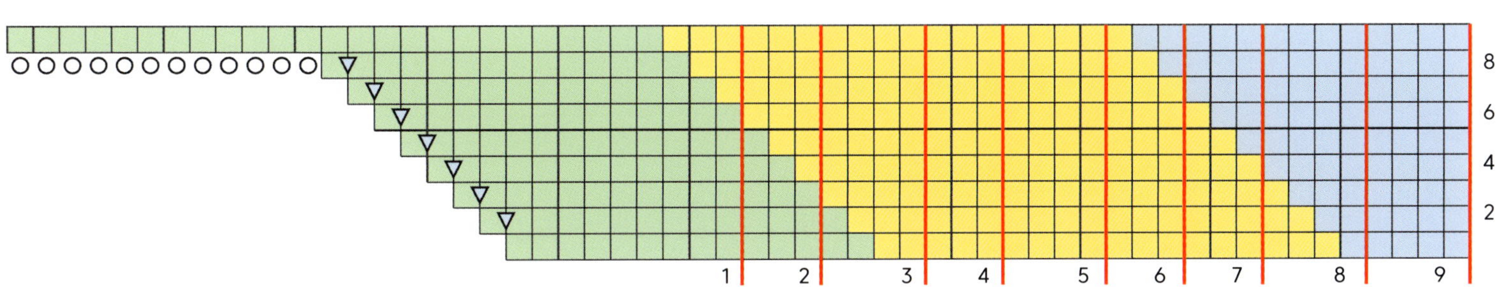


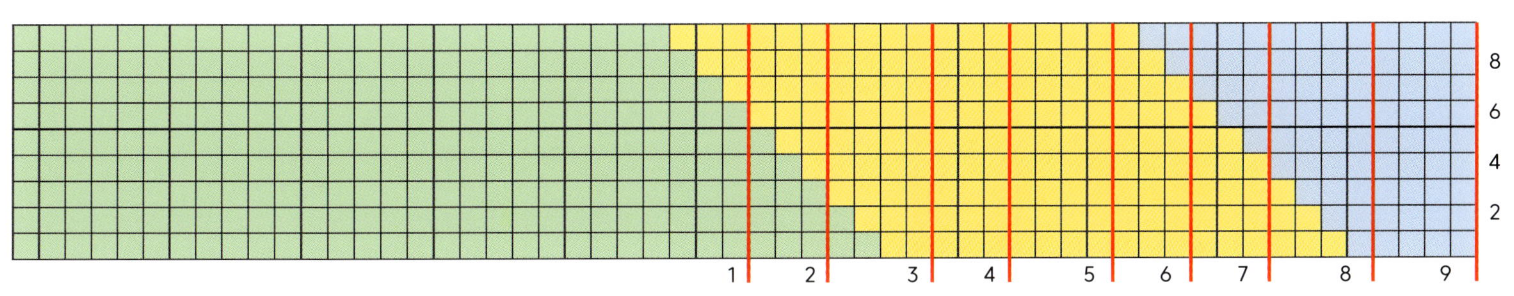

# Häkelschrift Körper

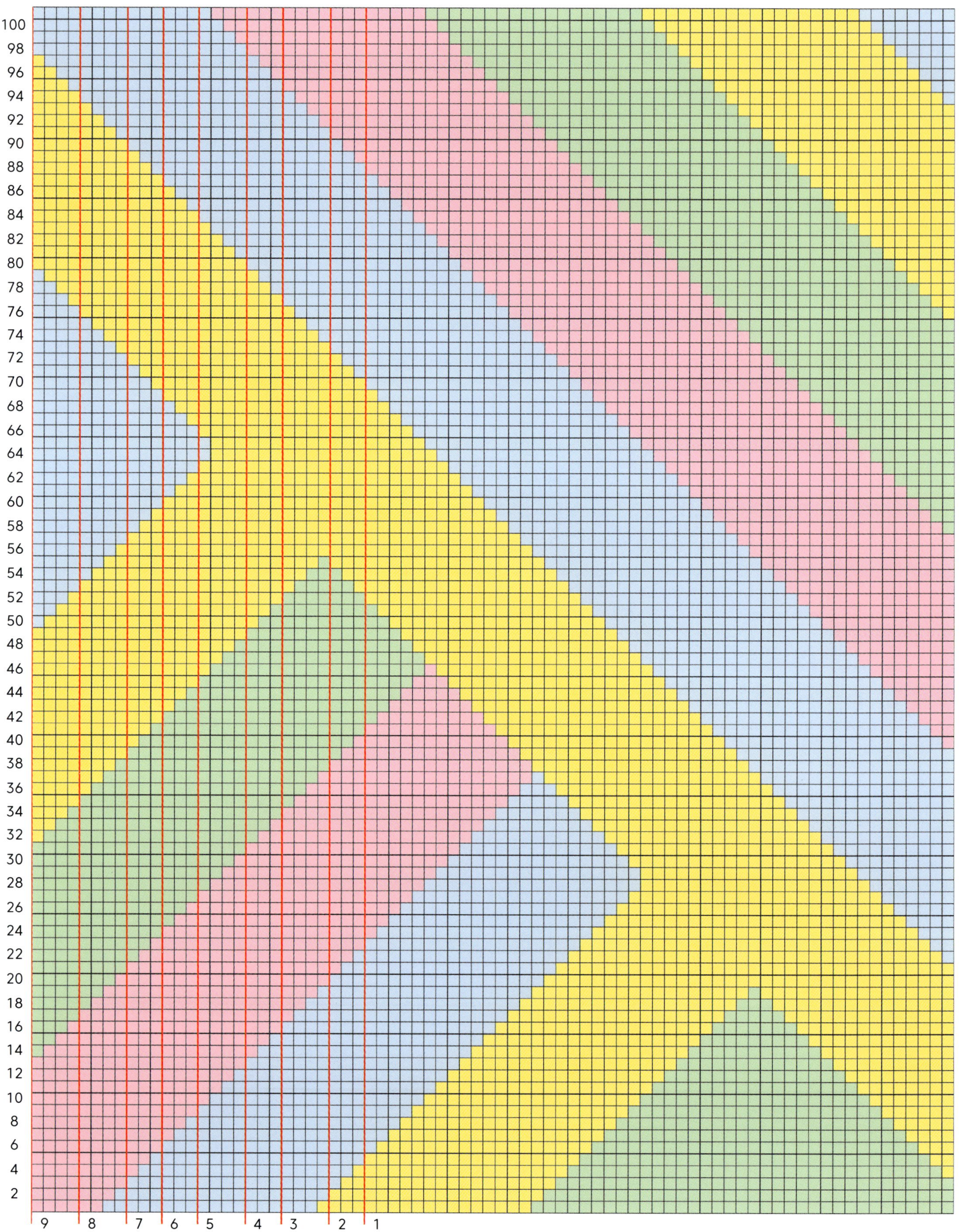

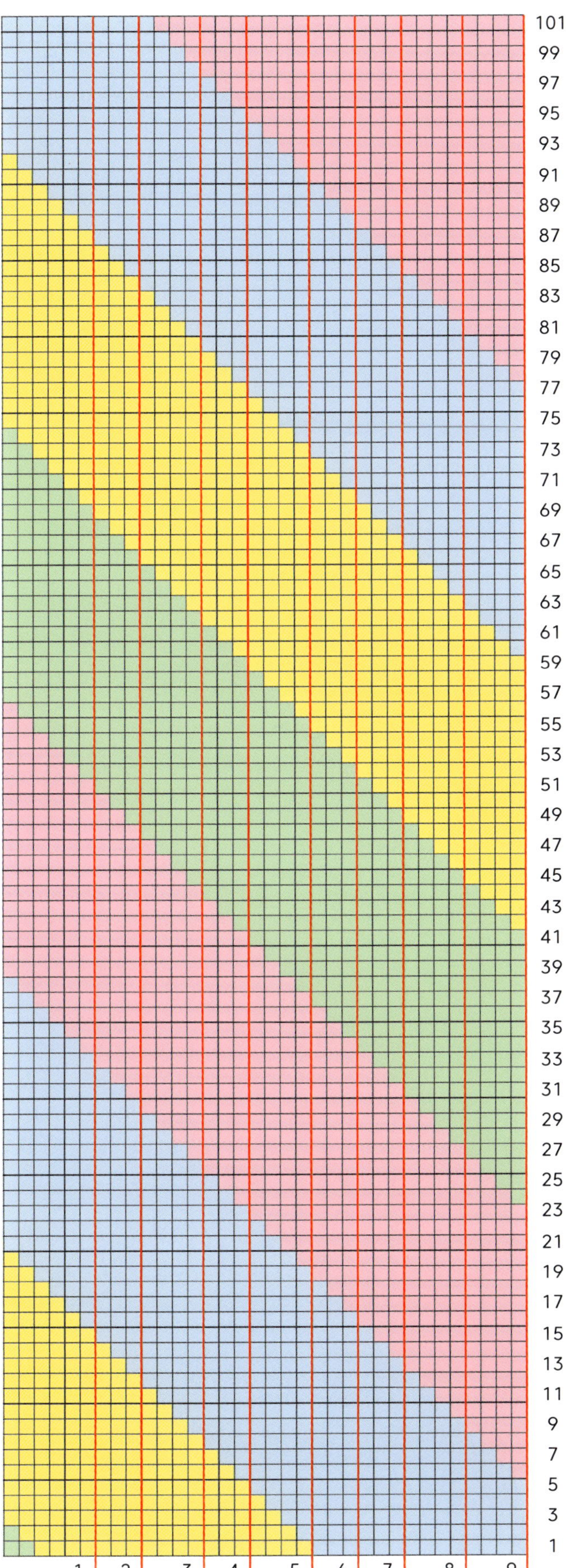


# Fertigstellen

RT und VT mit den VS aneinanderlegen und an den Schultern zusammennähen. Etwa 19 bis 24 cm ab den oberen Ecken der Achsel und an beiden Seiten einen MM platzieren. Die Länge des Armausschnitts nach Wunsch anpassen. Ab den MM zusammennähen bis etwa 5 cm ab Unterkante des VT.

## ARMAUSSCHNITT BORDÜRE

Eine beliebige Farbe unter der Achsel aufn.

**Rde 1:** 1 LM, FM um den Armausschnitt im Abstand von etwa 5 M pro 4 R in Griddle (die genaue Maschenanzahl ist unwichtig, solange das Gewebe glatt bleibt), mit KM schließen.

Faden abschn.

Am anderen Armausschnitt ebenso verfahren.

## LEGENDE

A B C D

Die Häkelschrift von unten nach oben, von li nach re auf der VS und von re nach li an der RS lesen.

Jedes Kästchen = 1 Masche, entweder FM oder St.

Nur den Bereich zwischen den roten Linien häkeln, je nach eurer Größe.

In der Häkelschrift sind alle Größen enthalten. Häkelschriften für die einzelnen Größen könnt ihr auf www.davidandcharles.com herunterladen.

# Gigil-Cardigan

*Gigil (Tagalog) – eine extrem überwältigend süße Situation, oder der unwiderstehliche Drang, etwas Niedliches zu umarmen.*

## GRÖSSEN

9 Größen (1 bis 9)

## GARN

Sirdar Country Classic Worsted (50% Merinowolle, 50% Acryl), Worsted (Aran), 100 g (200 m), in folgenden Farben:

**A:** Milk; 5¼ (5¾, 6½, 7¼, 8) (9, 9¾, 11, 11½) Knäuel

**B:** Golden; ¾ (¾, ¾, ¾, ¾) (1, 1, 1, 1) Knäuel

**C:** Moss; ½ (½, ½, ½, ½) (½, ½, ½, ½) Knäuel

**D:** Oyster; ½ (½, ½, ½½) (½, ½, ½, ½) Knäuel

**E:** Dusky Rose; ¼ (¼, ¼, ¼, ¼) (¼, ¼, ¼, ¼) Knäuel

**F:** Port; ¼ (¼, ¼, ¼, ¼) (¼, ¼, ¼, ¼) Knäuel

**G:** Ginger; ¼ (¼, ¼, ¼, ¼) (¼, ¼, ¼, ¼) Knäuel

**H:** Violet; ⅛ (⅛, ⅛, ⅛, ⅛) (⅛, ⅛, ⅛, ⅛) Knäuel

**I:** French Navy; ¼ (¼, ¼, ¼, ¼) (¼, ¼, ¼, ¼) Knäuel

**J:** Fern; ⅛ (⅛, ⅛, ⅛, ⅛) (⅛, ⅛, ⅛, ⅛) Knäuel

## UTENSILIEN

5 mm Häkelnadel

8 bis 12 Maschenmarkierer

6 bis 10 Knöpfe, 2 cm Durchmesser

## MASCHENPROBE

17 M x 16 Reihen = 10 x 10 cm aus doppelten Kettmaschen HMG mit 5 mm Häkelnadel.

## BESONDERE ABKÜRZUNGEN

**DKM,** doppelte Kettmaschen: U, Nadel in die M einst, U, durch die M und die beiden Schl auf der Nadel durchz

**2 DKM HMG zus, 2 DKM zus durch das HMG:** U, Nadel in HMG der nächsten M, U, Schl hochz, Nadel in das HMG der nächsten M, U, durch die M und die 3 Schl auf der Nadel durchz

Fertig-Maße befinden sich im Kapitel Projekt-Details.

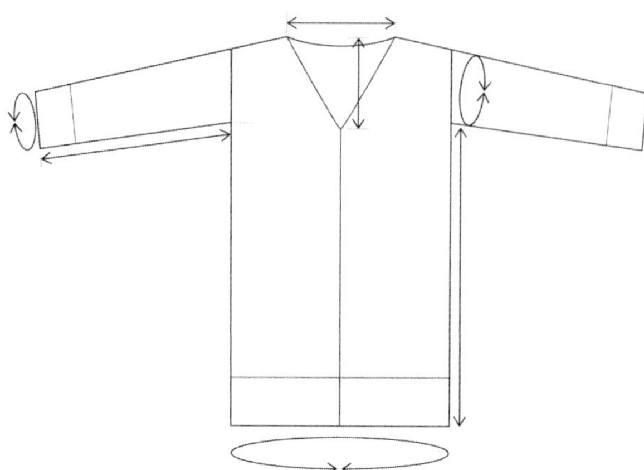

Wer kennt nicht das Gefühl beim Anblick von mit Entenküken spielenden Hundebabys oder dem ersten Lächeln eines Babys? Das ist Gigil. Dieses Gefühl von maximal süß und unschuldig ruft auch der lange Oversize-Cardigan hervor. An dem Muster mit den fröhlichen Punkten übt ihr euch im Intarsien-Häkeln; dabei entsteht ein toller Cardigan mit schmeichelhaft überschnittenen Schultern.

## ANMERKUNGEN

Die Jacke wird in 5 Teilen gearbeitet: RT, 2 VT und 2 Ärmel. Körper und Ärmel werden in senkrechten Reihen aus DKM HMG gehäkelt, die Bündchen aus KM HMG – ein wie gestrickt wirkender Rippen-Look. Das RT hat große Punkte, die nach Häkelschrift in senkrechten Reihen, beginnend an der li Seite, gearbeitet werden. Verkürzte Reihen formen Schulter- und Nackenpartie. Die VT mit nahtlosen Taschen werden von der Seite zur Mitte gearbeitet, haben ein Bündchen in Kontrastfarbe und einen V-Ausschnitt. Das li VT hat vier große Punkte, die sich mit der Tasche überschneiden. Die Schultern werden quer mit verkürzten Reihen geformt, die Ärmel auch. Alle Farbwechsel werden nach den Regeln des Intarsien-Häkelns vorgenommen (s. Farbmuster-Techniken: Intarsien-Häkeln.) VT und RT werden oben an den Schultern zusammengefügt, dann werden die Ärmel angenäht. Danach werden Seiten- und Ärmelnähte geschlossen, und zum Schluss wird an Vorderteilen und Ausschnitt ein Rippenbündchen angefügt.

Die Rippenbündchen bestehen aus KM HMG – locker arbeiten, damit ihr gut in die Maschen einstechen könnt.

## ABNAHMEN

2 abn am R-Anfang: 1 LM, 1 M überspr, 2 DKM HMG zus bis zu Ende. 2 M abg

2 abn am R-Ende: bis zu den letzten 3 M häkeln, dann 2 DKM HMG zus, letzte M überspr, wenden. 2 M abg

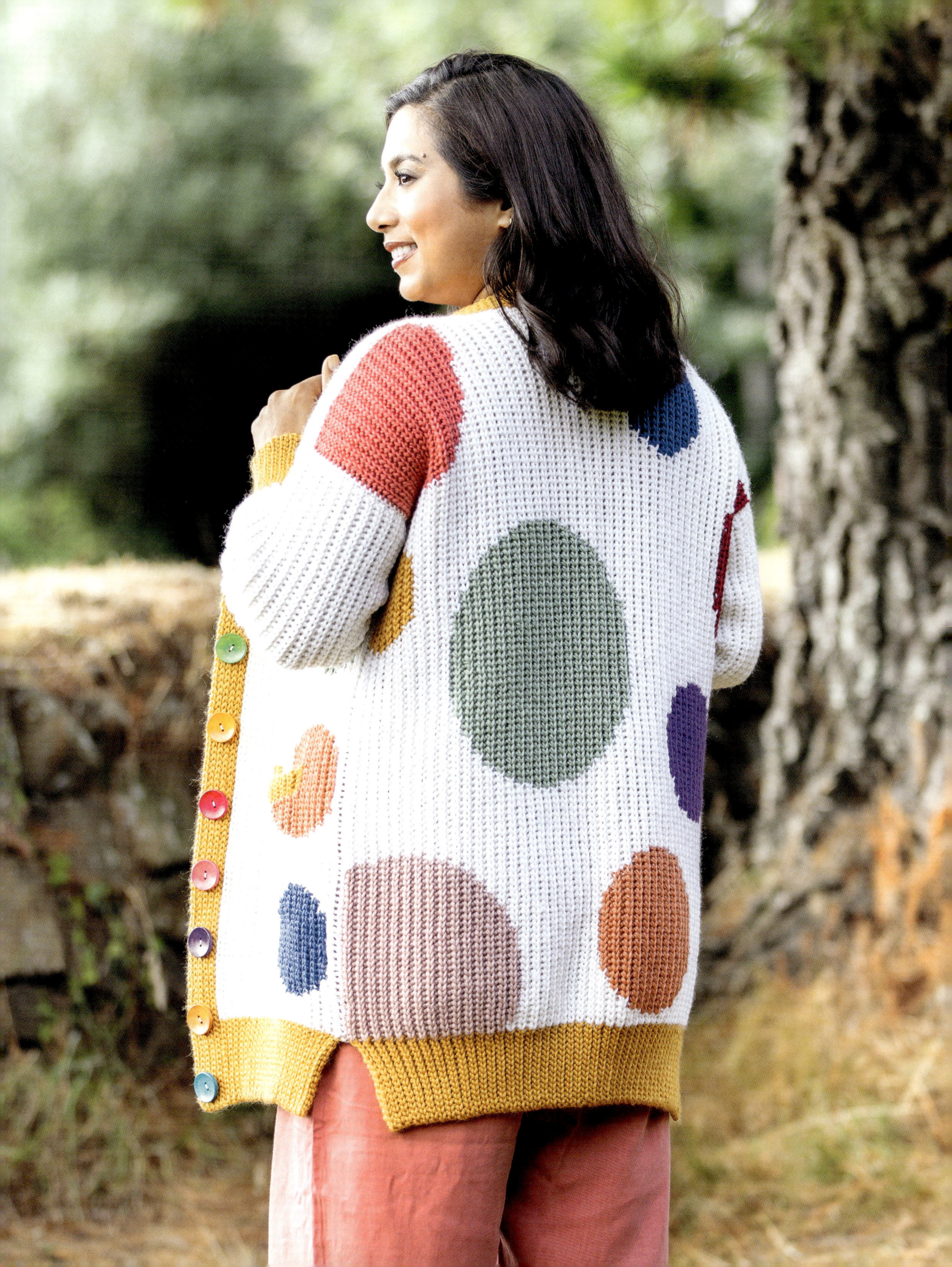

## HS Rückenteil

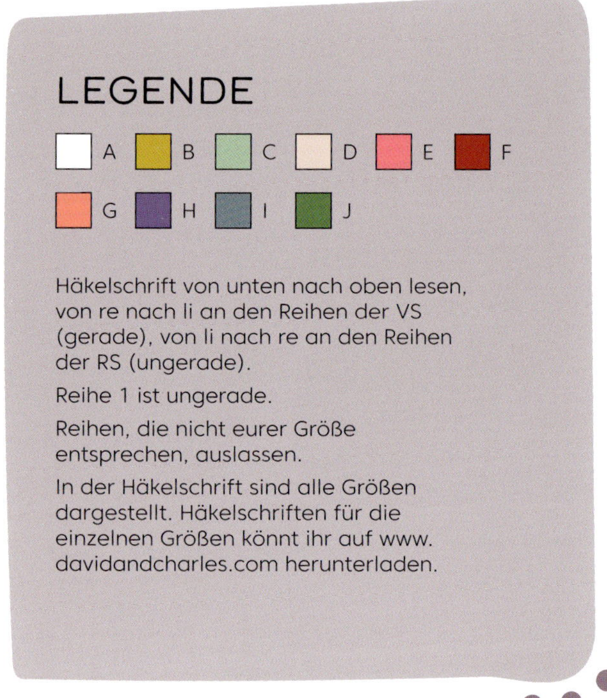


# Rückenteil

In B 15 LM für das Bündchen häkeln, dann 113 LM, R 1 nach Häkelschrift RT. 128 M

**Anm.:** Die LM-Kette beginnt an der Unterkante des RT und endet oben an der Schulter. RS-R werden von oben nach unten gehäkelt, VS-R von unten nach oben. Die anderen Farben werden an der RS der Arbeit mitgeführt. Rückseite = VS-Reihe, Vorderseite = RS-Reihe.

**R 1 (RS):** 1 LM (zählt durchgehend nicht als M), dann R 1 der Häkelschrift in DKM bis zu den letzten 15 M, Farbwechsel zu B und KM bis zum Ende der LM-Kette, wenden. 128 M

**Anm.:** R 1 ist eine RS-Reihe, also bei jedem Farbwechsel die anderen Farben vor die Arbeit unter die Häkelnadel bringen, damit die Fäden an der RS der Arbeit bleiben.

**R 2 (VS):** 1 LM, 15 KM HMG in B, weiter nach RT-Häkelschrift in DKM HMG bis R-Ende, wenden. 128 M

**R 3 (RS):** 1 LM, RT-Häkelschrift in DKM HMG bis zu letzten 15 M, Farbwechsel zu B, KM HMG bis R-Ende, wenden. 128 M

Die 2 R davor wdh, bis RT fertig ist. 67 (75, 83, 91, 99) (105, 113, 121, 131) R.

Arbeitsfaden verknoten und abschn.

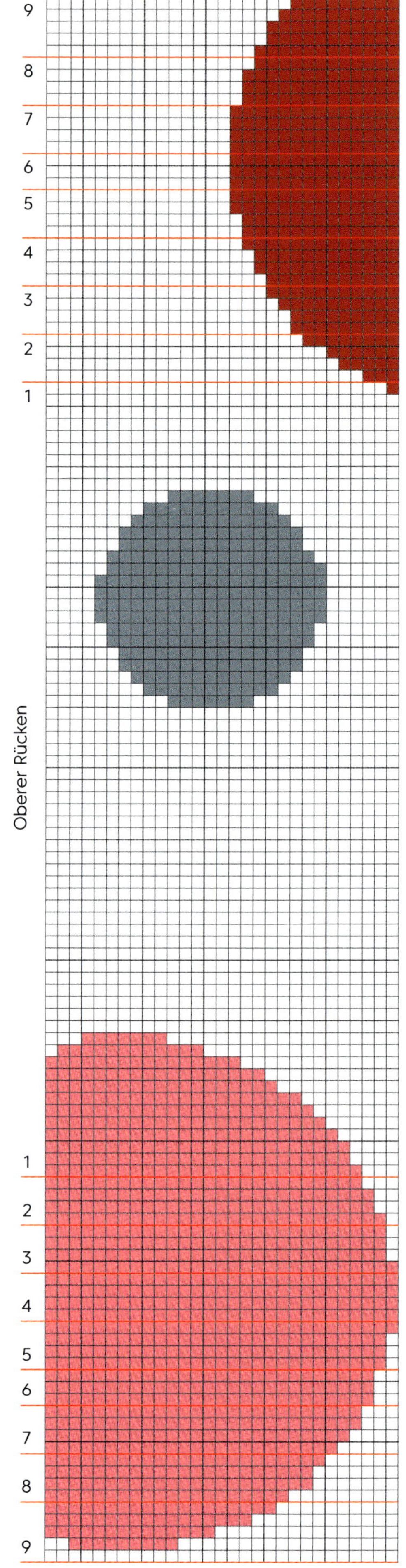

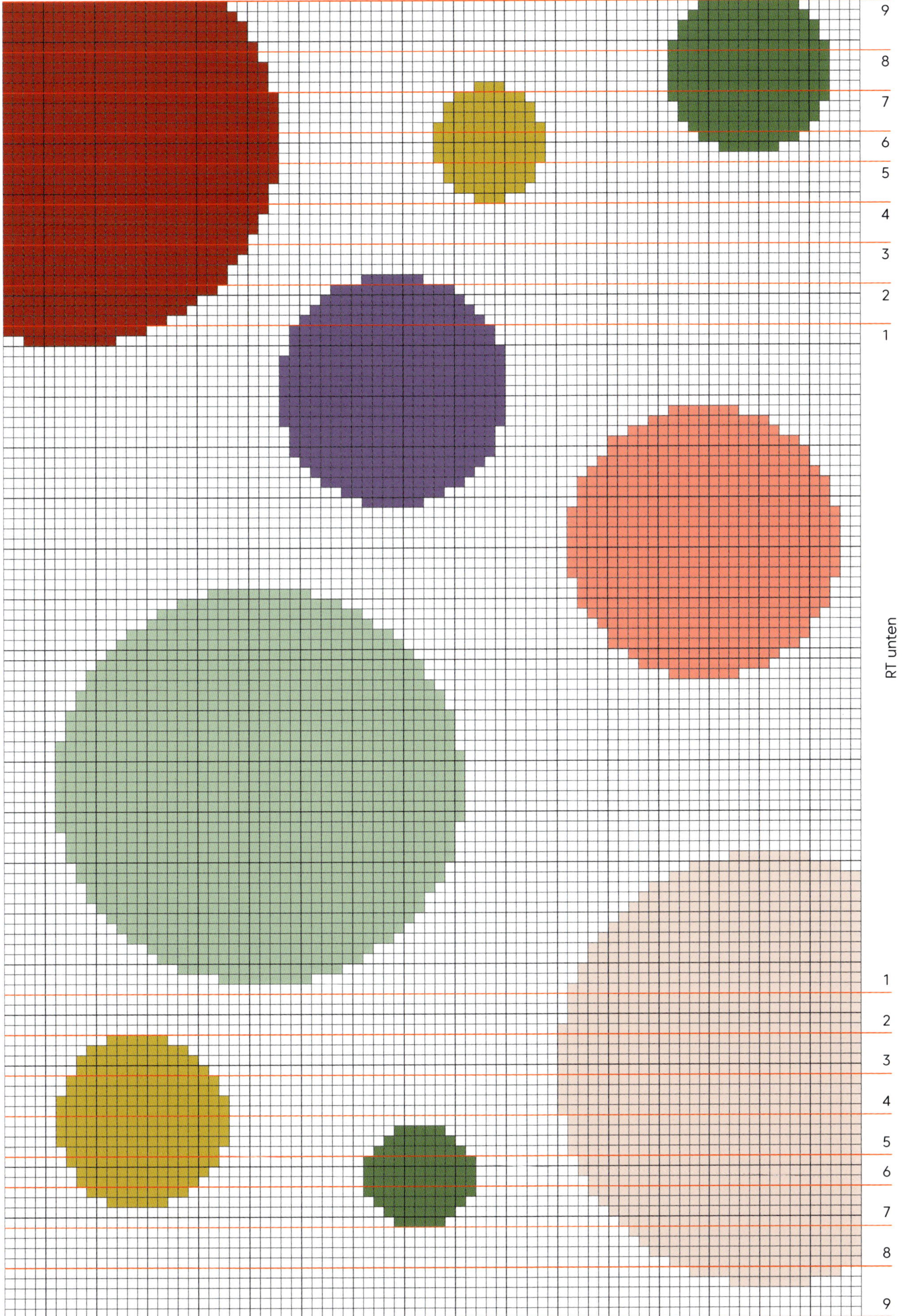
9
8
7
6
5
4
3
2
1
RT unten
1
2
3
4
5
6
7
8
9

# Vorderteil rechts

## RÜCKENTEIL RECHTS SCHULTER FORMEN

An der VS mit A oben re in der Ecke beginnen.

**R 1 (VS):** 1 LM, 1 FM in die nächsten 20 (24, 26, 31, 35) (37, 42, 46, 50) R, wenden. 20 (24, 26, 31, 35) (37, 42, 46, 50) M

**R 2:** 1 LM, erste M überspr, 14 (16, 17, 20, 20) (20, 22, 23, 23) KM HMG, wenden. 14 (16, 17, 20, 20) (20, 22, 23, 23) M

**R 3:** 1 LM, erste M überspr, KM HMG bis R-Ende. 13 (15, 16, 19, 19) (19, 21, 22, 22) M

**R 4:** 1 LM, erste M überspr, KM HMG bis Ende der letzten R, KM in die Stufe li, wo in der R davor gewendet wurde, KM HMG in die nächsten (5, 4, 5, 6) M, wenden. 15 (18, 20,22,23) (24, 25, 27, 28) M

**R 5:** 1 LM, erste M überspr, KM HMG bis R-Ende. 14 (17, 19, 21, 22) (23, 24, 26, 27) M

### NUR GRÖSSEN 4 BIS 9

Die letzten 2 R noch (1, 1) (1, 2, 2, 2) x wdh. (24, 26) (28, 31, 35, 38) M

### ALLE GRÖSSEN

R 6 (6, 6, 8, 8) (8, 10, 10, 10): 1 LM, erste M überspr, KM HMG bis zum Ende der letzten R, KM in die Stufe li, wo in der R davor gewendet wurde, KM HMG bis R-Ende. 17 (21, 23, 27, 31) (33, 37, 41, 45) KM

Arbeitsfaden verknoten und abschn.

## RÜCKENTEIL LINKS SCHULTER FORMEN

An der VS 19 (24, 27, 30, 35) (38, 41, 46, 51) R ab linker Ecke abzählen. A in der letzten gezählten M aufnehmen.

**R 1:** 1 LM, 1 FM in nächsten 19 (24, 27, 30, 35) (38, 41, 46, 51) R bis zur Ecke, nicht wenden. 19 (24, 27, 30, 35) (38, 41, 46, 51) M

Arbeitsfaden verknoten und abschn.

An der VS in erste M der letzten R A aufnehmen und R 2 bis 6 (6, 6, 8, 8) (8, 10, 10, 10) wdh ab Rechte Schulter Formen, ABER in M aus R 1 VMG nicht HMG häkeln.

Teile nach Anleitung arbeiten, um die Konstruktion der Tasche zu verstehen. Das linke VT ohne Häkelschrift.

Senkrecht von der Seite zur Mitte des VT mit dem kontrastfarbenen gerippten Bündchen. Die ersten R sind gerade und geben das Muster vor. S. zur Info Projekt-Details: Gigil-Cardigan VT-Tabelle, was in welcher R zu tun ist.

In B 15 LM für das Bündchen, dann, 113 LM in A. 128 M

RS-Reihen NACH UNTEN, VS-Reihen NACH OBEN häkeln.

**Re 1 (RS):** 1 LM (zählt durchgehend nicht als M), DKM bis zu letzten 15 LM, Farbwechsel zu B, KM bis zum Ende der LM-Kette, wenden. 128 M

**Anm.:** R 1 ist eine RS-Reihe, also die Arbeitsfäden bei jedem Farbwechsel nach vorne unter die Häkelnadel legen, damit sie auf der RS der Arbeit bleiben.

**R 2 (VS):** 1 LM, 15 KM HMG in B, dann DKM HMG in A bis R-Ende, wenden. 128 M

**R 3 (RS):** 1 LM, DKM HMG in A bis zu den letzten 15 M, Farbwechsel zu B, KM HMG bis R-Ende, wenden. 128 M

R 2 und 3 legen das Muster fest.

Gerade nach Muster arbeiten über die nächsten 3 (5, 7, 7, 9) (11, 15, 19, 25) R. 6 (8, 10, 10, 12) (14, 18, 22, 28) R, 128 M

## TASCHE

Die Tasche wird begonnen, indem das VT bis zu der Stelle gehäkelt wird, an der die Unterkante der Tasche endet. (= Innenseite der Tasche).

Obere Grund-R 7 (9, 11, 11, 13) (15, 19, 23, 29) (RS): 1 LM, 68 DKM HMG, 27 DKM VMG, MM in die sechste der 27 M, wenden. 95 M

Weiter gerade nach Muster über 10 (12, 12, 16, 18) (18, 18, 18, 16) R. 17 (21, 23, 27, 31) (33, 37, 41, 45) R, 95 M

**Anm.:** MM in die Grund-R, um den Anfang der Tasche nach dem Bündchen zu markieren.

## AUSSCHNITT FORMEN

**R 18 (22, 24, 28, 32) (34, 38, 42, 46) (VS):** Nach Muster bis zu den letzten 11 (11, 9, 7, 9) (9, 9, 9, 7) M, 2 DKM HMG zus, wenden. 85 (85, 87, 89, 87) (87, 87, 87, 89) M – 10 (10, 8, 6, 8) (8, 8, 8, 6) M abg

Weiter nach Muster und GLEICHZEITIG 2 abn am oberen Anfang jeder R über 9 (7, 9, 7, 5) (5, 5, 5, 7) weitere R (s. Abnahmen). 67 (71, 69, 75, 77) (77, 77, 77, 75) M, 27 (29, 33, 35, 37) (39, 43, 47, 53) R.

Arbeitsfaden A verknoten und abschn.

## TASCHE FERTIG-STELLEN

An der unteren Kante des VT arbeiten, um das Bündchen anzufertigen und dann die äußere Lage der Tasche zu häkeln. Die nächste Grund-R wird an der gleichen Stelle gehäkelt wie die Grund-R davor.

**Grund-R unten 7 (9, 11, 11, 13) (15, 19, 23, 29) (RS):** Mit einem neuen Faden in B 5 LM häkeln und bei der letzten M Farbwechsel zu A. Weiter bei der in der vorigen Grund-R markierten M; DKM HMG in die zuvor nicht gehäkelte Schl über die nächsten 22 M inkl markierte M, DKM HMG in die nächsten 18 M bis zu den letzten 15 M in der R, Farbwechsel zu B, KM HMG bis R-Ende, wenden. 60 M

**Nächste R (VS):** 1 LM, 15 KM HMG in B, DKM HMG bis zu den letzten 5 M in A, KM HMG in die letzten 5 M in B, wenden. 60 M

R davor legt das Muster fest.

Weiter gerade in dem Muster über 19 (19, 21, 23, 23) (23, 23, 23, 23) Reihen. 60 M, 27 (29, 33, 35, 37) (39, 43, 47, 53) Reihen

Die Rippen an der Tasche in B beenden und Arbeitsfaden verknoten und abschn.

## ABSCHLUSS TASCHE UND RESTLICHES VT

Bei der nächsten VS-Reihe (nach oben) die untere Lage der Tasche hinter die obere legen (zuletzt gehäkelte R nach vorne).

**R 28 (30, 34, 36, 38) (40, 44, 48, 54) (VS):** 1 LM, 15 KM HMG in B, Farbwechsel zu A, 18 DKM HMG, untere und obere Lage der Tasche zusammenhäkeln. Dafür DKM HMG in die nächsten 27 M beider Schichten, inkl der 5 Rippen-M an der Tasche, DKM HMG bis zu den letzten 3 M oben an der R, 2 abn, wenden. 98 (102, 100, 106, 108) (108, 108, 108, 106) M

Weiter nach Muster und GLEICHZEITIG 2 abn am oberen R-Ende über die nächsten 3 (5, 5, 7, 9) (9, 9, 9, 9) R. 92 (92, 90, 92, 90) (90, 90, 90, 88) M

Arbeitsfaden verknoten und abschn.

MM in die obere M am Ende des geformten Ausschnitts.

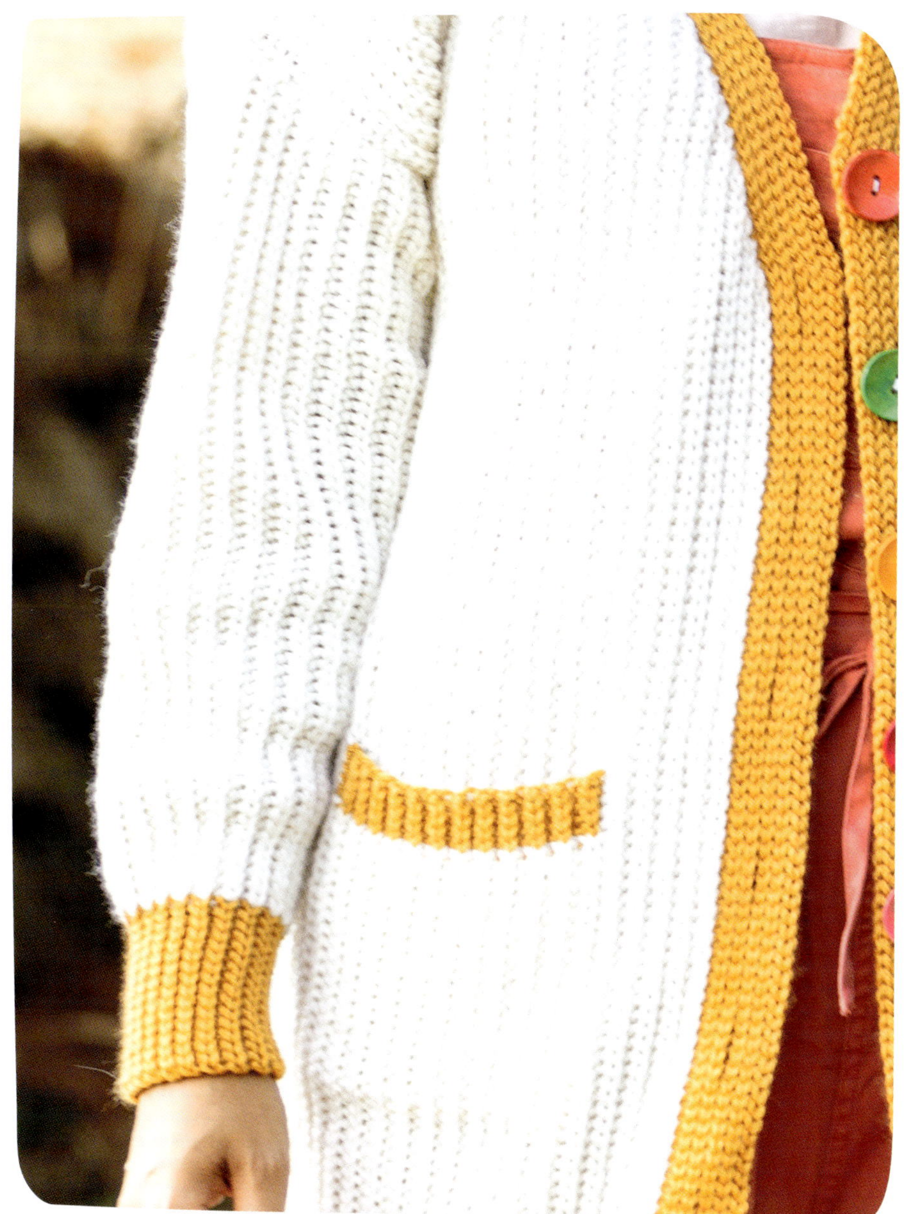

*Die untere Lage der Tasche unter die obere legen (mit der zuletzt gehäkelten Reihe nach vorne).*

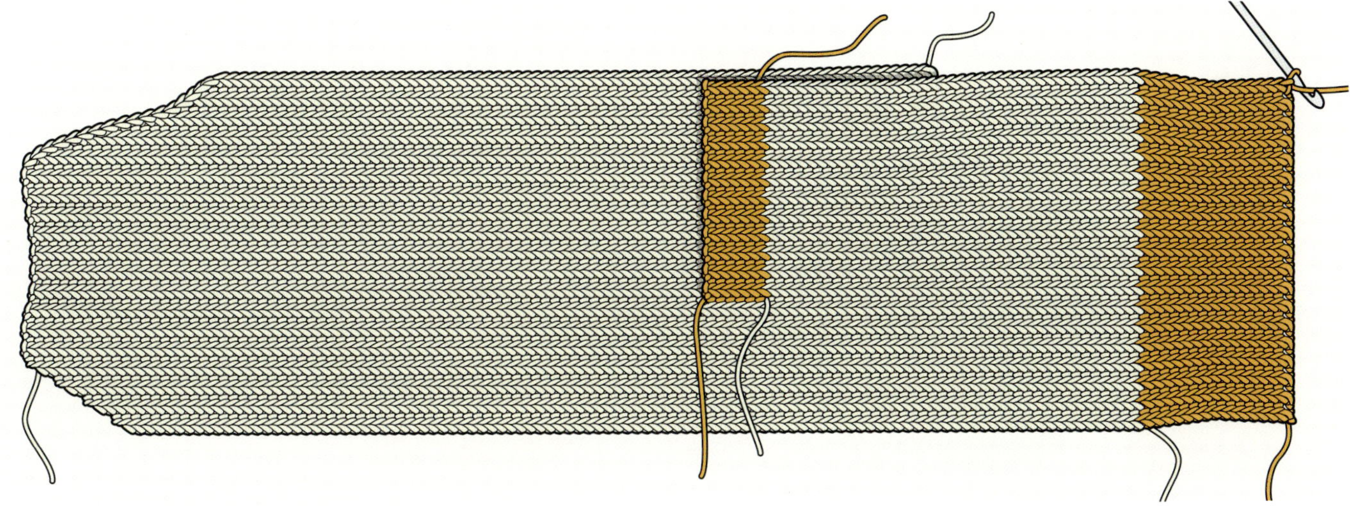

# Vorderteil links

Alle VS-Reihen an diesem Teil nach UNTEN und alle RS-Reihen nach OBEN häkeln. Das Farbmuster der ersten 20 R des VT muss beim Formen beider Lagen der Tasche eingearbeitet werden.

In A 113 LM, in B 15 LM für das Bündchen häkeln. 128 M

**Anm.:** Anfang der LM-Kette = Oberkante des VT, Ende der LM-Kette = Unterkante.

**R 1 (RS):** 1 LM (zählt durchgehend nicht als M), KM in die ersten 15 LM in B, Farbwechsel zu A und DKM bis zum Ende der LM-Kette, wenden. 128 M

**Anm.:** R 1 = RS-Reihe, also mitgeführte Fäden bei den Farbwechseln vor die Arbeit unter die Häkelnadel legen, damit die Fäden an der RS der Arbeit bleiben.

**R 2 (VS):** 1 LM, DKM HMG, dabei Häkelschrift bis zu den letzten 15 M der R folgen, 15 KM HMG in B, wenden. 128 M

**R 3 (RS):** 1 LM, 15 KM HMG in B, DKM HMG, dabei Häkelschrift VT bis R-Ende, wenden. 128 M

R 2 und 3 legen das Muster fest.

Gerade nach Muster arbeiten über die nächsten 3 (5, 7, 7, 9) (11, 15, 19, 25) R. 6 (8, 10, 10, 12) (14, 18, 22, 28) R, 128 M

### NUR GRÖSSEN 8 UND 9

Nach Beenden der Häkelschrift VT nur noch A am Körper verwenden.

## TASCHE

An der Unterkante des Teils arbeiten, um das Bündchen und die äußere Lage der Tasche zu beenden.

### NUR GRÖSSEN 1 BIS 7

Weiter nach VT Häkelschrift, wo sie den folgenden Reihen entspricht, bis das Stück fertig ist. Nach Beenden am Körper nur noch A verwenden.

### ALLE GRÖSSEN

**Untere Grund-R 7 (9, 11, 11, 13) (15, 19, 23, 29) (RS):** 1 LM, 15 KM HMG

In B, DKM HMG, dabei weiter VT Häkelschrift oder die nächsten 40 M in A, dann einen neuen Arbeitsfaden in B aufnehmen, 5 LM, wenden. 60 M

**Nächste R (VS)**: 1 LM, 5 KM HMG in B, DKM HMG bis zu den letzten 15 M nach VT Häkelschrift oder in A, KM HMG in die letzten 15 M in B, wenden. 60 M

R davor legt Muster fest.

Weiter gerade nach Muster arbeiten über 19 (19, 21, 23, 23) (23, 23, 23, 23) R. 60 M, 27 (29, 33, 35, 37) (39, 43, 47, 53) R.

Alle Arbeitsfäden verknoten und abschn, außer B für das Bündchen.

## TASCHE FERTIGSTELLEN

Nächste R = RS-Reihe von unten nach oben.

Die R vor der Grund-R davor finden – R 6 (8, 10, 10, 12) (14, 18, 22, 28). A an der 19. M links von der Unterkante an der RS des VT in das nicht gehäkelte VMG der M (untere Grund-R wurde in die HMG gehäkelt, daher VMG nicht gehäkelt).

**Obere Grund-R 7 (9, 11, 11, 13) (15, 19, 23, 29) (RS):** 1 LM, 27 DKM VMG, dabei entweder weiter nach VT-Häkelschrift oder in A, wo es passt, 68 DKM HMG nach Häkelschrift VT oder in A, wenden. 95 M

Weiter gerade nach dem festgelegten Muster, nach VT Häkelschrift bis zum Ende, dann weiter Körper in A über 10 (12, 12, 16, 18) (18, 18, 18, 16) R. 17 (21, 23, 27, 31) (33, 37, 41, 45) R, 95 M

## HS Vorderteil

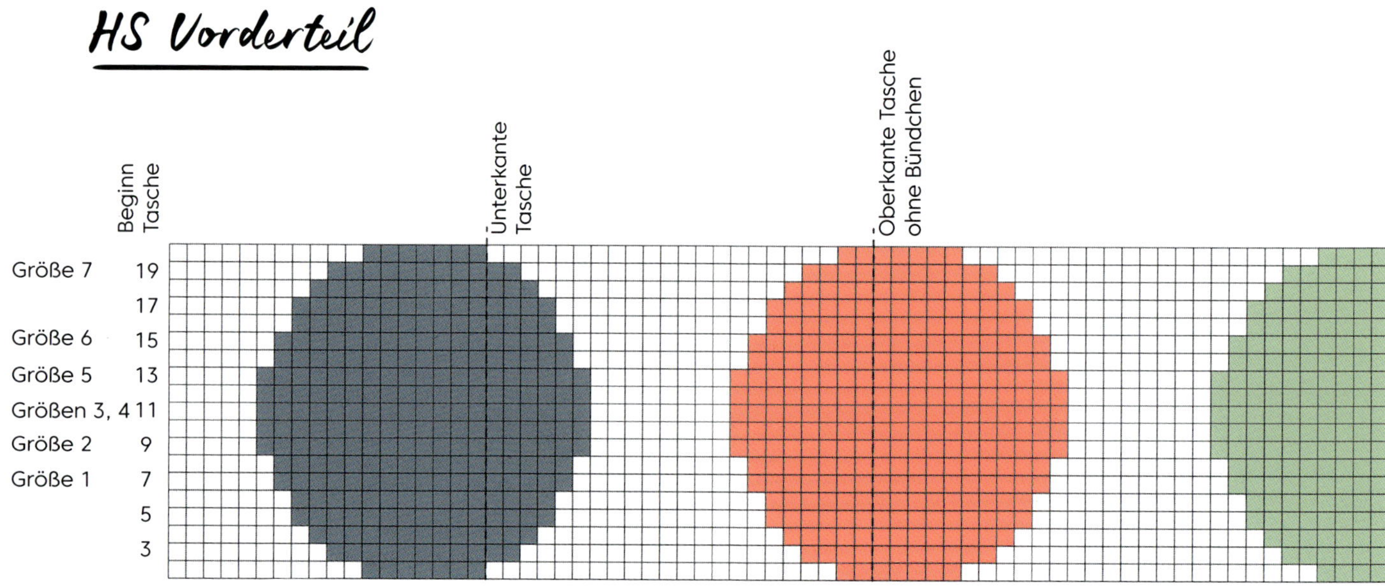

## AUSSCHNITT FORMEN

### NUR GRÖSSE 1

Weiter nach VT Häkelschrift bis zum Ende, dann weiter in A.

### ALLE GRÖSSEN

**R 18 (22, 24, 28, 32) (34, 38, 42, 46) (VS):** 1 LM, erste M überspr, KM in die nächsten 8 (8, 6, 4, 6) (6, 6, 6, 4) M, 1 LM, DKM HMG 2 zus (zählt als erste M der R), DKM HMG bis Reihenende, wenden. 85 (85, 87, 89, 87) (87, 87, 87, 89) M – 10 (10, 8, 6, 8) (8, 8, 8, 6) M abg

Weiter nach Muster und GLEICHZEITIG 2 abn am oberen Ende jeder R über 9 (7, 9, 7, 5) (5, 5, 5, 7) weitere R. 67 (71, 69, 75, 77) (77, 77, 77, 75) M, 27 (29, 33, 35, 37) (39, 43, 47, 53) R.

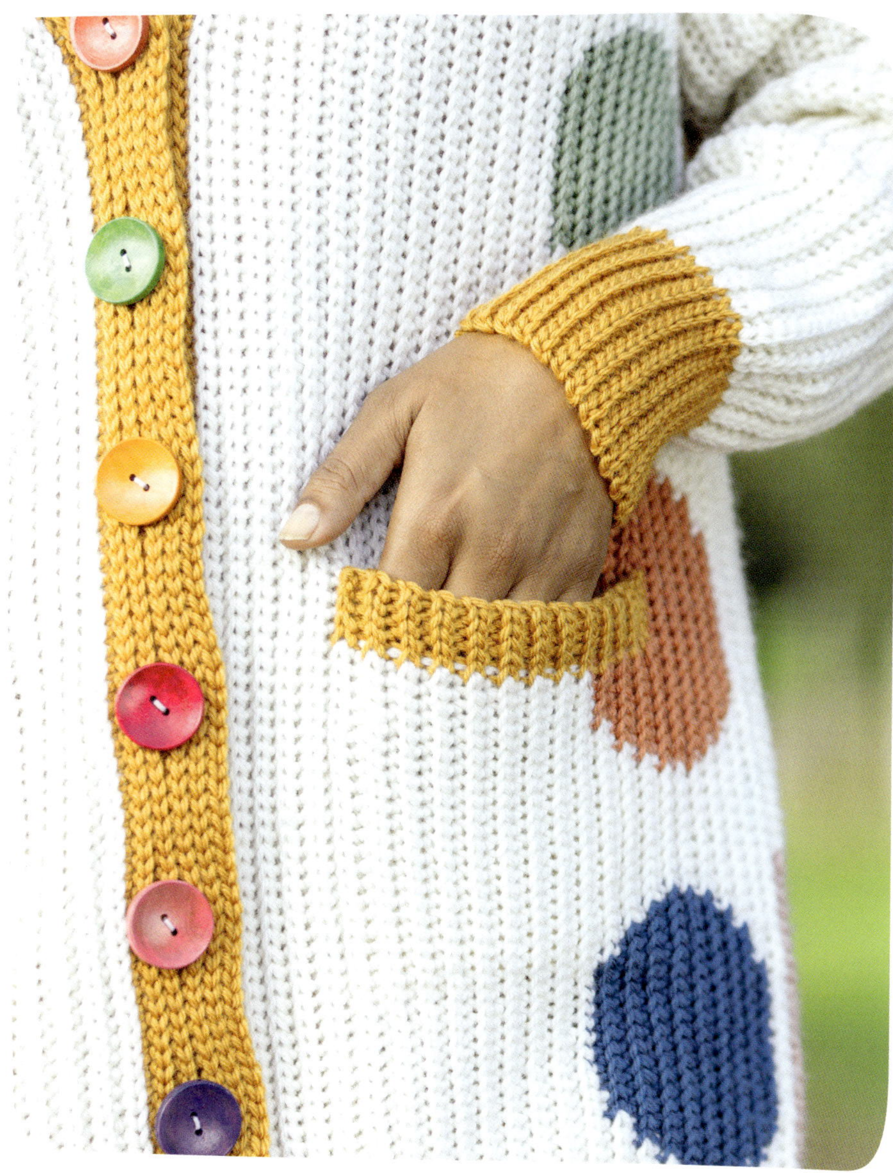

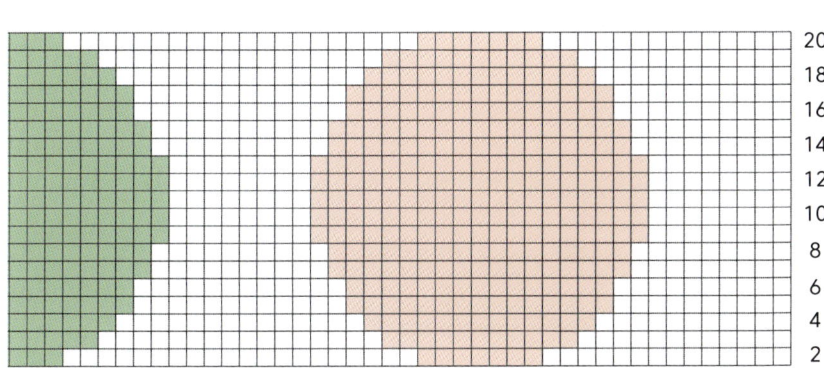


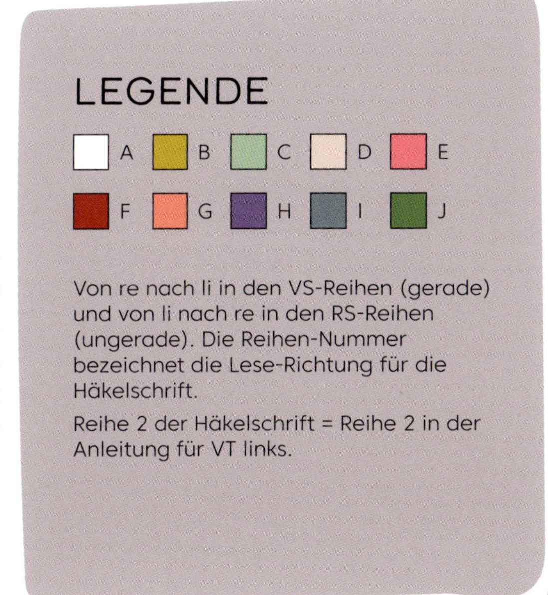

## LEGENDE

A B C D E
F G H I J

Von re nach li in den VS-Reihen (gerade) und von li nach re in den RS-Reihen (ungerade). Die Reihen-Nummer bezeichnet die Lese-Richtung für die Häkelschrift.

Reihe 2 der Häkelschrift = Reihe 2 in der Anleitung für VT links.

## TASCHE UND REST DES TEILS ABSCHL.

Für die nächste VS-Reihe (nach unten) die untere Schicht der Tasche hinter die äußere Schicht legen (mit der zuvor gehäkelten R an der RS).

**R 28 (30, 34, 36, 38) (40, 44, 48, 54) (VS):** 1 LM, 2 abn, DKM HMG bis zu den letzten 27 M der R davor, untere Lage und obere Lage mit DKM HMG in die nächsten 27 M, inkl der 5 Rippenbündchen-M, 18 DKM HMG, 15 KM HMG in Farbe B, wenden. 98 (102, 100, 106, 108) (108, 108, 108, 106) M

Weiter nach Muster und GLEICHZEITIG 2 abn am oberen Ende jeder R über 3 (5, 5, 7, 9) (9, 9, 9, 9) weitere R. 92 (92, 90, 92, 90) (90, 90, 90, 88) M

Arbeitsfaden verknoten und abschn. MM in die oberste M, um das Ende der Formung am Ausschnitt zu markieren.

## VORDERTEIL LINKS SCHULTER FORMEN

A in der re oberen Ecke VS des li VT aufn.

**R 1 (VS):** 1 LM, 1 FM in die oberste M der nächsten 17 (21, 23, 27, 31) (33, 37, 41, 45) R, wenden. 17 (21, 23, 27, 31) (33, 37, 41, 45) M

**R 2 (RS):** 1 LM, 12 (14, 15, 17, 17) (17, 18, 19, 19) KM HMG, wenden. 12 (14, 15, 17, 17) (17, 18, 19, 19) M

**R3:** 1 LM, erste M überspr, KM HMG bis Ende. 11 (13, 14, 16, 16) (16, 17, 18, 18) M

**R 4:** 1 LM, KM HMG bis Ende der letzten R, KM in die Stufe an der Stelle, an der die vorige R gewendet wurde, KM HMG in die nächsten 2 (3, 4, 3, 4) (5, 4, 5, 6) M, wenden. 14 (17, 19, 20, 21) (22, 22, 24, 25) M

**R 5:** 1 LM, erste M überspr, KM HMG bis Ende. 13 (16, 18, 19, 20) (21, 21, 23, 24) M

### NUR GRÖSSEN 4 BIS 9

2 R davor noch (1, 1) (1, 2, 2, 2) x wdh. (23, 25) (27, 30, 34, 37) M

### ALLE GRÖSSEN

**R 6 (6, 6, 8, 8) (8, 10, 10, 10) (RS):** 1 LM, KM HMG bis Ende der letzten R, KM in die Stufe an der Stelle, an der die R davor gewendet wurde, KM HMG bis Ende. 17 (21, 23, 27, 31) (33, 37, 41, 45) M

Arbeitsfaden verknoten und abschn.

## VORDERTEIL RECHTS SCHULTER FORMEN

An der VS des re VT 17 (21, 23, 27, 31) (33, 37, 41, 45) R ab der li Ecke zählen und in der letzten gezählten Reihe A aufnehmen.

**R 1 (VS):** 1 LM, 1 FM oben in die nächsten 17 (21, 23, 27, 31) (33, 37, 41, 45) R bis zur Ecke, nicht wenden. 17 (21, 23, 27, 31) (33, 37, 41, 45) M

Arbeitsfaden verknoten und abschn.

An der VS in der ersten M der R davor A aufnehmen und R 2 bis 6 (6, 6, 8, 8) (8, 10, 10, 10) von der Formreihen Schulter li wdh, ABER die M aus R 1 ins VMG und NICHT ins HMG häkeln.

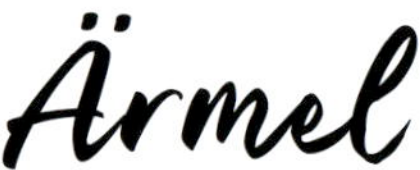

# Ärmel

(beide gleich)

In B 15 LM, Farbwechsel zu A, 60 (62, 62, 64, 64) (66, 66, 68, 68) LM.

Ab jetzt VS-Reihen weg vom Bündchen (nach oben) und RS-Reihen zum Bündchen (nach unten).

**R 1 (RS):** 1 LM, DKM bis zu den letzten 15 M in A, KM bis R-Ende in B, wenden. 75 (77, 77, 79, 79) (81, 81, 83, 83) M

**Anm.:** Reihe 1 = RS-Reihe, Arbeitsfäden beim Farbwechsel vor die Arbeit unter die Häkelnadel nehmen, damit sie an der RS der Arbeit bleiben.

**R 2 (VS):** 1 LM, 15 KM HMG in B, DKM HMG in A bis R Ende, wenden. 75 (77, 77, 79, 79) (81, 81, 83, 83) M

## ÄRMEL FORMEN

**R 3 (RS):** 1 LM, 20 (20, 20, 16, 14) (10, 18, 14, 8) DKM HMG in A, wenden. 20 (20, 20, 16, 14) (10, 18, 14, 8) M

**R 4 (VS):** 1 LM, erste M überspr, DKM HMG bis R-Ende, wenden. 19 (19, 19, 15, 13) (9, 17, 13, 7) M

**R 5:** 1 LM, DKM HMG bis Ende der R davor, DKM in die Stufe, an der Stelle, an der die R davor gewendet wurde, DKM HMG in die nächsten 20 (14, 14, 12, 10) (8, 6, 6, 6) M, wenden. 40 (34, 34, 28, 24) (18, 24, 20, 14) M

**R 6:** 1 LM, erste M überspr, DKM HMG bis R-Ende, wenden. 39 (33, 33, 27, 23) (17, 23, 19, 13) M

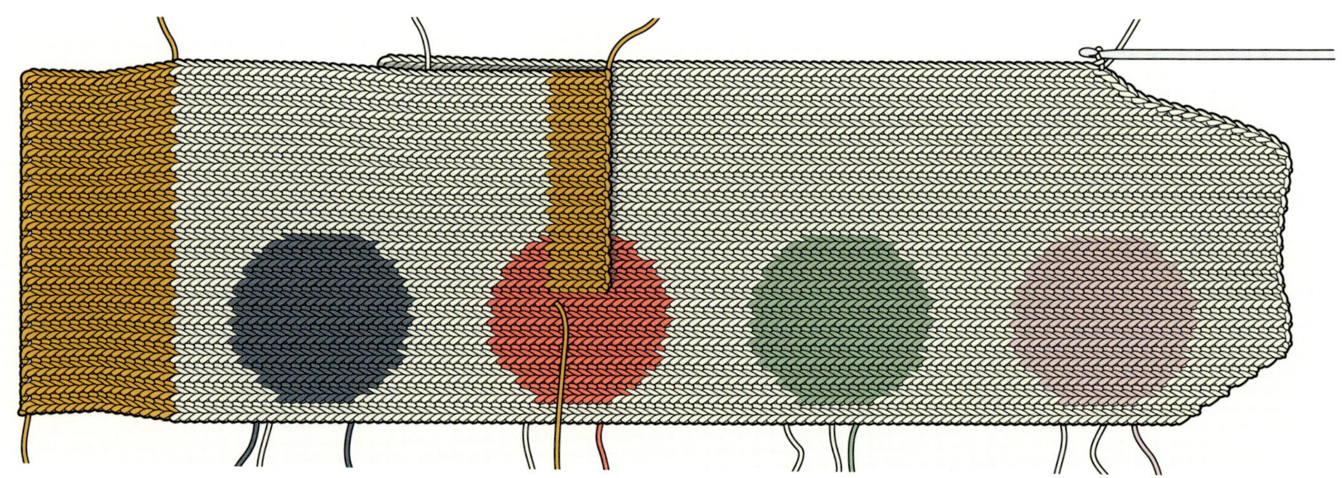

*Die untere Lage der Tasche hinter die obere legen (mit der zuletzt gehäkelten Reihe nach hinten).*

R 5 und 6 noch 1 (2, 2, 3, 4) (6, 7, 8, 9) x wdh. 59 (61, 61, 63, 63) (65, 65, 67, 67) M, 8 (10, 10, 12, 14) (18, 20, 22, 24) R

**R 9 (11, 11, 13, 15) (19, 21, 23, 25) (RS):** 1 LM, DKM HMG bis Ende der vorigen R, DKM in die Stufe an der Stelle, an der die vorige R gewendet wurde, Farbwechsel zu B, KM HMG bis R-Ende, wenden. 75 (77, 77, 79, 79) (81, 81, 83, 83) M

**R 10 (12, 12, 14, 16) (20, 22, 24, 26) (VS):** 1 LM, 15 KM HMG in B, DKM HMG in A bis R-Ende, wenden. 75 (77, 77, 79, 79) (81, 81, 83, 83) M

R davor legt Muster fest.

Gerade nach Muster über 30 (30, 32, 32, 34) (34, 36, 38, 38) weitere R. 75 (77, 77, 79, 79) (81, 81, 83, 83) M – 40 (42, 44, 46, 50) (54, 58, 62, 64) R

## ANDERES ENDE ÄRMEL FORMEN

**Verk. R 1 (RS):** 1 LM, 60 (62, 62, 64, 64) (66, 66, 68, 68) DKM HMG in A, wenden. 60 (62, 62, 64, 64) (66, 66, 68, 68) M

**Verk. R 2 (VS):** 1 LM, erste M überspr, DKM HMG bis R-Ende, wenden. 59 (61, 61, 63, 63) (65, 65, 67, 67) M

**Verk. R 3:** 1 LM, DKM HMG bis 19 (13, 13, 11, 9) (7, 5, 5, 5) M vor R-Ende davor, wenden. 40 (48, 48, 52, 54) (58, 60, 62, 62) M

**Verk. R 4:** 1 LM, erste M überspr, DKM HMG bis R-Ende, wenden. 39 (47, 47, 51, 53) (57, 59, 61, 61) M

Verk. Reihen 3 und 4 noch 1 (2, 2, 3, 4) (6, 7, 8, 9) x wdh. 19 (19, 19, 15, 13) (9, 17, 13, 7) M, 46 (50, 52, 56, 62) (70, 76, 82, 86) R

**Letzte R (RS):** 1 LM, *DKM HMG bis zur nächsten Stufe, DKM in Stufe, wdh ab * bis zur letzten Stufe, Farbwechsel zu B, KM HMG bis R-Ende. 75 (77, 77, 79, 79) (81, 81, 83, 83) M

Arbeitsfäden verknoten, längere Stücke zum Vernähen stehen lassen.

A in re oberen Ecke an der VS entlang der flachen Schulterkante aufnehmen. 1 FM in die Seite jeder R und die nächste Ecke. 47 (51, 53, 57, 63) (71, 77, 83, 87) M

Arbeitsfäden verknoten, längere Stücke stehen lassen, um Ärmel anzunähen.

# Fertigstellen

Die Schulternähte der VT und RT mit Matratzenstich zusammennähen.

Mittlere R der Ärmel finden. Mit VS Ärmel, RT und VT aneinanderlegen und feststecken. Ärmel mit einer Sticknadel mittig an Seitennähte nähen.

**Anm.:** Beim Annähen der Ärmel und Schließen der Seitennähte immer ins äußere MG nähen, damit das VMG an der VS intakt bleibt.

Mit langen Fäden am Ärmelende beginnen, die LM-Kette und das äußere MG der letzten R an den Ärmeln von li zusammennähen, dann mit dem gleichen Faden die Seitennähte schließen bis kurz vor dem Bündchen. Beim anderen Ärmel ebenso verfahren.

## KNOPFLEISTE

B in der unteren Ecke des re VT an der VS aufnehmen.

**R 1:** 1 LM (zählt durchgehend nicht als M), FM HMG entlang Kante an der VS bis ersten MM, markiert Anfang des Halsausschnitts, 2 FM in markierte M, MM in erste M, weiter FM entlang der diagonalen Form, 2 FM zus in den Ecken, wo das RT und das geformte Stück an der Schulter des RT zusammentreffen, weiter FM bis zum nächsten MM, 2 FM in markierte M, MM in zweite M, FM HMG bis zur Unterkante des VT, wenden.

**Anm.:** Am Ausschnitt soll das Material weder zu locker noch zusammengeknüllt aussehen. Die Maschenanzahl entsprechend anpassen.

**R 2:** 1 LM, KM HMG rundum bis zur anderen Ecke unten, beide MM nach oben, wenden.

**R 3:** 1 LM, KM HMG bis zum ersten MM, 2 KM HMG in markierte M, MM in erste M, KM HMG bis zum nächsten MM, 2 KM HMG in markierte M, MM in zweite M, KM HMG bis zum R-Ende, wenden.

**R 4:** Wie R 2.

Knopflöcher an VS des re VT markieren. Sollen gleich weit voneinander entfernt sein und zwischen MM vorne und unteren Kante. Jedes Knopfloch = 3 M, also die mittlere M markieren.

**R 5:** 1 LM, *KM HMG bis 1 M vor MM für das Knopfloch, 3 LM, 3 M überspr; ab * bis zum letzten Knopfloch-MM KM HMG bis zum ersten MM am VT, 2 KM HMG in markierte M, MM in erste M, KM HMG bis zum nächsten MM, 2 KM HMG in markierte M, MM in zweite M, KM HMG bis R-Ende, wenden. Knopfloch-MM entfernen.

**R 6:** Wie R 2.

R 3 und 4 noch 2 x wdh.

Fäden verknoten und abschn.

Taschenunterkante an Jackeninnenseite annähen. Dafür innere Lage und äußere Lage zusammennähen – VORSICHT nur an der RS nähen. Anfangs-LM des Rippenbündchens an die Tasche an 5 ungehäkelte Schl aus der Grund-R passend zum Rest der Tasche annähen.

Knopfleiste und untere Kante so spannen, dass sie passt und sich nicht zusammenzieht. Knöpfe passend zu den Knopflöchern hinzufügen.

Alle Fäden vernähen.

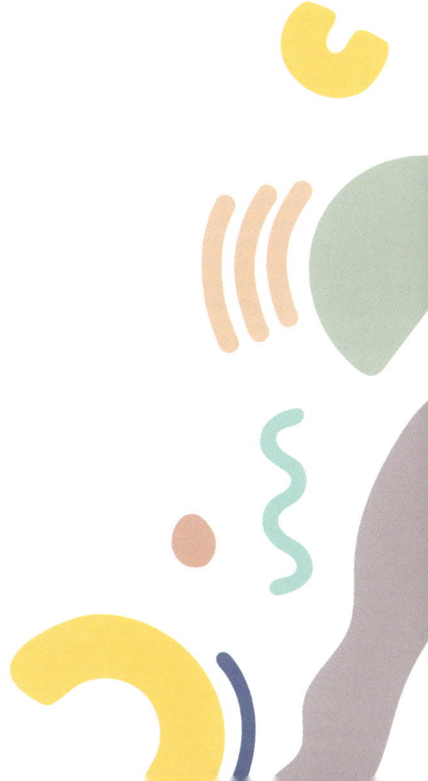

# Forelsket-Shawl

*Forelsket (norwegisch) – das euphorische Gefühl am Anfang einer Beziehung, wenn man sich verliebt.*

Fertig-Maße befinden sich im Kapitel Projekt-Details

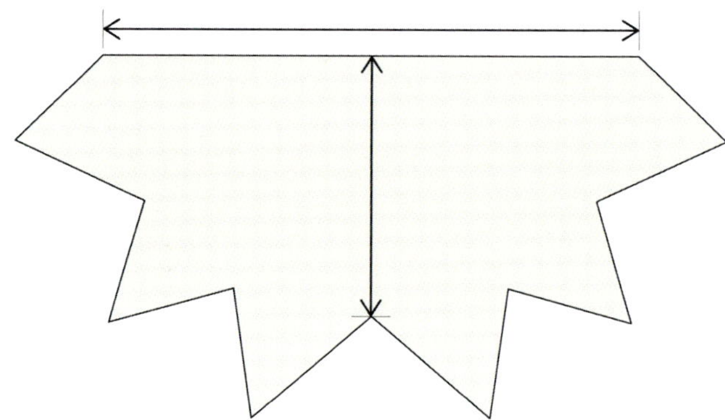

## GRÖSSEN

1 Größe

## GARN

La Bien Aimee Merino Sport (100% Superwash Merino), Sport (3-fädig), 100 g (325 m) in folgenden Farben:

**A:** Peanut Butter and Jelly; ½ Strang
**B:** Liesl; ¾ Strang
**C:** Gateway Purple; 1 Strang
**D:** Waterlilies; 1 Strang
**E:** Life Aquatic; 1 Strang

## UTENSILIEN

4 mm Häkelnadel
16 Maschenmarkierer

## MASCHENPROBE

19 M x 10 Reihen messen 10 x 10 cm im mit 4 mm Häkelnadel gearbeiteten Muster.

## BESONDERE ABKÜRZUNGEN

**KRM,** Krebsmasche: 1 LM zum Reihenanfang, *Häkelnadel in die nächste M re einst, U, durch die M durchz, dabei die neue Schlaufe auf der Nadel lassen, li von der Schl auf der Nadel (näher an der Spitze der Nadel, nicht dem Griff), U mit Arbeitsfaden, durch die 2 Schl auf der Nadel durchz: ab * bis zur letzten M wdh, KM in die letzte M der Reihe

**FM-Picot:** 1 FM, 3 LM, KM in die bereits gehäkelte FM

Erinnert ihr euch an das euphorische Gefühl, frisch verliebt zu sein, wenn man gar nicht genau weiß, wo man selbst endet und die geliebte Person anfängt? Dieses Gefühl gibt uns Forelsket. Der Shawl hat Streifen mit Farbverlauf, und das auffällige Zickzackmuster mit Lace-Elementen ergibt ein Stück, das jedes Outfit eleganter macht. Forelsket kann man das ganze Jahr über tragen, wenn es kühl ist. Die schöne, kordelartige Kante besteht aus Krebsmaschen.

## ANMERKUNGEN

*Forelsket wird von oben nach unten gehäkelt. Der Anfang ist ein Halbkreis in der Mitte der Oberkante, von dem aus man nach außen arbeitet. Das Zickzackmuster entsteht durch Ab- und Zunahmen. Die Farbübergänge sorgen für den Verlauf (s. Farbmuster-Techniken: Streifen und Farbflächen). Im Modell sind vier Farbverläufe mit fünf Farben vorgesehen. Die Übergänge können aber zu jeder Zeit passieren, und man kann den gleichen Effekt auch mit mehr oder weniger Farben erzielen. Der Shawl kann auch kleiner oder größer sein als vorgeschlagen.*

*16 MM werden benutzt, um das Muster festzulegen. Ihr könnt euch auch einprägen, wo sie hinmüssen, und sie weglassen. Alternativ empfehle ich, Garnreste auf den Arbeitsfaden zu legen, bevor die markierte Masche gehäkelt wird. Das ist die einfachste Methode, MM während der Arbeit nach oben zu setzen, ohne die üblichen MM herausnehmen und wieder neu setzen zu müssen.*

*Muster besteht aus zwei Reihen St, dann einer Reihe: 1 St, [1 LM, nächste M überspr, 1 St] bis zum Ende.*

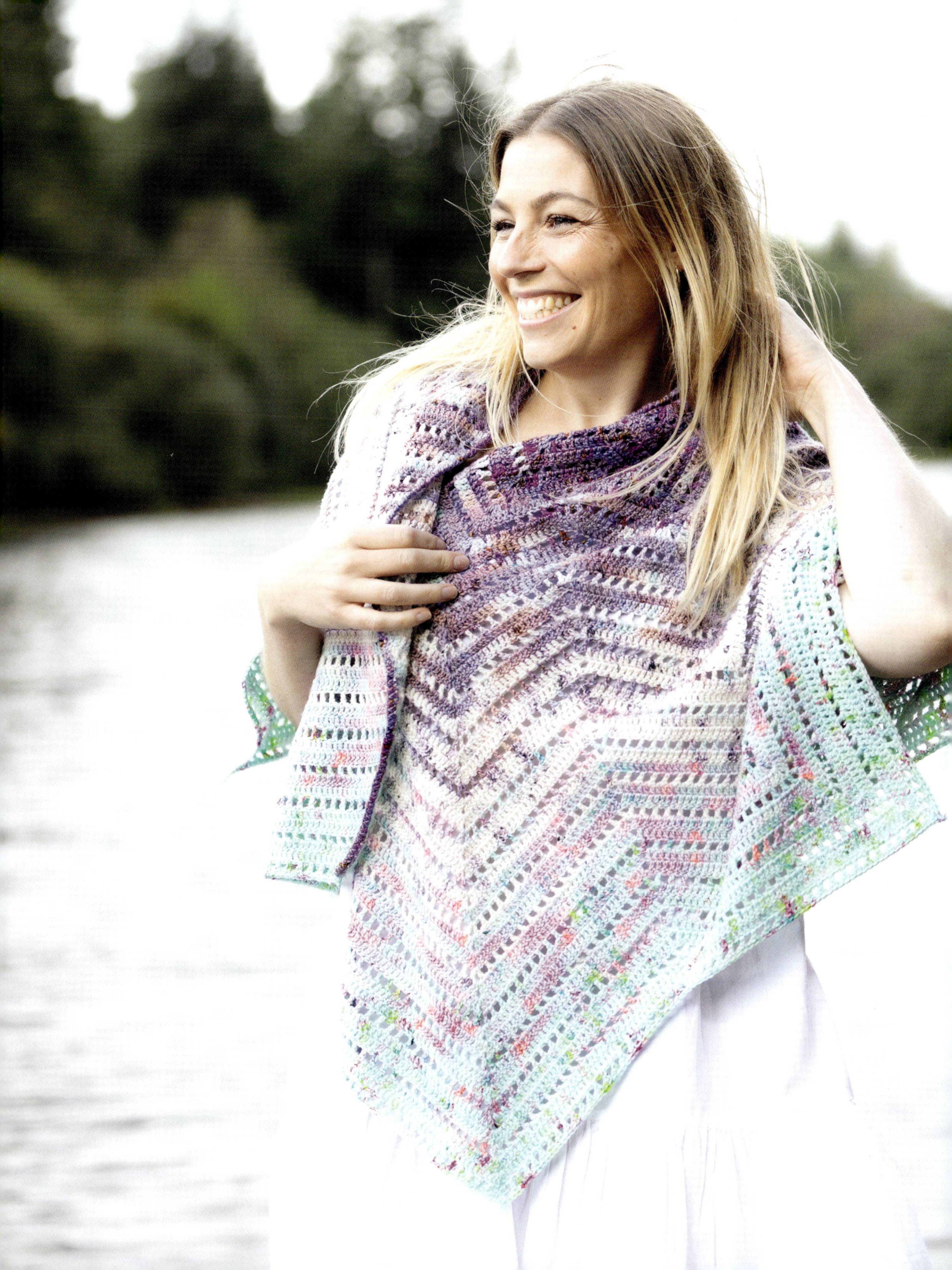

# Shawl

Fadenring in A.

**R 1:** 1 LM, 7 St in den Ring, zusammenziehen, wenden. 7 M

**R 2:** 1 LM (zählt durchgehend nicht als M), 1 St in erste M, [2 St in nächste M] 5 x, 1 St in letzte M, wenden. 12 M

**R 3:** 1 LM, [1 St in nächste M, 1 LM, 1 St in nächste M] 6 x, wenden. 18 M – Maschenanzahl ab jetzt inkl LM

**R 4:** 1 LM, 2 St zus in erste M und nächste LM-Lücke, 1 St in gleiche LM-Lücke, 1 LM und MM in die LM, 2 St in gleiche LM-Lücke, und MM in letzte M, 2 M überspr, ∗(2 St, 1 LM, 2 St) in nächste LM-Lücke, MM in erste und letzte St und in mittlere LM, 2 M überspr; ab ∗ noch 3 x wdh, (2 St, 1 LM, 1 St) in letzte LM-Lücke, MM in erste St und in mittlere LM, 2 St zus in gleiche LM-Lücke und letzte M in der R, wenden. 30 M

**R 5 (St-Zun-R 1):** 1 LM, 2 St zus, ∗(2 St, 1 LM, MM in LM, 2 St) in markierte LM-Lücke, St in nächste M und MM, 2 markierte M überspr, St in nächste M und MM; ab ∗ noch 4 x wdh, (2 St, 1 LM, MM in LM, 2 St) in markierte LM-Lücke, 2 St zus, wenden. 42 M – 12 M zug

**R 6 (ohne Zun):** 1 LM, 2 St zus, ∗1 LM, 1 M überspr, 1 St in markierte LM-Lücke, 1 LM, MM in LM, 1 St in gleiche LM-Lücke, 1 LM, eine M überspr, St in nächste M und MM; ab ∗ noch 4 x wdh, 1 LM, 1 M überspr, 1 St in markierte LM-Lücke, 1 LM, MM in LM, 1 St in gleiche LM-Lücke, 1 LM, 1 M überspr, 2 St zus, wenden. 42 M

**Anm.:** In alle nicht mark. LM-Lücken wie in normale M häkeln.

**R 7 (St-Zun-R 2):** 1 LM, 2 St zus in erste M und nächste LM-Lücke, St bis zum nächsten LM-MM, ∗(2 St, 1 LM, MM in LM, 2 St) in markierte LM-Lücke, St bis zum nächsten MM, MM in letzte M, 2 markierte M überspr, St in nächste M und MM, St bis zum nächsten LM-MM; ab ∗ noch 4 x wdh, (2 St, 1 LM, MM in LM, 2 St) in markierte LM-Lücke, St bis zu letzten 2 M, 2 St zus, wenden. 54 M – 12 M zug

**R 8 (St-Zun-R 1):** 1 LM, 2 St zus, St bis zum nächsten LM-MM, ∗(2 St, 1 LM, MM in LM, 2 St) in markierte LM-Lücke, St bis zum nächsten LM-MM, MM letzte M, 2 markierte M überspr, St in nächste M und MM, St bis zum nächsten LM-MM; ab ∗ noch 4 x wdh, (2 St, 1 LM, MM in LM, 2 St) in LM-Lücke, St bis zu letzten 2 M, 2 St zus, wenden. 66 M – 12 M zug

**R 9 (ohne Zun):** 1 LM, 2 St zus, ∗[1 LM, 1 M überspr, 1 St in nächste M] bis zur markierten LM-Lücke, 1 LM, MM in LM, 1 St in gleiche LM-Lücke, [1 LM, 1 M überspr, 1 St in nächste M] bis zum nächsten MM, MM in letzte St, 2 markierte M überspr, St in nächste M und MM; ab ∗ noch 4 x wdh, [1 LM, 1 M überspr, 1 St in nächste M] bis zur markierten LM-Lücke, 1 LM, MM in LM, 1 St in gleiche LM-Lücke, 1 LM, 1 M überspr, [1 St in die nächste M, 1 LM, 1 M überspr] bis zu letzten 2 M, 2 St zus, wenden. 66 M

Reihen 7, 8 und 9 legen Muster fest.

**Anm.:** Die hier beschriebenen Farbübergänge sind nicht verbindlich. Ihr könnt die beschriebenen Farbfolgen nehmen oder mit anderen Farben arbeiten und einfach das Muster bis zur gewünschten Größe häkeln.

**R 10 bis 14:** Noch 5 R nach Muster in A, mit St-Zun-R 1 enden.

**R 15 bis 24:** Farbwechsel zu B (siehe Farbwechsel).

**R 25 bis 29:** Noch 5 R nach Muster in B, mit St-Zun-R 1 enden.

**R 30 bis 39**: Farbwechsel zu C.

**R 40 bis 41:** Noch 2 R nach Muster in C, mit St-Zun-R 1 enden.

**R 42 bis 51:** Farbwechsel zu D.

**R 52 bis 53:** Noch 2 R nach Muster in D, mit St-Zun-R 1 enden.

**R 54 bis 63:** Farbwechsel zu E.

**Anm.:** Wenn aufgrund der vorgegebenen Zun das Garn zum Farbwechsel D zu E nicht reichen sollte, Farbwechsel nach R 7 und weiter mit E.

**R 64 bis 66:** Noch 3 R nach Muster in E, mit R ohne Zun enden.

Weiter mit der Bordüre.

## FARBÜBERGÄNGE

Jeder Farbübergang ist 10 R lang und muss mit einer R ohne Zun beginnen. In der Anleitung sind 5 Farben vorgesehen, ihr könnt aber gerne mit weiteren Farben experimentieren, wann immer ihr wollt, und ansonsten nach dem Muster arbeiten. Hier ist die Anleitung für die Übergänge (s. Farbmuster-Techniken: Streifen und Farbflächen):

**R 1:** Erste Farbe beenden, dann 1 R ohne Zun in der zweiten Farbe.

**R 2:** Zweite Farbe beenden, dann 1 St-Zun-R 2 in der ersten Farbe.

**R 3:** St-Zun-R 1 in der ersten Farbe.

**R 4:** Erste Farbe beenden, dann R ohne Zun in der zweiten Farbe.

**R 5:** Zweite Farbe beenden, dann St-Zun-R 2 in der ersten Farbe.

**R 6:** Erste Farbe beenden und St-Zun-R 1 in der zweiten Farbe.

**R 7:** Zweite Farbe beenden und R ohne Zun in der ersten Farbe.

**R 8:** Erste Fabe beenden und St-Zun-R 2 in der zweiten Farbe.

**R 9:** St-Zun-R 1 in der zweiten Farbe.

**R 10:** Zweite Farbe beenden und R ohne Zun in der ersten Farbe.

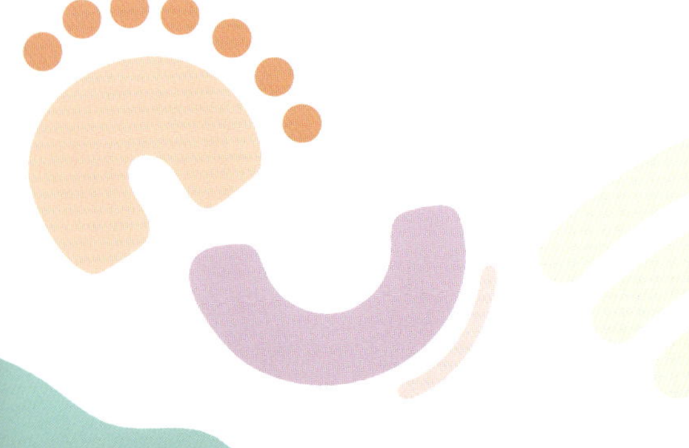

Erste Farbe beenden und weiter nach Muster in der zweiten Farbe.

## BORDÜRE

An der gezackten Kante entlang arbeiten.

Weiter in E und wenden, um an der R davor entlang zu arbeiten, alle nicht markierten LM-Lücken wie normale M behandeln.

**R 1:** 1 LM, 2 FM zus, *FM bis zum MM, (1 FM, 1 FM/P, 1 FM) in LM-Lücke, FM bis zum nächsten MM, 2 markierte M überspr; ab * noch 4 x wdh, FM bis MM, (1 FM, 1 FM/P, 1 FM) in die LM-Lücke, FM bis zu den letzten 2 M, 2 FM zus.

Arbeitsfaden verknoten, abschn und vernähen. Alle MM entfernen.

## BORDÜRE OBERKANTE

Am Ausschnitt entlang arbeiten.

**R 1:** A bei der letzten M der letzten R aufn, FM entlang der Seite in alle R, je 2 FM pro St-R, bis zur anderen Ecke, nicht wenden.

**R 2:** KRM in alle M bis zur letzten M der vorigen R, KM in die letzte M der R.

Arbeitsfaden verknoten, abschn. und vernähen.

# Fertigstellen

Dämpfen, um das Lace-Muster zu dehnen und die Zacken zu betonen.

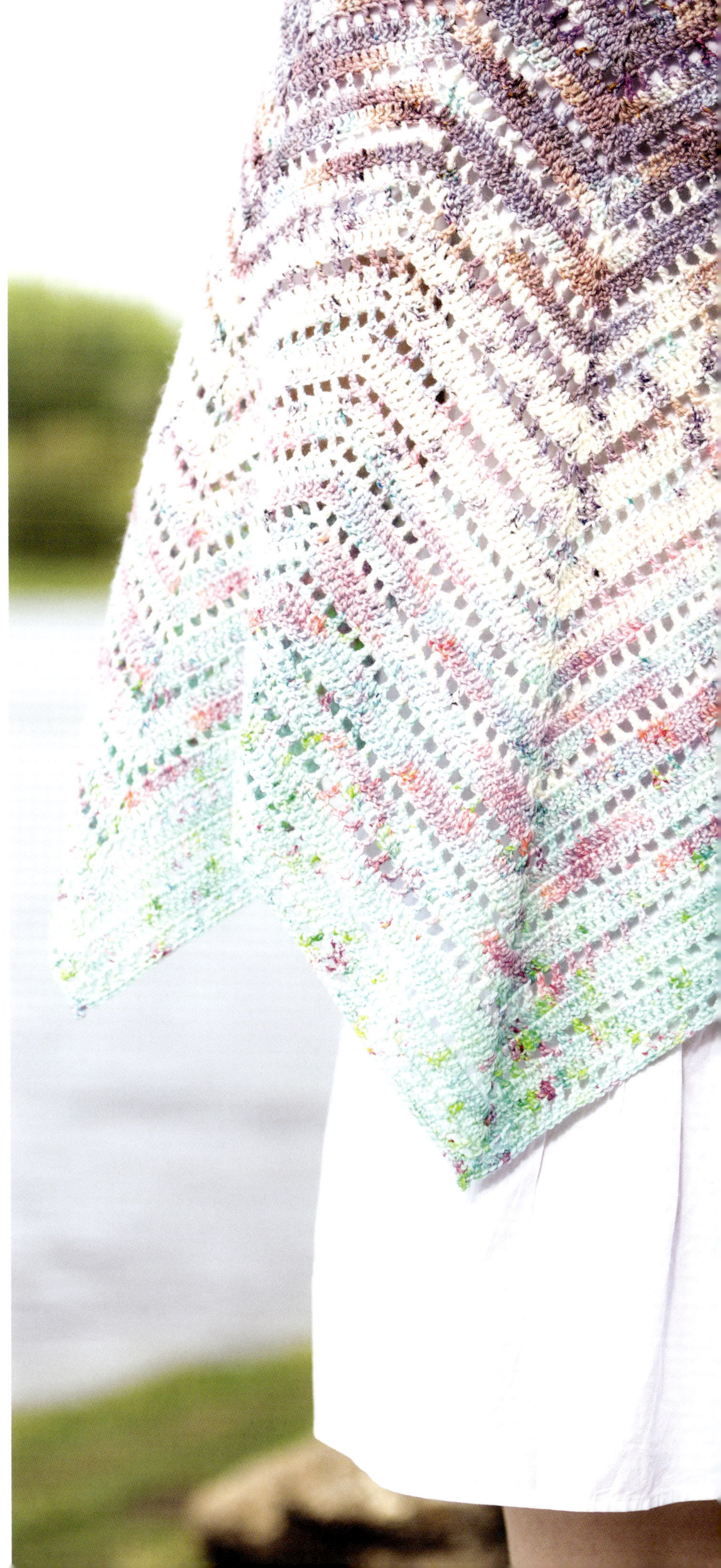

# Jayus-Cardigan

*Jayus (indonesisch) – ein so schlecht erzählter, unkomischer Witz, dass man wider Willen lachen muss.*

Fertig-Maße befinden sich im Kapitel Projekt-Details.

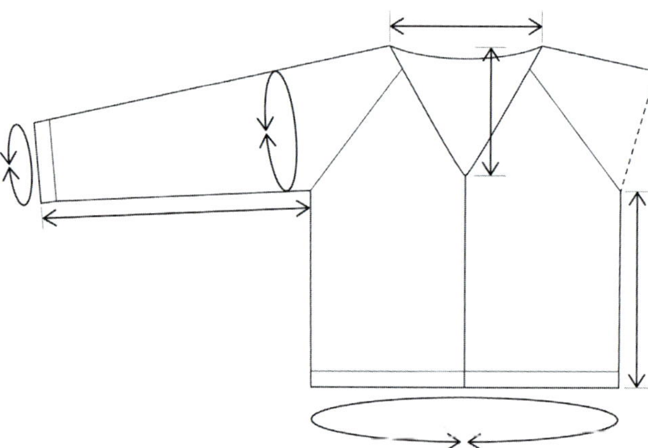

## GRÖSSEN

9 Größen (1 bis 9)

## GARN

Debbie Bliss Baby Cashmerino Sport (55% Wolle, 33% Acryl, 12% Kaschmir), Sport (3-fädig), 50 g (125 m), in folgenden Farben:

**A:** Ecru; 3½ (4, 4½, 5, 5½) (6¼, 6¾, 7½, 8) Knäuel

**B:** Rose Pink; 2¼ (2½, 2¾, 3, 3½) (3¾, 4¼, 4¾, 5) Knäuel

**C:** Wasabi; 3 (3¼, 3½, 4, 4½) (5, ½, 6, 6¾) Knäuel

**D:** Black; 1½ (1¾, 2, 2¼, 2½) (3, 3, 3½, 3¾) Knäuel

## UTENSILIEN

4 mm Häkelnadel

4,5 mm Häkelnadel

10 Maschenmarkierer

6 bis 10 Knöpfe, 2 cm Durchmesser

## MASCHENPROBE

18 M x 12 Reihen = 10 x 10 cm in halben Stäbchen mit 4 mm Häkelnadel.

Jayus verkörpert den Geist der ungleichen Paare; die unterschiedlich großen Farbflächen und Streifen fallen ins Auge und sorgen dafür, dass es nicht langweilig wird. Bei diesem Projekt könnt ihr gewagte Farbkombinationen ausprobieren oder mit neutralen Farben auf Nummer sicher gehen. Und ihr könnt mithilfe der Farben Körperpartien vorteilhaft betonen. Dies ist ein für Anfänger geeignetes Projekt, das genau die richtige Menge Herausforderung bietet. Das Ergebnis ist ein fröhlicher Cardigan, der schön warm hält.

## ANMERKUNGEN

*Der Cardigan wird nahtlos von oben nach unten gehäkelt und hat Raglanärmel. Er besteht aus 5 Teilen: zwei VT, ein RT und 2 Ärmel. Zunahmen werden an den 4 Raglan-Ecken zwischen den Teilen und am Ausschnitt vorgenommen. Wenn die Passe beendet ist, teilt man Körper und Ärmel und arbeitet in zwei verschiedenen Bereichen mit verschiedenen Farben (s. Farbmuster-Techniken: Streifen und Farbflächen). An Knopfleiste und Ausschnitt wird eine Bordüre angefügt, die mit einem gerippten Bündchen endet, das an den Seiten geschlitzt und am RT länger ist als an den VT. Die Ärmel werden in Runden in die Öffnungen an der Passe gehäkelt. Die Arbeit wird am Ende jeder Runde gewendet, damit das Maschenbild einheitlich ist. Die Ärmel haben ein Streifenmuster und Rippenbündchen wie Ausschnitt und Knopfleiste.*

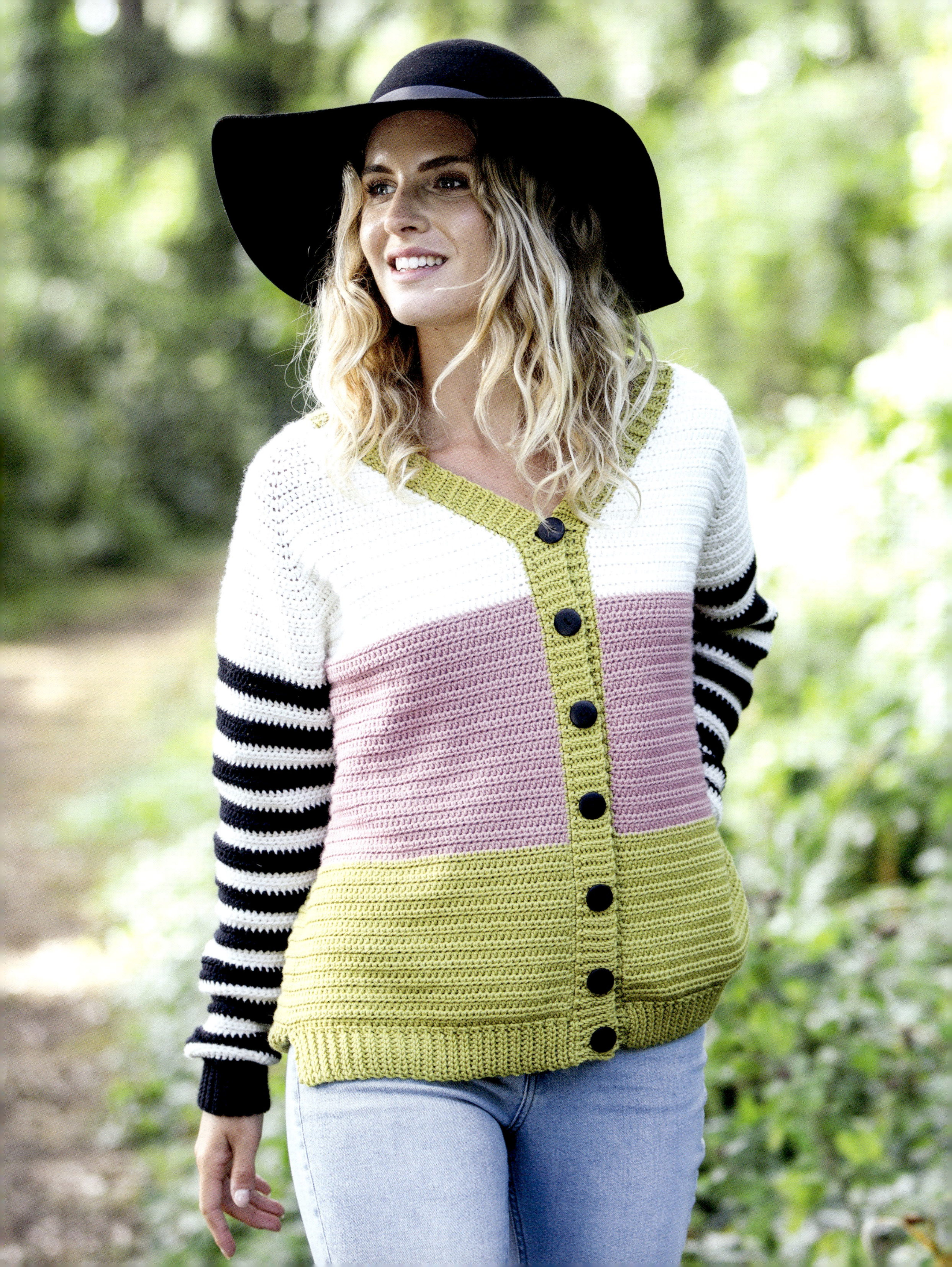

# Passe

55 (57, 59, 61, 65) (73, 75, 73, 73) LM in A.

**R 1:** 2 hSt in zweite LM, MM in zweite M (VT MM 1), 2 hSt in nächste LM, MM in erste M der Zun (Ärmel 1 MM 1), 9 (8, 7, 6, 7) (9, 9, 7, 5) hSt, hSt in nächste LM, MM in zweite M der Zun (Ärmel 1 MM 2), 2 hSt in nächste LM, MM in erste M der Zun (RT MM 1, 28 (32, 36, 40, 42) (46, 48, 50, 54) hSt, 2 hSt in nächste LM, MM in zweite M der Zun (RT MM2), 2 hSt in nächste LM, MM in erste M der Zun (Ärmel 2 MM 1), 9 (8, 7, 6, 7) (9, 9, 7, 5) hSt, 2 hSt in nächste LM, MM in zweite M der Zun (Ärmel 2 MM 2), 2 hSt in letzte LM, MM in erste M der Zun (VT MM 2), wenden. 62 (64, 66, 68, 72) (80, 82, 80, 80) M

**R 2 (Ausschnitt und Raglan Zun-R):** 1 LM (zählt durchgehend nicht als M), 1 zun in erste M, *hSt bis MM, 1 zun in markierte M, MM in zweite M der Zun, 1 zun in nächste markierte M, MM in erste M der Zun; ab * noch 3 x wdh, hSt bis 1 M vor letzten M, 1 zun in letzte M, wenden. 72 (74, 76, 78, 82) (90, 92, 90, 90) – 10 M zug

### NUR GRÖSSE 1

**R 3:** Wie Reihe 2. 10 M zug

**R 4 (Zun-R nur Raglan):** 1 LM, *hSt bis zu MM, 1 zun in markierte M, MM in zweite M der Zun, 1 zun in nächste markierte M, MM in erste M der Zun, ab * noch 3 x wdh, hSt bis zur letzten M, wenden. 8 M zug

R 2 bis 4 noch 4 x wdh. 202 M

### NUR GRÖSSEN 2 BIS 9

**R 3 bis (15, 16, 18, 20) (21, 22, 23, 26):** R 2 noch (13, 14, 16, 18) (19, 20, 21, 24) x wdh. (204, 216, 238, 262) (280, 292, 300, 330) M

### ALLE GRÖSSEN

MM in erste und letzte M der R: Ende des geformten Bereichs am Ausschnitt.

Zun-R nur Raglan-R über die nächsten 4 (7, 8, 8, 9) (11, 12, 14, 12) R. 234 (260, 280, 302, 334) (368, 388, 412, 426) M – 8 M zug

### NUR GRÖSSEN 1 BIS 7

HSt in alle M ohne Zun über die nächsten 1 (1, 1, 2, 1) (1, 1) R, MM nach oben.

### ALLE GRÖSSEN

**Anm.:** Vor der Teilungs-R die Passe anprobieren, damit die Länge optimal sitzt. Nach Bedarf mehr oder weniger hSt-R häkeln.

Farbwechsel zu B in der letzten M der vorigen R und A beenden.

## KÖRPER

**Teilungs-R Körper und Ärmel:** 1 LM, 31 (37, 40, 44, 49) (53, 56, 60, 64) hSt inkl markierte M, 1 (2, 3, 4, 5) (5, 7, 9, 13) LM für die Achsel, 51 (54, 57, 60, 67) (75, 79, 83, 83) Ärmel-M überspr vom nächsten MM bis zum übernächsten MM, 70 (78, 86, 94, 102) (112, 118, 126, 132) hSt inkl der zweiten markierten M, 1 (2, 3, 4, 5) (5, 7, 9, 13) LM für die Achsel, 51 (54, 57, 60, 67) (75, 79, 83, 83) Ärmel-M überspr ab dem nächsten MM bis zum übernächsten MM, 31 (37, 40, 44, 49) (53, 56, 60, 64) hSt bis R-Ende, wenden. 134 (156, 172, 190, 210) (228, 244, 264 286) M inkl der LM unter der Achsel.

Alle Raglan-Zun-MM entfernen. VT-MM lassen, wo der geformte Bereich am Ausschnitt endet.

M-Anzahl bleibt konstant – LM unter der Achsel wie normale M behandeln.

In B 26 R hSt. Farbwechsel zu C in der letzten M der vorigen R. B beenden.

20 R hSt in C – Länge nach Bedarf anpassen, dafür mehr oder weniger R hSt in B oder C häkeln.

**Anm.:** Immer am R-Anfang 1 LM häkeln (zählt nicht als M).

## AUSSCHNITT UND KNOPFLEISTE

Die Raglan-Zun re und li am RT finden, MM in beide Anfangs-LM.

Von der unteren Ecke am Körperende, 1 LM, wenden und senkrecht an der Kante des VT entlang häkeln, wo Knopf- und Knopflochleiste angefügt werden, FM an der Kante entlang bis zum ersten MM, wo der geformte Ausschnittsbereich beginnt (etwa 3 M pro 2 R hSt), 3 FM in markierte M, weiter FM am Ausschnitt und der Anfangs-LM entlang bis zum ersten RT-MM, 2 FM zus 2x, FM bis 1 M vor dem nächsten RT-MM, 2 FM zus 2x, FM bis zum nächsten VT-MM am Ausschnitt, 3 FM in die markierte M, FM bis zur unteren Ecke am VT. Alle MM entfernen.

**Anm.:** Genaue M-Anzahl ist hier unwichtig. Material soll nicht zu fest sein, damit das Rippenbündchen sich nicht zusammenzieht. Diese R = VS.

Körper zusammenfalten, sodass VT mit VS oben liegt und VT mittig liegen. MM in untere Ecken, wo der Körper zusammengefaltet ist, um zu markieren, wo RT und VT sich befinden.

## VT BÜNDCHEN 1

Bündchen wird in KM-Rippen in senkrechten R an unterer Kante entlang gearbeitet – locker häkeln, damit das Bündchen elastisch bleibt.

Mit 4,5 mm Häkelnadel in C 12 LM.

**R 1:** Mit zweiten LM anfangen und KM bis zum Ende der LM-Kette. Am Körper erste M der vorigen R überspr und KM in nächste M. 11 M Rippenbündchen

**R 2:** KM in nächste M, wenden, 2 KM am Körper überspr, KM HMG bis R-Ende, wenden. 11 M

**R 3:** 1 LM, KM HMG bis R-Ende, KM in nächste ungehäkelte M am Körper. 11 M

R 2 und 3 rund um die Unterkante am VT bis zum ersten MM, mit Reihe 3 enden.

## RT BÜNDCHEN

**R 1:** 16 LM, R 1 des VT Bündchens 1 wdh. 15 M Rippenbündchen

R 2 und 3 des VT Bündchen 1 wdh bis zum nächsten MM, mit R 3 enden.

## VT BÜNDCHEN 2

**R 1:** 12 LM, R 1 VT Bündchen 1 wdh. 11 M Rippenbündchen

R 2 und 3 von VT Bündchen 1 wdh bis Ende Körper.

Wenn ihr mit einer R 2 endet, weiter mit Knopfleiste, sonst beenden.

## KNOPFLEISTE

MM für alle Knopflöcher in die R an der Kante. Beliebig viele Knopflöcher in gleichmäßigen Abständen zwischen dem Ende des Ausschnitts und der unteren Kante des Bündchens platzieren.

Am unteren Ende des Rippenbündchens senkrechte Rippenreihen am VT und am Ausschnitt entlang häkeln.

Anderenfalls C in der unteren Ecke des Körpers am VT aufnehmen.

8 LM in C.

**R 1:** Ab der zweiten LM KM bis zum Ende der LM-Kette. Wenn Körper erreicht ist, die erste M der R überspr und KM in die nächste M. 7 M Rippenmuster

**R 2:** KM in die nächste M, wenden, 2 KM am Körper überspr, KM HMG bis R-Ende, wenden. 7 M

**R 3:** 1 LM, KM HMG bis R-Ende, KM in nächste nicht gehäkelte M am Körper. 7 M

R 2 und 4 rund um VT und Ausschnitt wdh, dabei Knopflöcher bei den MM häkeln wie folgt:

**Knopfloch-R 1:** 2 KM HMG, 2 LM, 3 M überspr, 2 KM HMG.

**Knopfloch-R 2:** 2 KM HMG, 3 KM in die 2 LM-Lücke, 2 KM HMG.

Weiter nach Muster bis zum nächsten Knopfloch-MM.

# Ärmel

Mit 4 mm Häkelnadel D in Mitte der Achsel aufn.

Wenn letzte R der Passe eine VS-Reihe war, nächste R an der RS häkeln und umgekehrt.

Grund-Rde: HSt bis Ende der Achsel, rund um die Ärmel-M der Passe und bis Rde-Ende, Rde mit KM in erste M schließen, wenden. Etwa 52 (56, 60, 64, 72) (80, 86, 92, 96) M

**Anm.:** 1 hSt zus in die Ecken, wo Achsel und Passe zusammentreffen, um Lücken zu schließen.

Ab jetzt am Ende jeder Rde wenden und diese unsichtbar schließen (s. Allgemeine Techniken: Runde unsichtbar schließen).

Im Voraus Farbmuster-Techniken: Streifen und Farbflächen lesen, um Farbmuster und das Formen der Teile zu verstehen.

## FARBMUSTER

3 Rde hSt in D. 3 Rde hSt in A.

3 Rde hSt in Farbe D. 3 Rde hSt in A.

**Anm.:** Grund-Rde zählt als eine der 3 Anfangs-Rde von D.

## FORMEN

Weiter nach Muster, GLEICHZEITIG die Ärmel formen wie folgt:

Farbmuster weiter über 6 cm, dann die Abn-Rde in der Farbe gemäß Farbmuster:

**Abn-Rde:** 1 LM, 2 hSt zus, hSt rundum bis zu den letzten 2 M, 2 hSt zus, Rde mit KM in die erste M schließen. 2 M abg

5 (3, 3, 2, 2) (1, 1, 1, 1) Rde nach Farbmuster ohne Abn.

Abn-Rde wdh.

Ärmel weiter formen und Farbmuster beibehalten. In jeder 6. (4., 4., 3., 3.) (2., 2., 2., 2.) Rde eine Abn-Rde, bis gewünschter Umfang erreicht ist oder etwa 6 (8, 9, 11, 14) (18, 20, 22, 22) Abn-Rde gehäkelt sind, für lange Ärmel.

Weiter nach Farbmuster, bis zur gewünschten Ärmellänge minus 4 cm Rippenbündchen; oder etwa 37,5 (38,5, 38,5, 40, 40) (41, 41, 42,5, 42,5) cm ab Achsel für lange Ärmel.

## BÜNDCHEN

12 LM.

**R 1:** Ab der 2. LM KM bis Ende der LM-Kette. Wenn Ärmel erreicht ist, 1. M der R überspr und KM in nächste M. 11 M Rippenbündchen

**R 2:** KM in nächste M, wenden, 2 KM am Ärmel überspr, KM HMG bis R-Ende, wenden. 11 M

**R 3:** 1 LM, KM HMG bis R-Ende, KM in nächste freie M am Ärmel. 11 M

R 2 und 3 an der unteren Kante des Ärmels entlang wdh. An der RS die VMG aller M in der letzten R des Rippenbündchens mit jeder Anfangs-LM-Kette mit KM verbinden.

Arbeitsfaden abtrennen.

# Fertigstellen

Knopfleiste und Bündchen zur gewünschten Form spannen, sodass sich VT und Bündchen nicht zusammenziehen.

Knöpfe passend zu den Knopflöchern annähen.

Alle Fäden vernähen.

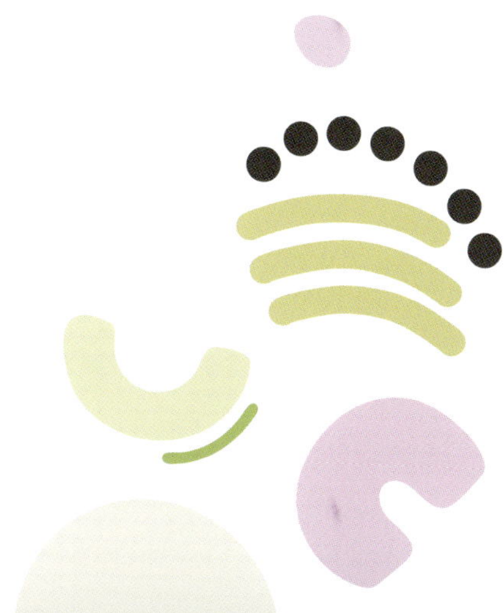

# PROJEKT-DETAILS

Hier findet ihr alle wichtigen Informationen zu Lauflänge/Verbrauch, außerdem die Maße der fertigen Projekte. Mithilfe der folgenden Tabellen könnt ihr eure Größen und die dafür benötigte Garnmenge ermitteln. Ich habe sowohl US/UK-Maße als auch metrische Maße angegeben.

## Commuovere-Pullover

### LAUFLÄNGE/VERBRAUCH

Garnmenge inklusive zusätzlichen 10% für Maschenproben und eine Fehler-Reserve.
Die Garnmenge ist für einen kurzen Pullover mit langen Ärmeln gedacht.

| GRÖSSE | 1 | 2 | 3 | 4 | 5 | 6 | 7 | 8 | 9 |
|---|---|---|---|---|---|---|---|---|---|
| Farbe A | 273½ | 306¼ | 328¼ | 361 | 383 | 415¾ | 437½ | 459½ | 492¼ yd |
| | 250 | 280 | 300 | 330 | 350 | 380 | 400 | 420 | 450 m |
| Farbe B | 273½ | 306¼ | 328¼ | 361 | 383 | 415¾ | 437½ | 459½ | 492¼ yd |
| | 250 | 280 | 300 | 330 | 350 | 380 | 400 | 420 | 450 m |
| Farbe C | 1115½ | 1279¾ | 1345¼ | 1476½ | 1607¾ | 1728 | 1782¾ | 1892 | 2023¼ yd |
| | 1020 | 1170 | 1230 | 1350 | 1470 | 1580 | 1630 | 1730 | 1850 m |

### FERTIGE MASSE

Langärmeliger Pullover in voller Länge. 5 bis 10 cm Spiel.

| GRÖSSE | 1 | 2 | 3 | 4 | 5 | 6 | 7 | 8 | 9 |
|---|---|---|---|---|---|---|---|---|---|
| Brust-umfang | 32½ | 35⅝ | 39 | 42⅛ | 45⅜ | 52 | 55⅛ | 58¼ | 64¾ in |
| | 82,5 | 90,5 | 99 | 107 | 115,25 | 132 | 140 | 148 | 164,5 cm |
| Ausschnitt | 18½ | 18½ | 19⅞ | 20⅞ | 20⅞ | 20⅞ | 21⅝ | 22¼ | 23 in |
| | 47 | 47 | 50,5 | 53 | 53 | 53 | 55 | 56,5 | 58,5 cm |
| Oberarm | 13 | 13⅜ | 14 | 14¾ | 16¾ | 18¼ | 19⅞ | 21½ | 21¾ in |
| | 33 | 34 | 35,5 | 37,5 | 42,5 | 46,5 | 50,5 | 54,75 | 55,5 cm |
| Bündchen | 8¼ | 8¼ | 8¼ | 8¼ | 8¾ | 9 | 9¼ | 9½ | 9¾ in |
| | 21 | 21 | 21 | 21 | 22,5 | 23 | 23,5 | 24 | 24,5 cm |
| Ärmellänge ab Achsel | 16½ | 17 | 17 | 17½ | 17½ | 18 | 18 | 18½ | 18½ in |
| | 42 | 43 | 43 | 44,5 | 44,5 | 45,5 | 45,5 | 47 | 47 cm |
| Länge Körper ab Achsel | 14⅛ | 14½ | 14 | 13¾ | 13 | 12⅝ | 11¾ | 11½ | 10⅝ in |
| | 36 | 37 | 35,5 | 35 | 33 | 32 | 30 | 29 | 27 cm |

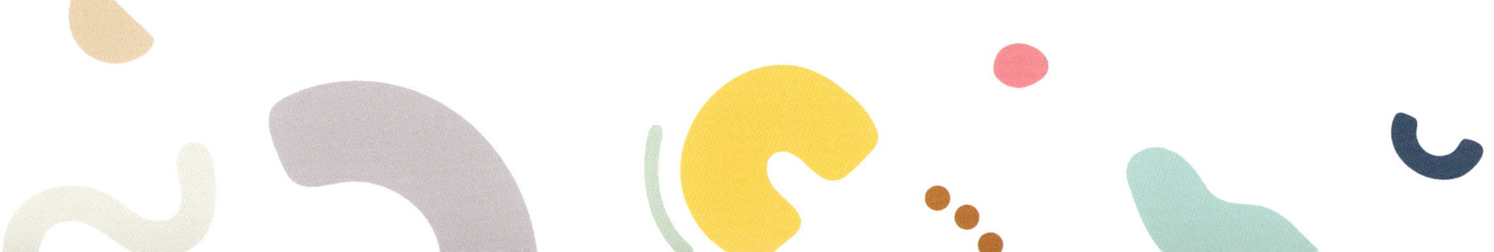

# Iktsuarpok-Tanktop

## LAUFLÄNGE/VERBRAUCH

Garnmenge inklusive zusätzlichen 10% für Maschenproben und eine Fehler-Reserve.

| GRÖSSE | 1 | 2 | 3 | 4 | 5 | 6 | 7 | 8 | 9 |
|---|---|---|---|---|---|---|---|---|---|
| Farbe A | 131¼ | 142¼ | 153¼ | 180½ | 202½ | 202½ | 224¼ | 240¾ | 251¾ yd |
| | 120 | 130 | 140 | 165 | 185 | 185 | 205 | 220 | 230 m |
| Farbe B | 65¾ | 71¼ | 76¾ | 93 | 98½ | 104 | 115 | 120¼ | 126 yd |
| | 60 | 65 | 70 | 85 | 90 | 95 | 105 | 110 | 115 m |
| Farbe C | 251¾ | 273½ | 295½ | 328¼ | 350 | 383 | 415¾ | 437½ | 459½ yd |
| | 230 | 250 | 270 | 300 | 320 | 350 | 380 | 400 | 420 m |

## FERTIGE MASSE

Länge nach Wunsch veränderbar. 2,5 bis 10 cm Spiel.

| GRÖSSE | 1 | 2 | 3 | 4 | 5 | 6 | 7 | 8 | 9 |
|---|---|---|---|---|---|---|---|---|---|
| Brust-umfang | 32½ | 35½ | 38⅜ | 44¼ | 47¼ | 50¼ | 56⅛ | 59 | 62 in |
| | 82,5 | 90 | 97,5 | 112,5 | 120 | 127,5 | 142,5 | 150 | 157 cm |
| Breite Ausschnitt | 6⅞ | 7⅜ | 8¾ | 9¼ | 9⅜ | 9⅞ | 9⅞ | 9⅞ | 9⅞ in |
| | 17,5 | 18,75 | 22,5 | 23,5 | 23,75 | 25 | 25 | 25 | 25 cm |
| Tiefe Ausschnitt VT | 7 | 7½ | 7½ | 7⅞ | 7⅞ | 7⅞ | 8¼ | 8¼ | 8¼ in |
| | 18 | 19 | 19 | 20 | 20 | 20 | 21 | 21 | 21 cm |
| Tiefe Ausschnitt RT | 9 | 9½ | 9½ | 9⅞ | 9⅞ | 9⅞ | 10¼ | 10¼ | 10¼ in |
| | 23 | 24 | 24 | 25 | 25 | 25 | 26 | 26 | 26 cm |
| Tiefe Arm-ausschnitt | 8¾ | 9¼ | 9⅞ | 10⅜ | 10¾ | 11½ | 11¾ | 12⅜ | 12¾ in |
| | 22,5 | 23,5 | 25 | 26,5 | 27,5 | 29 | 30 | 31,5 | 32,5 cm |
| Körper Länge ab Achsel, min. | 9½ | 9½ | 9½ | 9½ | 9½ | 9½ | 9½ | 9½ | 9½ in |
| | 24 | 24 | 24 | 24 | 24 | 24 | 24 | 24 | 24 cm |

# Wabi-Sabi-Mütze und Fäustlinge

## LAUFLÄNGE/VERBRAUCH

Garnmenge inklusive zusätzlichen 10% für Maschenproben und eine Fehler-Reserve.

| PROJEKT | MÜTZE | | | FÄUSTLINGE | |
|---|---|---|---|---|---|
| GRÖSSE | S | M | L | M | L |
| Farbe A | 109½ | 120¼ | 131¼ | 87½ | 109½ yd |
| | 100 | 110 | 120 | 80 | 100 m |
| Farbe B | 87½ | 93 | 104 | 65¾ | 87½ yd |
| | 80 | 85 | 95 | 60 | 80 m |
| Farbe C | 93 | 98½ | 109½ | 76¾ | 98½ yd |
| | 85 | 90 | 100 | 70 | 90 m |

## FERTIGE MASSE

Mütze kann nach Wunsch länger gehäkelt werden.

| GRÖSSE | S | M | L |
|---|---|---|---|
| Umfang Mütze | 21⅞ | 24 | 26¼ in |
| | 55,6 | 61,1 | 66,7 cm |
| Länge Mütze | 9½ | 9½ | 9½ in |
| | 24 | 24 | 24 cm |
| Umfang Fäustlinge | | 7 | 8¼ in |
| | | 17,8 | 21,1 cm |
| Länge Fäustlinge | | 8⅝ | 9½ in |
| | | 21,9 | 24,1 cm |

# Ailyak-Pullover

## LAUFLÄNGE

Garnmenge inklusive zusätzlichen 10% für Maschenproben und eine Fehler-Reserve.
Für ein langärmeliges Crop Top.

| GRÖSSE | 1 | 2 | 3 | 4 | 5 | 6 | 7 | 8 | 9 |
|---|---|---|---|---|---|---|---|---|---|
| Farbe A | 1350 | 1520 | 1720 | 1800 | 1980 | 2240 | 2340 | 2560 | 2760 yd |
| | 1235 | 1390 | 1573 | 1646 | 1811 | 2049 | 2140 | 2341 | 2524 m |
| Farbe B | 820 | 920 | 1040 | 1090 | 1200 | 1350 | 1410 | 1550 | 1670 yd |
| | 750 | 842 | 951 | 997 | 1098 | 1235 | 1290 | 1418 | 1436 m |

Für ein langärmeliges Crop Top in normaler Länge.

| GRÖSSE | 1 | 2 | 3 | 4 | 5 | 6 | 7 | 8 | 9 |
|---|---|---|---|---|---|---|---|---|---|
| Farbe A | 1640 | 1840 | 2080 | 2190 | 2410 | 2700 | 2830 | 3100 | 3340 yd |
| | 1500 | 1683 | 1902 | 2003 | 2204 | 2469 | 2588 | 2835 | 3054 m |
| Farbe B | 1000 | 1110 | 1250 | 1320 | 1450 | 1630 | 1710 | 1870 | 2020 yd |
| | 915 | 1015 | 1143 | 1208 | 1326 | 1491 | 1564 | 1710 | 1847 m |

## FERTIGE MASSE

Länge nach Geschmack anpassbar.
2,5 bis 5 cm Spiel.

| GRÖSSE | 1 | 2 | 3 | 4 | 5 | 6 | 7 | 8 | 9 |
|---|---|---|---|---|---|---|---|---|---|
| Brustumfang | 31¼ | 34½ | 37¾ | 41 | 46 | 49¼ | 52½ | 57½ | 62⅜ in |
| | 79 | 87,5 | 96 | 104 | 117 | 125 | 133,5 | 146 | 158,5 cm |
| Breite Ausschnitt | 19 | 19¼ | 19¼ | 19⅞ | 21¼ | 21¼ | 21¼ | 21¼ | 21¾ in |
| | 48 | 49 | 49 | 50,5 | 54 | 54 | 54 | 54 | 55,5 cm |
| Oberarm | 10⅝ | 12⅜ | 14½ | 14½ | 16⅛ | 17⅛ | 18¼ | 20¼ | 21⅝ in |
| | 27 | 31.5 | 37 | 37 | 41 | 43,5 | 46,5 | 51,5 | 55 cm |
| Bündchen | 8½ | 8½ | 8⅝ | 8⅝ | 9 | 9½ | 9⅞ | 10 | 10 in |
| | 21,5 | 21,5 | 22 | 22 | 23,5 | 24 | 25 | 25,5 | 26 cm |
| Länge ¾-Ärmel ab Achsel | 9⅞ | 9⅞ | 9⅞ | 9⅞ | 9⅞ | 9⅞ | 9⅞ | 9⅞ | 9⅞ in |
| | 25 | 25 | 25 | 25 | 25 | 25 | 25 | 25 | 25 cm |
| Länge lange Ärmel ab Achsel | 16½ | 17 | 17 | 17½ | 17½ | 18 | 18 | 18½ | 18½ in |
| | 42 | 43 | 43 | 44,5 | 44,5 | 45,5 | 45,5 | 47 | 47 cm |
| Länge Körper Crop Top ab Achsel | 10 | 9½ | 9¼ | 9 | 8¾ | 10 | 9¼ | 8¾ | 8¾ in |
| | 25,5 | 24 | 23,5 | 23 | 22,5 | 25,5 | 23,5 | 22,5 | 22,5 cm |
| Länge Körper normale Länge ab Achsel | 14½ | 14⅛ | 14 | 13½ | 13⅜ | 14½ | 13¾ | 13½ | 13⅜ in |
| | 37 | 36 | 35,5 | 34,5 | 34 | 37 | 35 | 34 | 34 cm |

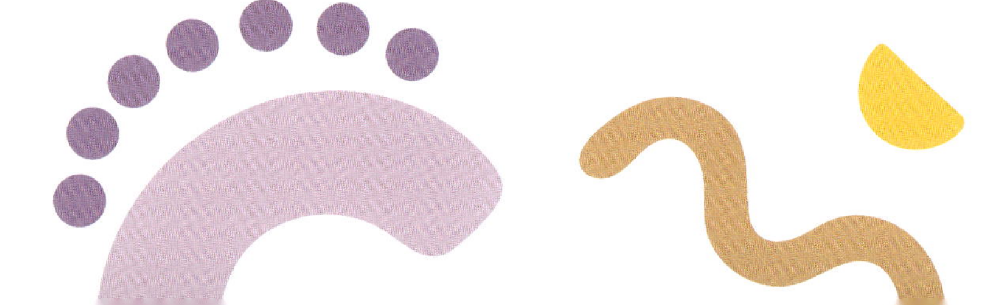

# Hygge-Jacke

## LAUFLÄNGE

Garnmenge inklusive zusätzlichen 10% für Maschenproben und eine Fehler-Reserve.

| GRÖSSE | 1 | 2 | 3 | 4 | 5 | 6 | 7 | 8 | 9 |
|---|---|---|---|---|---|---|---|---|---|
| Farbe A | 722 | 820¼ | 918¾ | 1061 | 1236 | 1400 | 1553 | 1728 | 1925 yd |
| | 660 | 750 | 840 | 970 | 1130 | 1280 | 1420 | 1580 | 1760 m |
| Farbe B | 262½ | 284½ | 306¼ | 328¼ | 372 | 404¾ | 437½ | 459½ | 481¼ yd |
| | 240 | 260 | 280 | 300 | 340 | 370 | 400 | 420 | 440 m |
| Farbe C | 208 | 229¾ | 240¾ | 262½ | 295½ | 328¼ | 350 | 372 | 383 yd |
| | 190 | 210 | 220 | 240 | 270 | 300 | 320 | 340 | 350 m |

## FERTIGE MASSE

Länge des Körpers nach Geschmack anpassbar.
8 bis 12,5 cm Spiel.

| GRÖSSE | 1 | 2 | 3 | 4 | 5 | 6 | 7 | 8 | 9 |
|---|---|---|---|---|---|---|---|---|---|
| Brustumfang | 32¼ | 37½ | 40⅝ | 44⅜ | 49⅝ | 53¼ | 56⅜ | 60 | 65¼ in |
| | 82 | 95,25 | 103,25 | 112,75 | 126 | 135,25 | 143,25 | 152,75 | 166 cm |
| Weite Ausschnitt ohne Rippenbündchen | 4¼ | 5¼ | 7⅜ | 6¾ | 7⅞ | 7⅞ | 8⅞ | 8⅞ | 10½ in |
| | 10,75 | 13,25 | 18,75 | 17,25 | 20 | 20 | 22,75 | 22,75 | 26,75 cm |
| Tiefe Ausschnitt ohne Rippenbündchen | 5¼ | 6¼ | 5¾ | 7⅜ | 9¼ | 9¼ | 8 | 7⅞ | 9¾ in |
| | 13,25 | 16 | 14,5 | 18,75 | 23,5 | 23,5 | 20,5 | 20 | 24,75 cm |
| Umfang Ärmel | 14⅛ | 14⅛ | 14⅛ | 15¾ | 17¼ | 19⅜ | 21 | 22½ | 22½ in |
| | 36 | 36 | 36 | 40 | 44 | 49,25 | 53,25 | 57,25 | 57,25 cm |
| Länge Ärmel ab Achsel | 13½ | 13½ | 13½ | 13½ | 13½ | 13½ | 13½ | 13½ | 13½ in |
| | 34,5 | 34,5 | 34,5 | 34,5 | 34,5 | 34,5 | 34,5 | 34,5 | 34,5 cm |
| Länge Körper ab Achsel | 7¾ | 7¾ | 7¾ | 7¾ | 7¾ | 7¾ | 7¾ | 7¾ | 7¾ in |
| | 19,5 | 19,5 | 19,5 | 19,5 | 19,5 | 19,5 | 19,5 | 19,5 | 19,5 cm |

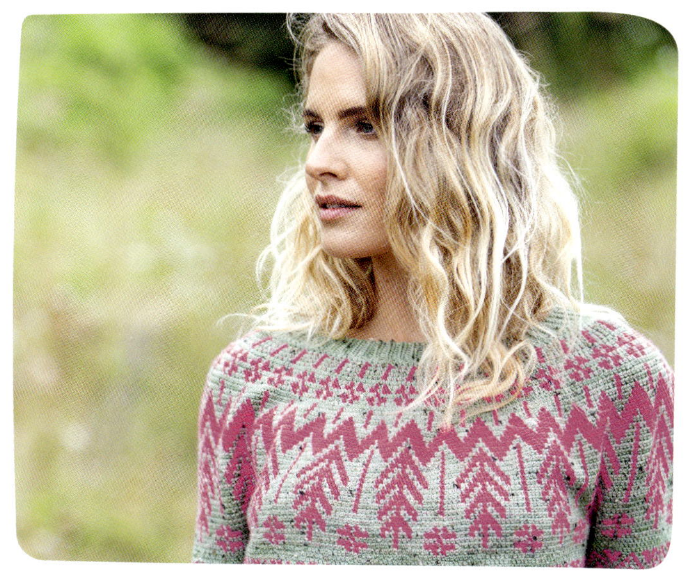

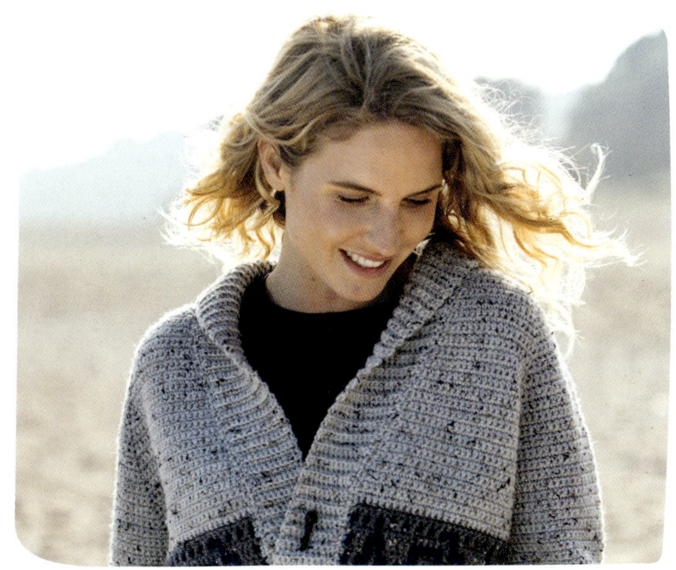

# Fernweh-Tanktop

## LAUFLÄNGE

Garnmenge inklusive zusätzliche 10% für Maschenproben und eine Fehler-Reserve.
Garnmenge für ein Crop Top in minimaler Länge wie abgebildet.

| GRÖSSE | 1 | 2 | 3 | 4 | 5 | 6 | 7 | 8 | 9 |
|---|---|---|---|---|---|---|---|---|---|
| Farbe A | 197 | 328¼ | 372 | 415¾ | 601½ | 656¼ | 716½ | 968 | 1044½ yd |
| | 180 | 300 | 340 | 380 | 550 | 600 | 655 | 885 | 955 m |
| Farbe B | 197 | 328¼ | 372 | 415¾ | 601½ | 656¼ | 716½ | 968 | 1044½ yd |
| | 180 | 300 | 340 | 380 | 550 | 600 | 655 | 885 | 955 m |
| Farbe C | 22 | 22 | 22 | 22 | 22 | 22 | 22 | 22 | 22 yd |
| | 20 | 20 | 20 | 20 | 20 | 20 | 20 | 20 | 20 m |

## FERTIGE MASSE

Die Länge der Körperpartie kann nach Wunsch angepasst werden.
0 bis 5 cm Spiel.

| GRÖSSE | 1 | 2 | 3 | 4 | 5 | 6 | 7 | 8 | 9 |
|---|---|---|---|---|---|---|---|---|---|
| Brustumfang | 29⅜ | 32¾ | 37¼ | 41½ | 45 | 49⅜ | 53¾ | 58 | 62½ in |
| | 74,5 | 83,25 | 94,5 | 105,5 | 114,5 | 125,5 | 136,5 | 147,5 | 159 cm |
| Schultern | 11½ | 12 | 13½ | 14½ | 14¾ | 15⅛ | 15⅛ | 15¾ | 15¾ in |
| | 29 | 30,5 | 34,25 | 37 | 37,5 | 38,5 | 38,5 | 40 | 40 cm |
| Tiefe Achsel | 7½ | 7⅞ | 8⅝ | 8⅝ | 9½ | 9⅞ | 10⅝ | 11 | 11½ in |
| | 19 | 20 | 22 | 22 | 24 | 25 | 27 | 28 | 29 cm |
| Tiefe Ausschnitt | 6 | 6¼ | 6⅞ | 6⅞ | 6⅞ | 6⅞ | 7¼ | 7¼ | 7¼ in |
| | 15 | 16 | 17,5 | 17,5 | 17,5 | 17,5 | 18,5 | 18,5 | 18,5 cm |
| Mindestlänge ab Achsel | 5 | 8⅛ | 8⅛ | 8⅛ | 10½ | 10⅛ | 9⅞ | 12½ | 12⅛ in |
| | 12,5 | 20,75 | 20,75 | 20,75 | 26,75 | 25,75 | 25 | 31,75 | 30,75 cm |

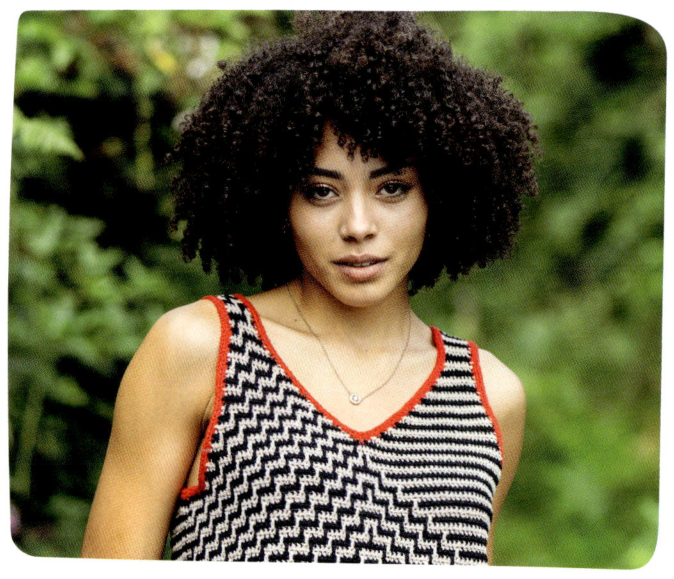

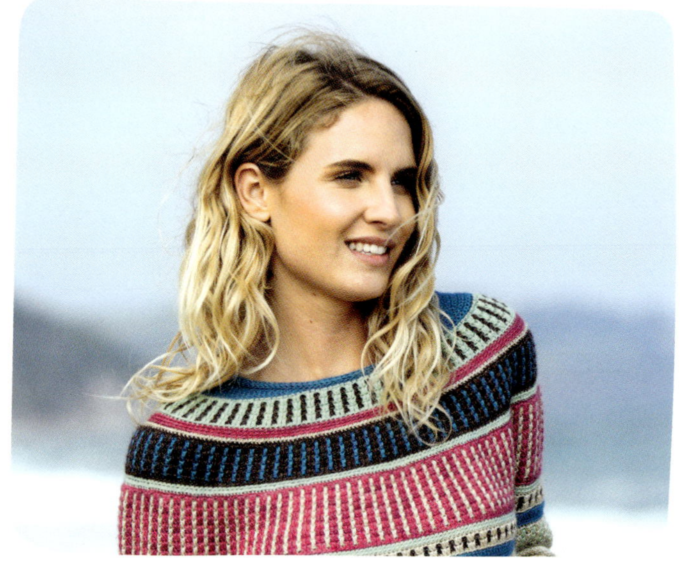

# Lagom-Pullover

## LAUFLÄNGE

Garnmenge inklusive zusätzlichen 10% für Maschenproben und eine Fehler-Reserve.
Für einen kurzen Pullover mit langen Ärmeln.

| GRÖSSE | 1 | 2 | 3 | 4 | 5 | 6 | 7 | 8 | 9 |
|---|---|---|---|---|---|---|---|---|---|
| Farbe A | 146¾ | 163¼ | 181½ | 201½ | 221¾ | 246½ | 263½ | 287¾ | 304 yd |
| | 134,2 | 149,2 | 166 | 185,2 | 202,8 | 225,3 | 240,8 | 263 | 278 m |
| Farbe B | 115 | 127¾ | 142 | 158½ | 173¾ | 183 | 206¼ | 225 | 238 yd |
| | 105 | 116,8 | 129,9 | 144,9 | 158,7 | 176,3 | 188,5 | 205,8 | 217,6 m |
| Farbe C | 108½ | 120½ | 134 | 149¾ | 164 | 182 | 194¾ | 212½ | 224¾ yd |
| | 99,1 | 110,2 | 122,6 | 136,8 | 149,8 | 166,4 | 177,9 | 194,3 | 205,4 m |
| Farbe D | 146¾ | 163¼ | 181½ | 201½ | 222 | 246½ | 263½ | 287¾ | 304 yd |
| | 134,2 | 149,2 | 166 | 185,2 | 202,8 | 225,3 | 240,8 | 263 | 278 m |
| Farbe E | 919 | 1021½ | 1136¾ | 1268 | 1388¼ | 1542¾ | 1649 | 1801 | 1903¾ yd |
| | 840,4 | 934,1 | 1039,4 | 1159,5 | 1269,4 | 1410,6 | 1507,9 | 1646,7 | 1740,7 m |

## FERTIGE MASSE

2,5 bis 10 cm Spiel.

| GRÖSSE | 1 | 2 | 3 | 4 | 5 | 6 | 7 | 8 | 9 |
|---|---|---|---|---|---|---|---|---|---|
| Brust-umfang | 32 | 35½ | 39½ | 42¾ | 46¾ | 51¼ | 54½ | 57⅞ | 62 in |
| | 81,5 | 90 | 100 | 108,6 | 118,5 | 130 | 138,5 | 147 | 157 cm |
| Ausschnitt | 16¾ | 17¾ | 20 | 21¼ | 23½ | 24½ | 25¾ | 26¼ | 27½ in |
| | 42,5 | 45 | 51 | 54 | 59,5 | 62,5 | 65 | 66,5 | 69,5 cm |
| Oberarm | 11½ | 11¾ | 12¾ | 14 | 15 | 16½ | 17¾ | 18¾ | 19⅛ in |
| | 29 | 30 | 32,5 | 35,5 | 38 | 42 | 45 | 47,5 | 48,5 cm |
| Bündchen | 8¾ | 8¾ | 9⅞ | 10 | 11¼ | 11¼ | 12 | 12¼ | 13⅛ in |
| | 22,5 | 22,5 | 25 | 25,5 | 28,5 | 28,5 | 30,5 | 32,5 | 33,5 cm |
| Länge Ärmel Achsel | 16½ | 17 | 17 | 17½ | 17½ | 18 | 18 | 18½ | 18½ in |
| | 42 | 43 | 43 | 44,5 | 44,5 | 45,5 | 45,5 | 47 | 47 cm |
| Länge ab Achsel | 11½ | 10⅝ | 10¼ | 9⅝ | 8¾ | 8½ | 7½ | 7½ | 6⅝ in |
| | 29 | 27 | 26 | 24,5 | 22,5 | 21,5 | 19 | 19 | 17 cm |

# Merak – Mütze und Loop

## LAUFLÄNGE

Garnmenge inklusive zusätzlichen 10% für Maschenproben und eine Fehler-Reserve.

| | MÜTZE | LOOP | |
|---|---|---|---|
| GRÖSSE | | S | M |
| Farbe A | 153¼ | 197 | 295½ yd |
| | 140 | 180 | 270 m |
| Farbe B | 54¾ | 71¼ | 104 yd |
| | 50 | 65 | 95 m |
| Farbe C | 54¾ | 71¼ | 104 yd |
| | 50 | 65 | 95 m |

## FERTIGE GRÖSSEN

Länge kann nach Wunsch angepasst werden.

| | MÜTZE | LOOP | |
|---|---|---|---|
| GRÖSSE | | S | M |
| Umfang | 21½ | 23¼ | 26 in |
| | 54,75 | 59 | 66 cm |
| Länge | 8¾ | 11¾ | 15¾ in |
| | 22,5 | 30 | 40 cm |

# Gigil – Cardigan

## LAUFLÄNGE

Garnmenge inklusive zusätzlichen 10% für Maschenproben und eine Fehler-Reserve.

| GRÖSSE | 1 | 2 | 3 | 4 | 5 | 6 | 7 | 8 | 9 |
|---|---|---|---|---|---|---|---|---|---|
| Farbe A | 1099¼ | 1244½ | 1393½ | 1567¼ | 1746½ | 1925 | 2097¾ | 2362¼ | 2493½ yd |
| | 1005 | 1138 | 1274 | 1433 | 1597 | 1760 | 1918 | 2160 | 2280 m |
| Farbe B | 87½ | 98½ | 109½ | 120¼ | 131¼ | 142¼ | 153¼ | 164¼ | 175 yd |
| | 80 | 90 | 100 | 110 | 120 | 130 | 140 | 150 | 160 m |

Für die Intarsienkreise (alle Größen)

| | |
|---|---|
| Farbe B | 28½ yd |
| | 26 m |
| Farbe C | 70 yd |
| | 64 m |
| Farbe D | 70 yd |
| | 64 m |
| Farbe E | 50½ yd |
| | 46 m |
| Farbe F | 50½ yd |
| | 46 m |
| Farbe G | 48¼ yd |
| | 44 m |
| Farbe H | 19¾ yd |
| | 18 m |
| Farbe I | 39½ yd |
| | 36 m |
| Farbe J | 28½ yd |
| | 26 m |

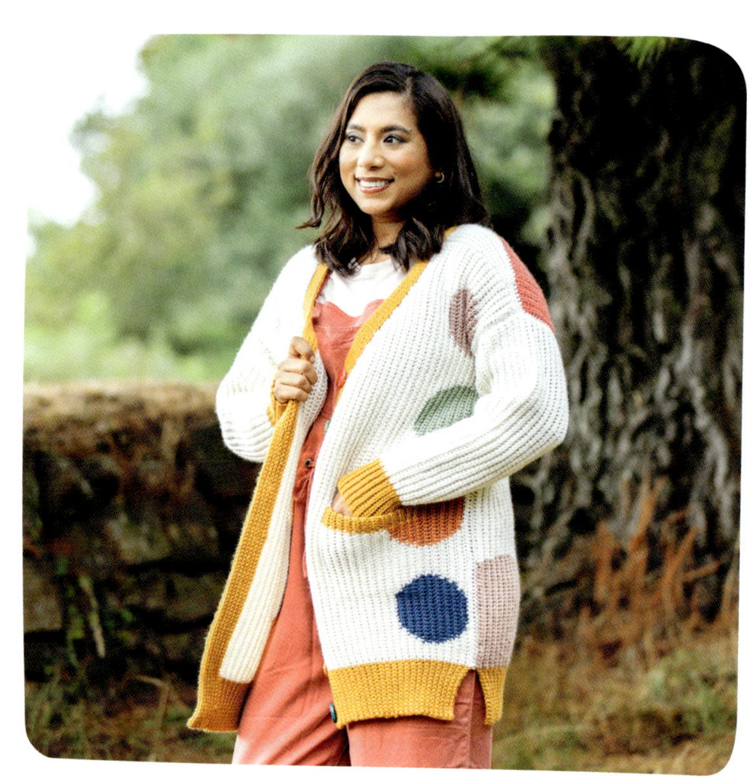

## FERTIGE MASSE

Die Länge der Körperpartie kann nach Wunsch angepasst werden.
5 bis 12,5 cm Spiel.

| GRÖSSE | 1 | 2 | 3 | 4 | 5 | 6 | 7 | 8 | 9 |
|---|---|---|---|---|---|---|---|---|---|
| Brustumfang | 33 | 37 | 40⅞ | 44¾ | 48¾ | 51⅝ | 55⅝ | 59½ | 64⅜ in |
| | 83,75 | 93,75 | 103,75 | 113,75 | 123,75 | 131,25 | 141,25 | 151,25 | 163,75 cm |
| Weite Ausschnitt | 5¾ | 6 | 6½ | 6⅞ | 7 | 7¼ | 7¼ | 7⅜ | 7⅜ in |
| | 14,5 | 15 | 16,5 | 17,5 | 18 | 18,5 | 18,5 | 18,75 | 18,75 cm |
| Tiefe Ausschnitt | 8⅜ | 8⅜ | 8¾ | 8⅜ | 8¾ | 8¾ | 8¾ | 8¾ | 9¼ in |
| | 21,25 | 21,25 | 22,5 | 21,25 | 22,5 | 22,5 | 22,5 | 22,5 | 23,5 cm |
| Oberarm | 11¾ | 12¼ | 13 | 14 | 15½ | 17½ | 19 | 20½ | 21½ in |
| | 30 | 31 | 33 | 35,5 | 39,5 | 44,5 | 48 | 52 | 54,75 cm |
| Bündchen | 8⅝ | 8⅝ | 9 | 9 | 9⅝ | 9⅝ | 10 | 10⅝ | 10⅝ in |
| | 22 | 22 | 23 | 23 | 24,5 | 24,5 | 25,5 | 27 | 27 cm |
| Länge Ärmel ab Achsel | 17¼ | 17¾ | 17¾ | 18¼ | 18¼ | 18¾ | 18¾ | 19¼ | 19¼ in |
| | 44 | 45 | 45 | 46,5 | 46,5 | 47,5 | 47,5 | 49 | 49 cm |
| Länge Körper ab Achsel | 29½ | 29½ | 29½ | 29½ | 29½ | 29½ | 29½ | 29½ | 29½ in |
| | 75 | 75 | 75 | 75 | 75 | 75 | 75 | 75 | 75 cm |

## PROZESS-TABELLE VT

Die Tabelle zeigt euch, was in jeder Reihe der VT zu tun ist. Sie ist als Unterstützung zusätzlich zur Anleitung gedacht.

| GRÖSSE | REIHE VOR TASCHE | TASCHENREIHEN OHNE SCHULTER FORMEN | TASCHENREIHEN MIT SCHULTER FORMEN | ALLE TASCHEN-REIHEN | REIHENANZAHL NACH TASCHE | REIHEN NACH TASCHE MIT AUSSCHNITT FORMEN | REIHEN INSGESAMT |
|---|---|---|---|---|---|---|---|
| 1 | 6 | 11 | 10 | 21 | 27 | 4 | 31 |
| 2 | 8 | 13 | 8 | 21 | 29 | 6 | 35 |
| 3 | 10 | 13 | 10 | 23 | 33 | 6 | 39 |
| 4 | 10 | 17 | 8 | 25 | 35 | 8 | 43 |
| 5 | 12 | 19 | 6 | 25 | 37 | 10 | 47 |
| 6 | 14 | 19 | 6 | 25 | 39 | 10 | 49 |
| 7 | 18 | 19 | 6 | 25 | 43 | 10 | 53 |
| 8 | 22 | 19 | 6 | 25 | 47 | 10 | 57 |
| 9 | 28 | 17 | 8 | 25 | 53 | 10 | 63 |

# Pana Po'o-Sommertop

## LAUFLÄNGE

Garnmenge inklusive zusätzlichen 10% für Maschenproben und eine Fehler-Reserve.

| GRÖSSE | 1 | 2 | 3 | 4 | 5 | 6 | 7 | 8 | 9 |
|---|---|---|---|---|---|---|---|---|---|
| Farbe A | 153¼ | 169½ | 191½ | 208 | 232 | 246 | 262½ | 284½ | 306¼ yd |
| | 140 | 155 | 175 | 190 | 212 | 225 | 240 | 260 | 280 m |
| Farbe B | 175 | 196 | 221 | 238½ | 268 | 284½ | 303 | 328 | 354½ yd |
| | 160 | 179 | 202 | 218 | 245 | 260 | 277 | 300 | 324 m |
| Farbe C | 174 | 192½ | 218¾ | 235¼ | 262½ | 279 | 300¾ | 328 | 350 yd |
| | 159 | 176 | 200 | 215 | 240 | 255 | 275 | 300 | 320 m |
| Farbe D | 181½ | 202½ | 228¾ | 247¼ | 276¾ | 295½ | 315 | 339 | 366½ yd |
| | 166 | 185 | 209 | 226 | 253 | 270 | 288 | 310 | 335 m |

## FERTIGE MASSE

2,5 bis 6 cm Spiel.

| GRÖSSE | 1 | 2 | 3 | 4 | 5 | 6 | 7 | 8 | 9 |
|---|---|---|---|---|---|---|---|---|---|
| Brust-umfang | 31 | 34¼ | 39 | 42¼ | 46¾ | 50 | 53½ | 57⅞ | 62½ in |
| | 78,6 | 87 | 98,6 | 107 | 118,5 | 127 | 135,7 | 147 | 158,6 cm |
| Weite Ausschnitt | 10⅜ | 10⅜ | 10⅜ | 10⅜ | 10⅜ | 10⅜ | 10⅜ | 10⅜ | 10⅜ in |
| | 26,5 | 26,5 | 26,5 | 26,5 | 26,5 | 26,5 | 26,5 | 26,5 | 26,5 cm |
| Länge RT ab Schultern | 21⅝ | 21⅝ | 21⅝ | 21⅝ | 21⅝ | 21⅝ | 21⅝ | 21⅝ | 21⅝ in |
| | 55 | 55 | 55 | 55 | 55 | 55 | 55 | 55 | 55 cm |

# Forelsket-Shawl

## LAUFLÄNGE

Garnmenge inklusive zusätzlichen 10% für Maschenproben und eine Fehler-Reserve.

Das Muster ist auf fünf Farben angelegt. Der Shawl kann aber mit beliebig vielen Farben gehäkelt werden. Am besten für einen fließenden Farbwechsel eignen sich gesprenkelte oder marmorierte Garne, in denen Farbelemente der als nächstes benutzten Farbe vorkommen (z.B. von vorwiegend grün zu grün mit lila Sprenkeln zu vorwiegend lila). Unifarben werden nicht unbedingt empfohlen, weil die Streifen sonst zu deutlich sind.

| | |
|---|---|
| Farbe A | 164¼ yd |
| | 150 m |
| Farbe B | 262½ yd |
| | 240 m |
| Farbe C | 306¼ yd |
| | 280 m |
| Farbe D | 355½ yd |
| | 325 m |
| Farbe E | 350 yd |
| | 320 m |

## FERTIGE MASSE

| | |
|---|---|
| Spannweite | 72½ in |
| | 184 cm |
| Länge | 37⅜ in |
| | 95 cm |

# Jayus – Cardigan

## LAUFLÄNGE

Garnmenge inklusive zusätzlichen 10% für Maschenproben und eine Fehler-Reserve.

| GRÖSSE | 1 | 2 | 3 | 4 | 5 | 6 | 7 | 8 | 9 |
|---|---|---|---|---|---|---|---|---|---|
| Farbe A | 459½ | 525 | 590¾ | 667¼ | 743¾ | 831¼ | 907¾ | 1006¼ | 1093¾ yd |
| | 420 | 480 | 540 | 610 | 680 | 760 | 830 | 920 | 1000 m |
| Farbe B | 284½ | 328¼ | 361 | 415¾ | 459½ | 514 | 557¾ | 623½ | 678 yd |
| | 260 | 300 | 330 | 380 | 420 | 470 | 510 | 570 | 620 m |
| Farbe C | 383 | 426½ | 481¼ | 545 | 612½ | 689 | 743¾ | 820¼ | 897 yd |
| | 350 | 390 | 440 | 500 | 560 | 630 | 680 | 750 | 820 m |
| Farbe D | 208 | 240¾ | 273½ | 306¼ | 339 | 383 | 415¾ | 459½ | 503 yd |
| | 190 | 220 | 250 | 280 | 310 | 350 | 380 | 420 | 460 m |

## FERTIGE MASSE

Körper in der Länge nach Geschmack anpassbar.
5 bis 8 cm Spiel.

| GRÖSSE | 1 | 2 | 3 | 4 | 5 | 6 | 7 | 8 | 9 |
|---|---|---|---|---|---|---|---|---|---|
| Brustumfang | 31¼ | 35 | 39 | 43 | 47¼ | 51¼ | 54¾ | 59 | 64 in |
| | 79 | 89 | 99 | 109 | 120 | 130 | 139 | 150 | 162,25 cm |
| Weite Ausschnitt | 3¾ | 4¾ | 5½ | 6⅜ | 7 | 7¾ | 8⅛ | 8⅝ | 9¾ in |
| | 9,75 | 12 | 14 | 16,25 | 18 | 19,5 | 20,75 | 22 | 24,75 cm |
| Tiefe Ausschnitt | 5¾ | 5¼ | 5¾ | 6⅝ | 7⅜ | 8 | 8½ | 9 | 10¼ in |
| | 14,5 | 13,25 | 14,5 | 17 | 18,75 | 20,5 | 21,5 | 23 | 26 cm |
| Oberarm | 11½ | 12¼ | 13⅛ | 14 | 15¾ | 17½ | 18¾ | 20 | 21 in |
| | 29 | 31 | 33,5 | 35,5 | 40 | 44,5 | 47,75 | 51 | 53,25 cm |
| Bündchen | 8¼ | 8¼ | 8¾ | 8¾ | 9⅛ | 9⅝ | 10 | 10 | 10⅞ in |
| | 21 | 21 | 22,5 | 22,5 | 23,25 | 24,5 | 25,5 | 25,5 | 27,75 cm |
| Ärmel Länge ab Achsel | 16½ | 17 | 17 | 17½ | 17½ | 18 | 18 | 18½ | 18½ in |
| | 42 | 43 | 43 | 44,5 | 44,5 | 45,5 | 45,5 | 47 | 47 cm |
| Körper VT Länge ab Achsel | 20 | 20 | 20 | 20 | 20 | 20 | 20 | 20 | 20 in |
| | 51 | 51 | 51 | 51 | 51 | 51 | 51 | 51 | 51 cm |
| Körper RT Länge ab Achsel | 20⅞ | 20⅞ | 20⅞ | 20⅞ | 20⅞ | 20⅞ | 20⅞ | 20⅞ | 20⅞ in |
| | 53 | 53 | 53 | 53 | 53 | 53 | 53 | 53 | 53 cm |

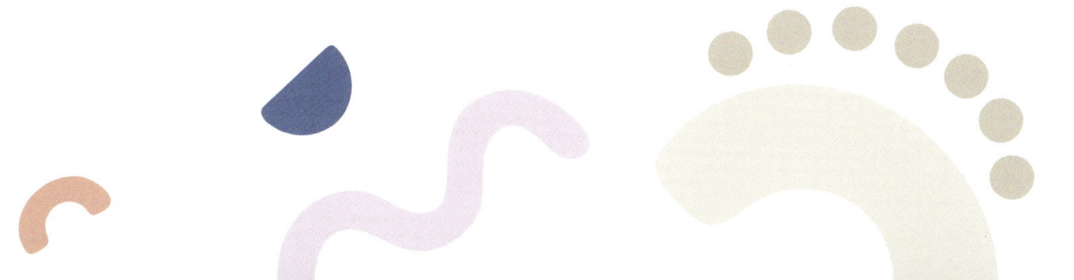

# ALLGEMEINE TECHNIKEN

Manche der in diesem Buch verwendeten Stiche sind sehr einfach und unkompliziert. Andere sind moderner, oder es sind modifizierte Versionen von Standard-Stichen. Vielleicht kennt ihr diese Stiche und andere von mir empfohlene Techniken auch noch gar nicht. In diesem Kapitel sind diese Techniken aufgelistet, und ihr findet hier weitere Informationen, die für die im Buch beschriebenen Projekte nützlich sein können. Wenn ihr mehr Informationen oder weitere Unterstützung braucht, findet ihr sie unter NomadStitches.com oder auf meinem Youtube-Kanal unter www.youtube.com/c/NomadStitches.

## Abkürzungen

**abg,** abgenommen

**abschn,** abschneiden

**DKM,** doppelte Kettmasche: U, Nadel in die M einst, U, durch die M und beide Schl auf der Nadel durchz

**DKM HMG,** doppelte Kettmasche ins hintere Maschenglied

**DKM VMG,** doppelte Kettmaschen ins vordere Maschenglied

**durchz,** durchziehen

**EFM,** erweiterte feste Maschen

**einst,** einstechen

**FM,** feste Maschen

**FM HMG,** feste Maschen durchs hintere Maschenglied

**2 FM zus,** 2 feste Maschen zusammenhäkeln (1 M abn): [Nadel in die nächste M einst, U, durch Schl durchz] 2 x, U, durch alle 3 Schl auf Nadel durchz

**HM,** hinterer Maschenhals

**HMG,** hinteres Maschenglied

**hSt,** halbe Stäbchen

**2 hSt zus,** 2 halbe Stäbchen zusammengehäkelt (1 M abg): U, Nadel in die erste M einst, U, durch die M durchz (3 Schl auf Nadel), U, Nadel in die nächste M, U, durch die M durchz (5 Schl auf Nadel), U, durch alle 5 Schl auf der Nadel durchz

**inkl,** inklusive

**KM,** Kettmasche

**KM HMG,** einzelne Kettmasche ins hintere Maschenglied gehäkelt

**KRM,** Krebsmasche

**LM,** Luftmasche(n)

**LM-L,** Luftmaschenlücken

**M,** Masche(n)

**MG,** Maschenglied

**MH,** Maschenhals

**MM,** Maschenmarkierer (setzen)

**MSt,** Mosaikstäbchen in die überspr. M der gleichen Farbe zwei Reihen tiefer gehäkelt, vor den dazw liegenden andersfarbigen LF-Reihen, bei Standard-Mosaik-Häkeln

**R,** Reihe(n)

**Rde,** Runde(n)

**RS,** Rückseite (der Arbeit)

**RT,** Rückenteil

**Schl,** Schlaufe

**SMH,** Strickmasche häkeln

**St,** Stäbchen

**St VMG,** Stäbchen in die vorderen Maschenglieder der M 2 Reihen tiefer beim einreihigen Mosaik-Häkeln

**2 St zus, 2 St zusammenhäkeln (1 M abn):** U, Nadel in die erste M, U, Faden durch die M durchz (3 Schl auf Nadel), U, durch 2 Schl von der Nadel durchz, U, Nadel in die nächste M einst, U, durch die M durchz (4 Schl auf der Nadel), U, durch 2 Schl durchz, U, durch die restl 3 Schl durchz

**U,** Umschlag

**überspr,** überspringen

**verk,** verkürzt

**VMG,** vorderes Maschenglied

**VMH,** vorderer Maschenhals

**VS,** Vorderseite (der Arbeit)

**VT,** Vorderteil

**wdh,** wiederholen

**1 zun,** eine M zunehmen, indem 2 M in die nächste M gehäkelt werden

**2 zun,** zunehmen, indem 3 M in die nächste M gehäkelt werden

**Zun, zun,** Zunahme, zunehmen

**zus,** zusammen

In allen Anleitungen werden bestimmte Bereiche der geometrischen Muster wiederholt. Diese sind wie folgt gekennzeichnet:

*. *; wdh von * bis *, nach Anleitung von * bis; die Anweisung zwischen den Asterisken bis zur angegebenen Stelle wiederholen

*. ; wdh von * bis noch 2 / 3 x, nach Anleitung von * bis; dann die Anweisung zwischen den Asterisken so oft wdh wie angegeben

[.....] 1 x / 2 x / 3 x, die Anweisung zwischen den eckigen Klammern so oft wdh wie angegeben

## US/UK-TERMINOLOGIE

Wenn ihr eine Anleitung auf englisch lest, dann achtet darauf, ob sie mit den US- oder den UK-Begrifflichkeiten geschrieben ist. In der Tabelle unten seht ihr die Unterschiede.

| US BEGRIFF | UK BEGRIFF |
|---|---|
| single crochet | double crochet |
| half double crochet | half treble crochet |
| double crochet | treble crochet |
| yarn over hook | yarn round hook |

# Grundlegende Stiche und Techniken

## FESTE MASCHEN (FM)

Nadel in die M einst, U, durch die M durchz (1), U, durch die 2 Schl auf der Nadel durchz. (2)

## HALBE STÄBCHEN (HST)

U, Nadel in die M einst (3), U, durch die M durchz (3 Schl auf Nadel), U, durch 3 Schl auf Nadel durchz. (4)

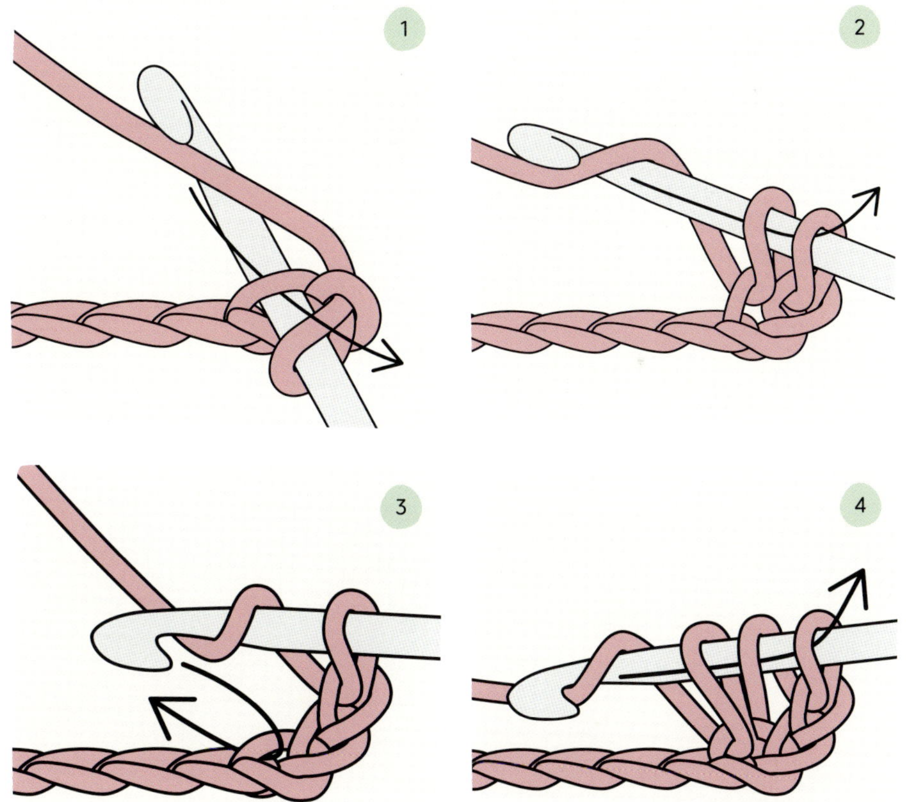

## STÄBCHEN (ST)

U, Nadel in die M einst (5), U, durch die M durchz (3 Schl auf Nadel) (6), U, durch die ersten 2 Schl durchz, U, durch die restlichen 2 Schl auf der Nadel durchz. (7)

## KREBSMASCHE (KRM)

Am li Ende der Arbeit beginnen. 1 LM, *Nadel in die nächste M auf der re Seite einst (8), U und durch die M durchz, dabei die neue Schl auf der Nadel lassen, li von der, die schon da ist (näher an der Spitze), U mit dem Arbeitsfaden und durch 2 Schl auf der Nadel durchz (9); von * bis zu der letzten M der Reihe wdh, KM in die letzte M der Reihe.

## STRICKMASCHE HÄKELN (SMH)

Die Nadel in die Mitte des V unter den oberen Maschengliedern einstechen, dann FM wie gewohnt. (10)

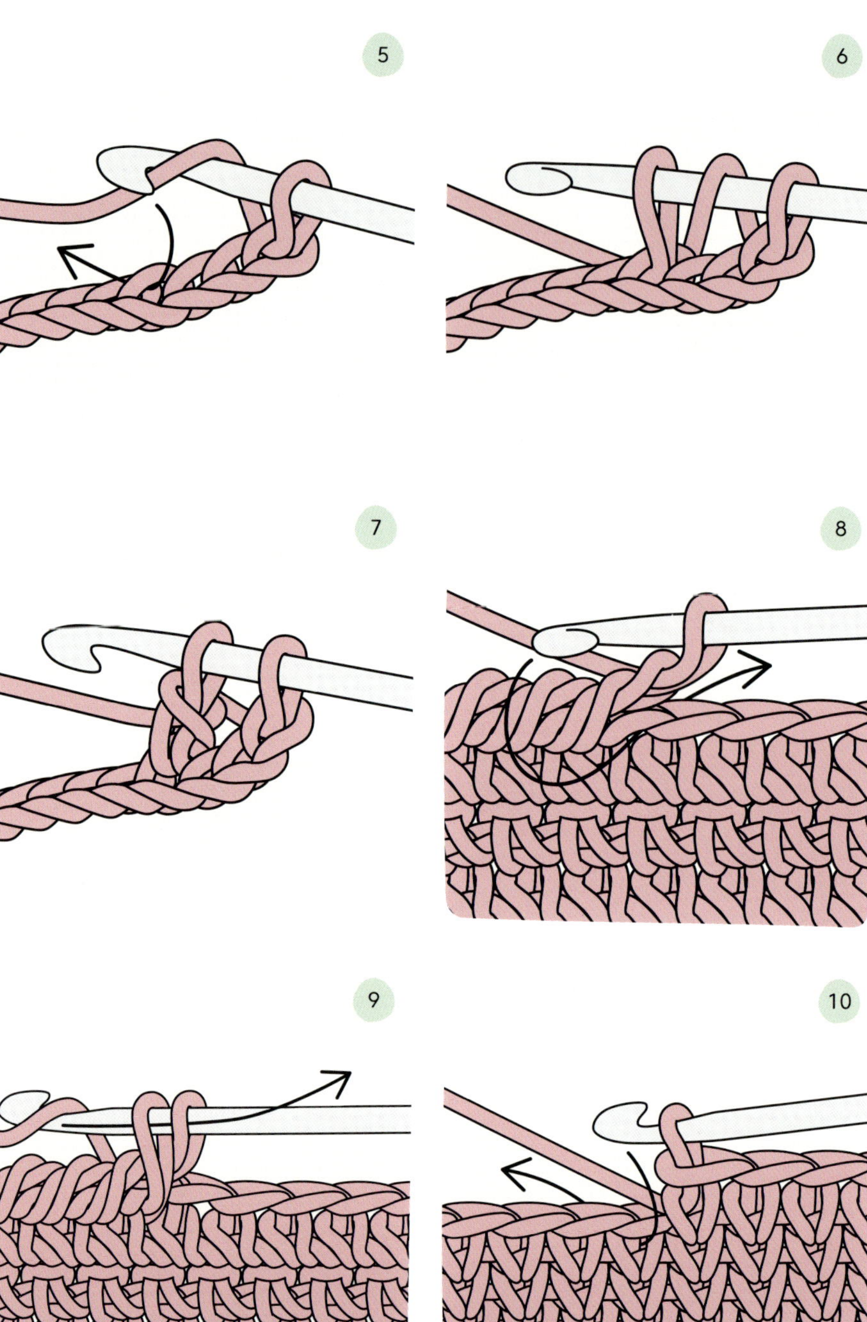


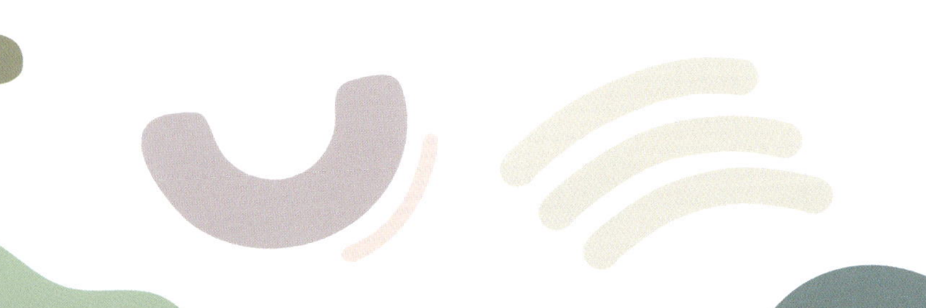

## ERWEITERTE FESTE MASCHE (EFM)

Sehr ähnlich wie reguläre FM: Nadel in die nächste M einst (unter die beiden MG wie gewohnt), U und durch die M durchz, U, durch 1 Schl auf der Nadel durchz (11), U und durch die restl Schl durchz. (12)

## INS VMG ODER HMG HÄKELN

Normalerweise sticht man die Nadel in beide MG oben ein. Wenn nur ins VMG gehäkelt werden soll, in die Schl vorne einst. (13) Wenn ins HMG gehäkelt werden soll, in die Schl hinten einst. (14)

## FESTE MASCHEN UM DEN MASCHENHALS (FM UMH)

Bei diesem Stich wird um den Maschenhals anstatt in die beiden oberen Schl gehäkelt wie üblich. Die Nadel von hinten nach vorne um den MH der Masche darunter einst, dann wieder von vorne nach hinten bringen (15), U und durch den MH durchziehen, U, durch alle Schl auf der Nadel durchz. (16)

11

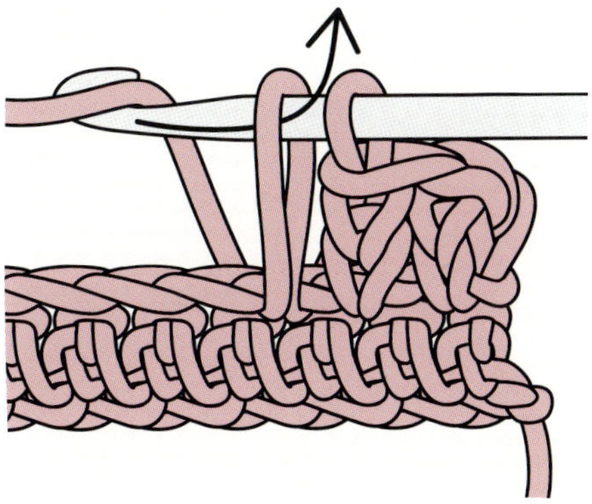

12

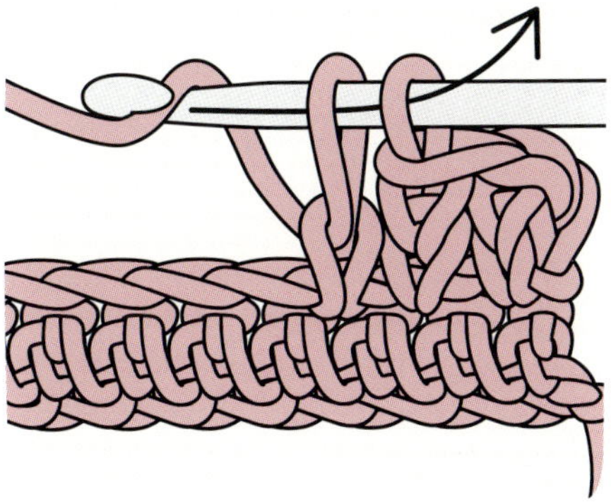

13

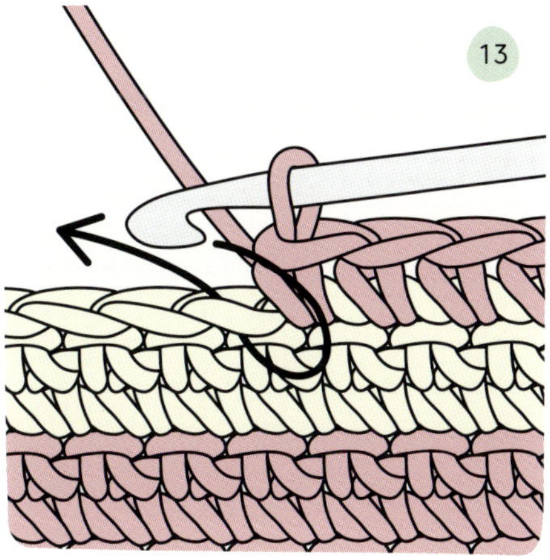

14

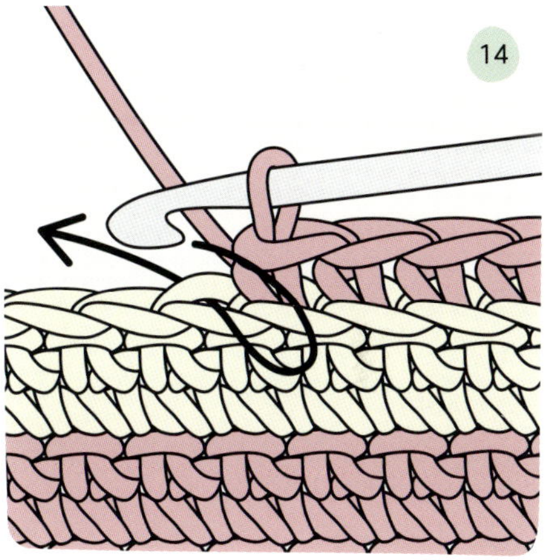

15

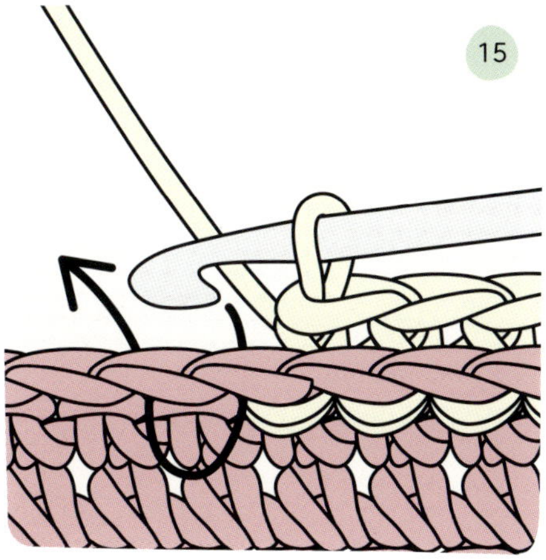

16

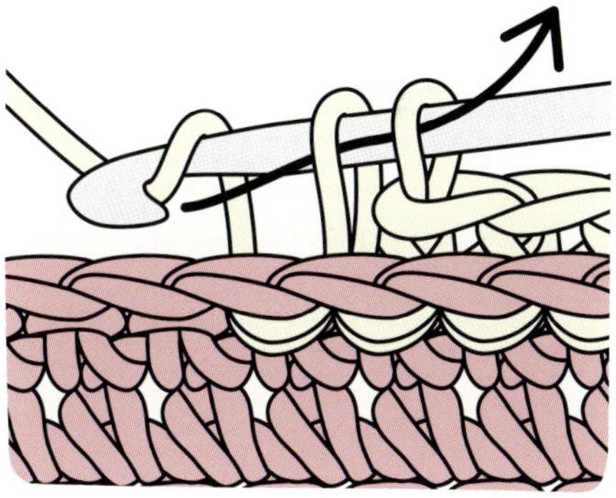

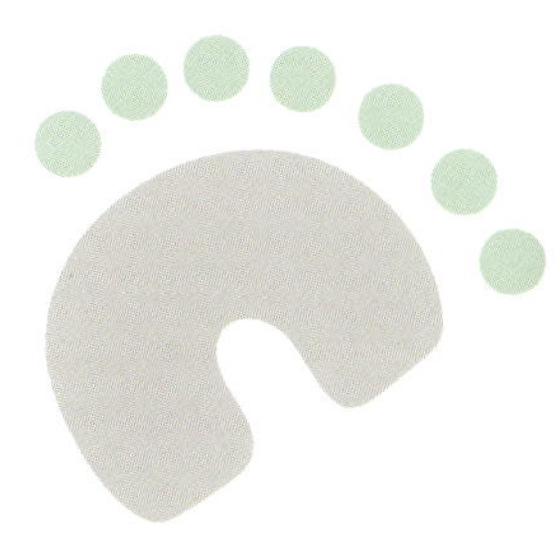

## HÄKELKORDEL

Eine Alternative zur LM-Kette für den Anfang einer Häkelarbeit. Die Kordel-M locker häkeln, damit die Kante der Arbeit nicht zu fest wird. Einen Arbeitsfaden abmessen, der etwa 2,5 x so lang ist wie die Kordel werden soll, einen Zugknoten machen und auf die Nadel schieben. *Von vorne nach hinten das Fadenende um die Häkelnadel schlingen, U mit dem Arbeitsfaden (17), durch 2 Schl auf der Nadel durchz (Zugknoten und Fadenende) (18); wdh ab *, bis die benötigte M-Anzahl gehäkelt wurde. (19)

### Farbwechsel

Bei der letzten M der ersten Farbe das Fadenende um die Nadel schlingen, dann die neue Farbe aufnehmen und durch beide Schl auf der Nadel durchz (20), dabei Fadenende hängen lassen und die Kordel mit der neuen Farbe weiterhäkeln. (21)

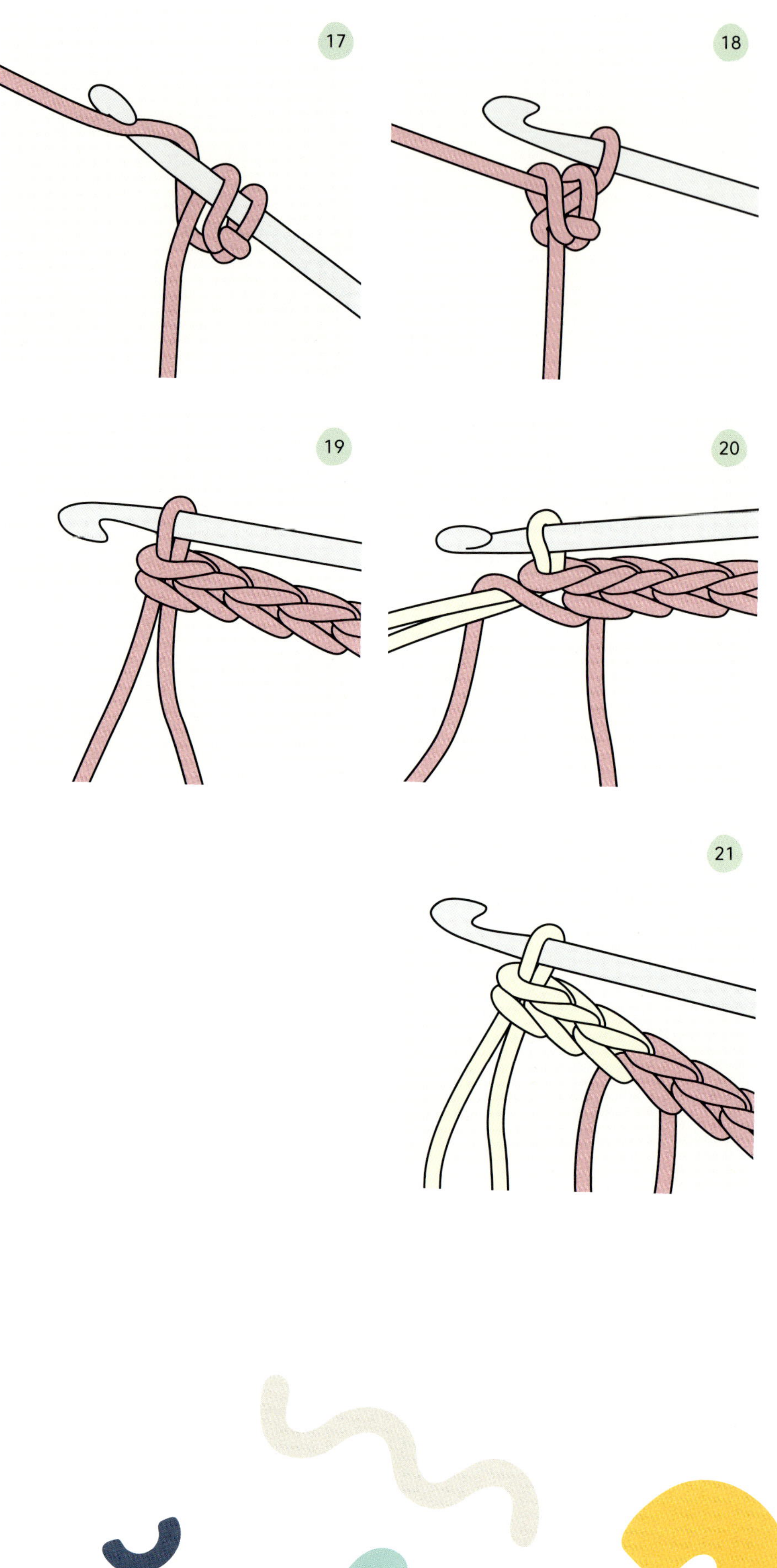


## FALSCHE I-CORD-BORDÜRE

Diese I-Cord-Bordüre ist der gestrickten nachempfunden und kann am Anfang oder am Ende eines in der Runde gehäkelten Projektes benutzt werden.

**Als Anfang:** LM-Kette in der Länge der Bordüre, mit KM in die erste LM schließen, dann eine Rde FM. Rde nicht schließen, sondern spiralförmig weiter, [FM HMH rundum, MM, um Rde-Anfang zu markieren], noch 3x oder mehr. In der letzten Rde FM HMG rundum in die nicht genutzten MG der Anfangs-LM-Kette, mit KM in erste M schließen – letzte R legt die VS fest.

**Als Abschluss:** FM rundum, Rde nicht schließen, sondern spiralförmig weiter, [FM HMH rundum, MM um Rde-Anfang zu markieren] noch 3 x oder mehr. So lassen oder noch »schlauchartiger« machen, indem ihr den Arbeitsfaden verknotet und ein langes Ende stehen lasst, mindestens 2 x so lang wie Umfang der Häkelarbeit, dann die HMG der M in der ersten Rde mit den HMG der ersten Rde der Bordüre zusammennäht, ohne zur VS der Arbeit durchzustechen.

## RUNDEN UNSICHTBAR SCHLIESSEN IN DER RUNDE

Runde mit KM in die erste M schließen (22), dann KM festziehen (23), 1 LM (die nicht als M zählt) und LM festziehen (24). Wenn mehr als 1 Wende-LM verlangt ist, die weiteren LM häkeln und die festgezogene LM als erste LM mitzählen.

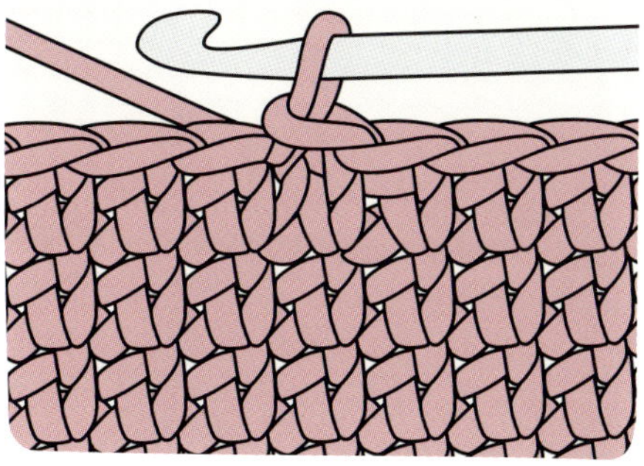

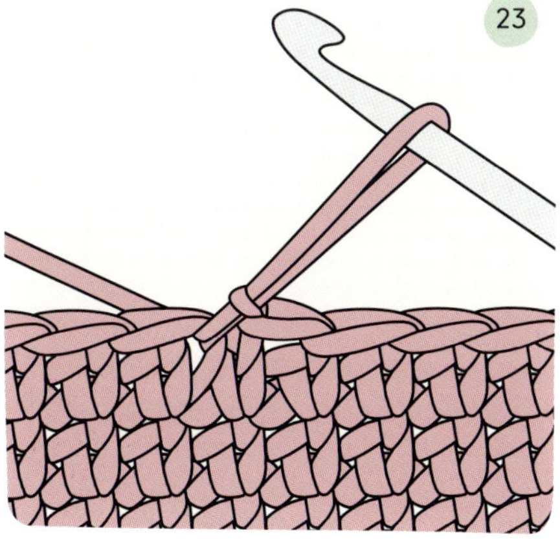

## RUNDEN BEIM ABSCHLUSS DER ARBEIT UNSICHTBAR SCHLIESSEN

Nach der letzten M der Runde den Arbeitsfaden lang abschneiden und durch die M durchz. Das Fadenende in eine Sticknadel einfädeln, diese unter beide MG der zweiten M der Runde einst (25) und durchz, dann die Nadel in die letzte M der Runde zwischen die beiden oberen MG einstechen (26). Durchz und die so entstehende Schl so zurechtziehen, dass sie wie eine M aussieht, dann innen verknoten, abschneiden und den Faden vernähen.

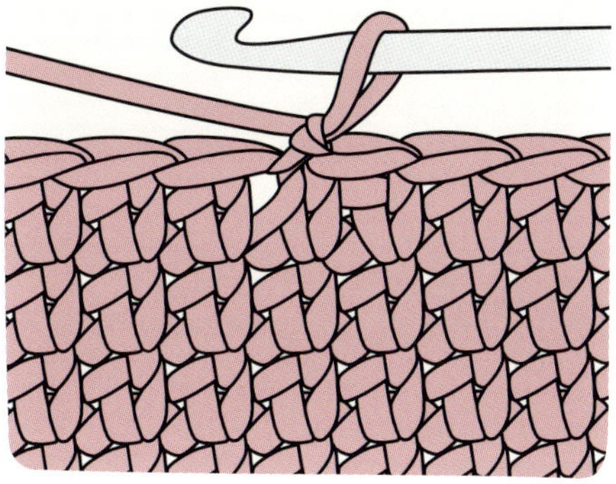

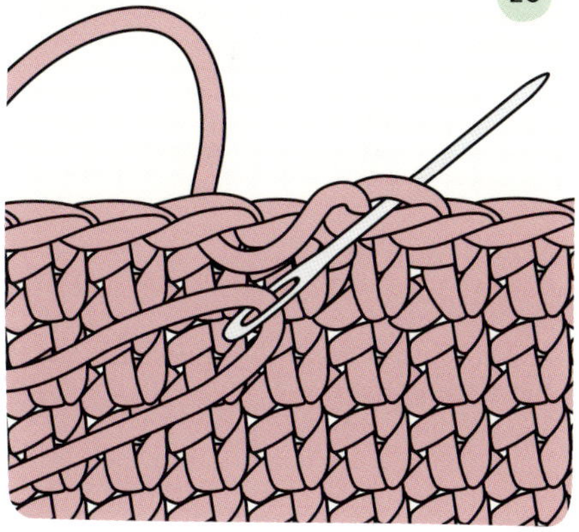

## MATRATZENSTICH

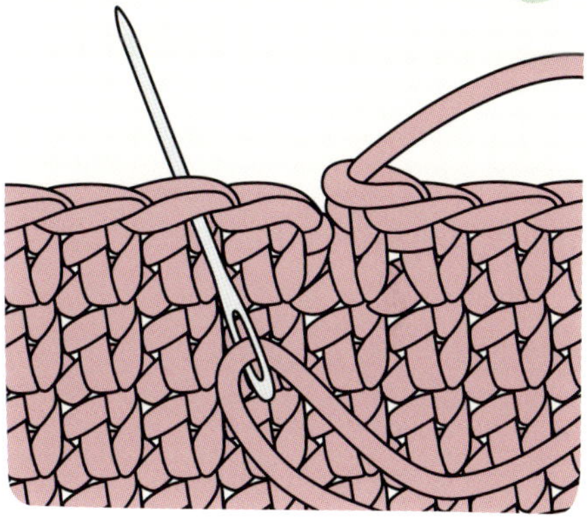

Die beiden Teile, die zusammengesetzt werden sollen, nebeneinanderlegen. Mit der Sticknadel am Anfangsteil von der RS zur VS nähen. Den Stich festziehen und an der anderen Seite das Gleiche tun, mit der Nadel immer von RS zur VS. Immer abwechselnd erst an dem einen, dann am anderen Teil nähen, dabei für eine gleichmäßige Fadenspannung sorgen.

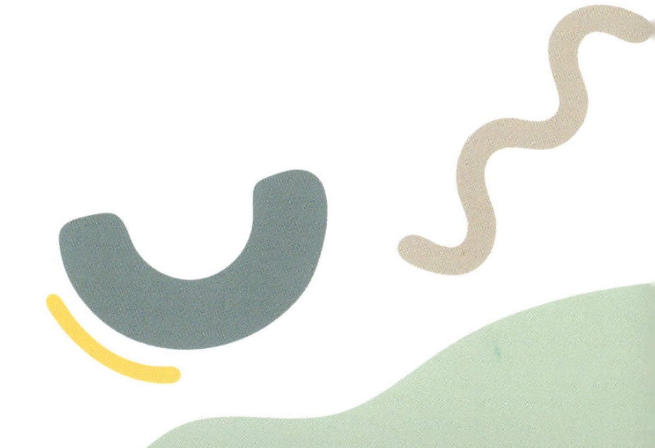

# Über die Autorin

Sandra ist in Mexiko geboren und aufgewachsen. Nach Abschluss eines Psychologiestudiums in den USA unterrichtete sie Englisch als Zweitsprache. Das erlaubte ihr, zu reisen und an verschiedenen Orten auf der Welt zu leben. Sie lernte neue Kulturen kennen und ließ sich von ihnen inspirieren. 2016 begann sie, professionell Strickwaren zu entwerfen, während sie in Spanien lebte. Nach der Geburt ihrer ersten Tochter 2019, damals in Bulgarien, machte sie es zum Beruf.

Heute lebt sie in Großbritannien mit Mann, zwei Töchtern und zwei Hunden. Ihre Designs findet ihr bei Ravelry unter Nomad Stitches und auf ihrer Website, www.NomadStitches.com.

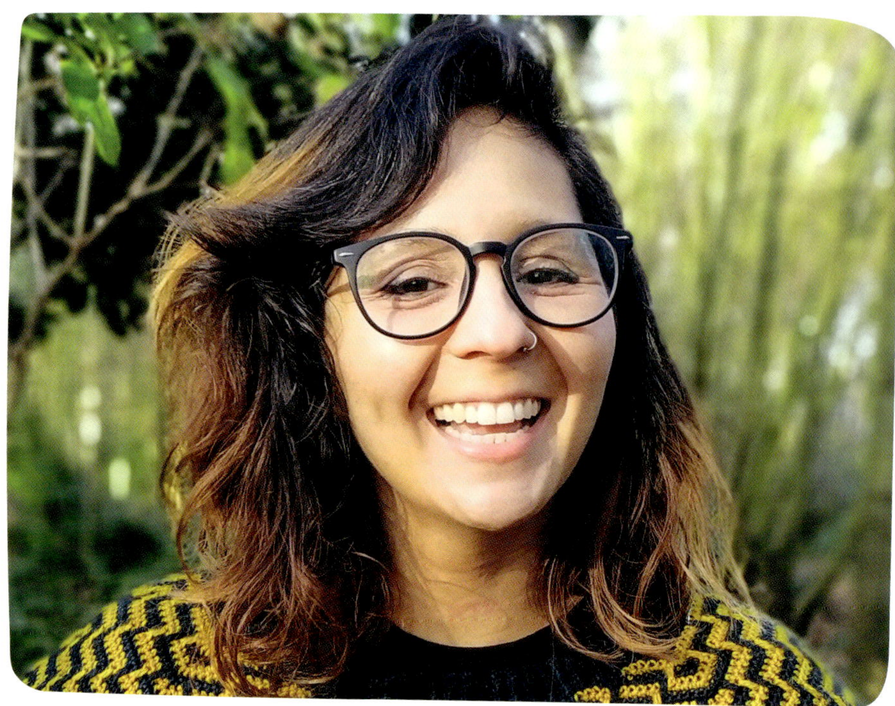

# Bezugsquellen

**Retrosaria Rosa Pomar**
retrosaria.rosapomar.com

**KnitPicks**
www.knitpicks.com

**WeCrochet**
www.crochet.com

**Less Traveled Yarn**
travelingyarn.com

**The Fibre Co**
thefibreco.com

**Spincycle Yarns**
spincycleyarns.com

**Sirdar Yarn**
sirdar.com

**La Bien Aimee**
www.labienaimee.com

**Lovecrafts**
www.lovecrafts.com

# Dank

Dieses Buch zu schreiben und die Designs zu entwerfen war viel anstrengender, aber auch bereichernder, als ich vermutet hätte. Und ich hätte es sicher niemals alleine geschafft!

Zunächst möchte ich meinem liebenden Ehemann Calum danken, der zu Hause alles erledigt hat, wozu ich nicht kam, und der für mich und unsere Tochter Magnolia gesorgt hat. Danke auch dafür, dass du mein bester Kritiker warst. Ohne dich wäre das alles nicht möglich gewesen.

Meinen Eltern werde ich immer dankbar dafür sein, dass sie mir beigebracht haben, mit den Händen zu arbeiten und an mich zu glauben.

Genauso zu Dank verpflichtet bin ich meinen Schwiegereltern Sabrina und Phil, für das Atelier, das ich zu extrem günstigen Konditionen nutzen durfte!

Ein dickes Dankeschön auch dem unermüdlichen Einsatz meines Verlegerteams bei David and Charles. Besonders erwähnt sei Marie Clayton, für ihre Engelsgeduld mit meinen unendlich vielen Fragen und Korrekturen.

In diesem Zusammenhang muss ich auch Jemima Bicknell danken, ihres Zeichens technische Lektorin und mathematisches Genie, die alle Häkelschriften genauestens unter die Lupe genommen hat. Nicht zu vergessen meine lieben Testhäkler_innen, deren Feedback und unermüdliche Arbeit zur bestmöglichen Version dieser Anleitungen geführt hat.

Nicht zuletzt gilt mein großer Dank den wunderbaren Garnherstellern, die mich mit Material unterstützt haben und durch die dieses Buch eine wahrhaft internationale Kooperation geworden ist: von Sirdar Yarns, The Fibre Co, Love Crafts und Knit Picks in the UK, über La Rosa Pomar in Portugal und La Bien Aimee in Frankreich bis zu Less Traveled Yarn und Spincycle Yarns in den USA. Danke an euch alle!

Ich hoffe, dass ihr Spaß daran hattet, euch mit diesen von mir so geliebten Techniken vertraut zu machen, und dass ihr Freude an den hier vorgestellten Anleitungen hattet. Danke all meinen Leser_innen für eure Unterstützung.

# INDEX

Erstmals erschienen 2022 unter dem Titel »Colourful Crochet Knitwear« von Sandra Gutierrez bei David and Charles Ltd.



Text und Design der englischen Originalausgabe: Sandra Gutierrez

Layout und Fotografie der englischen Originalausgabe: David and Charles Ltd.

Illustrationen: Kuo Kang Chen

Designer: Lucy Waldron

Projektfotografie: Jason Jenkins

Übersetzung aus dem Englischen: Johanna Hofer von Lobenstein

Lektorat der deutschen Ausgabe: Fanny Marina Papoulia

Schlusskorrektur der deutschen Ausgabe: Rita Krajicek

Satz der deutschen Ausgabe: Danai Afrati

Gedruckt in der EU

Bibliografische Information der Deutschen Nationalbibliothek:

Die Deutsche Nationalbibliothek verzeichnet diese Publikation in der Deutschen Nationalbibliografie; detaillierte bibliografische Daten sind im Internet über http://dnb.dnb.de abrufbar.

ISBN 978-3-8307-2132-1



Wir produzieren unsere Bücher mit großer Sorgfalt und Genauigkeit. Trotzdem lässt es sich nicht ausschließen, dass uns in Einzelfällen Fehler passieren. Auf unserer Webseite finden Sie bei dem jeweiligen Titel eventuelle Hinweise und Korrekturen. Sollten Sie in diesem Buch einen Fehler finden, so bitten wir um einen Hinweis an verlag@stiebner.com. Für solche Hinweise sind wir sehr dankbar, denn sie helfen uns, besser zu werden.

www.stiebner.com

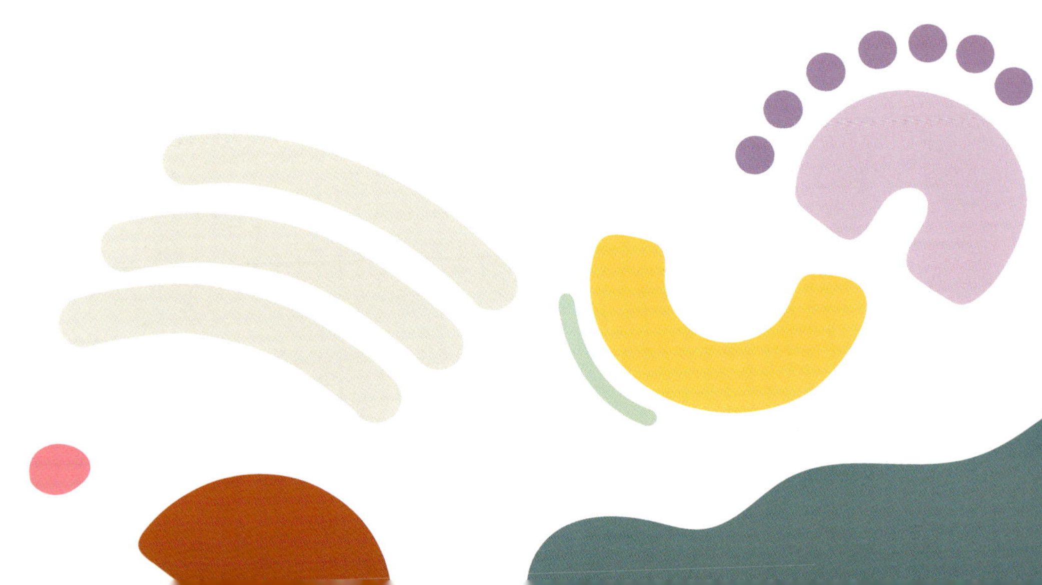